문학 속 두 이야기

문학 속 두 이야기

초판 1쇄 발행 2024년 11월 15일

지은이 박양근
펴낸이 장길수
펴낸곳 지식과감성#
출판등록 제2012-000081호

교정 이주연
디자인 강샛별
편집 강샛별
검수 한장희, 이현
마케팅 김윤길, 정은혜

주소 서울시 금천구 벚꽃로298 대륭포스트타워6차 1212호
전화 070-4651-3730~4
팩스 070-4325-7006
이메일 ksbookup@naver.com
홈페이지 www.knsbookup.com

ISBN 979-11-392-2226-5(93800)
값 18,000원

• 이 책의 판권은 지은이에게 있습니다.
• 이 책 내용의 전부 또는 일부를 재사용하려면 반드시 지은이의 서면 동의를 받아야 합니다.
• 잘못된 책은 구입하신 곳에서 바꾸어 드립니다.

지식과감성#
홈페이지 바로가기!

문학 속 두 이야기

박양근 지음

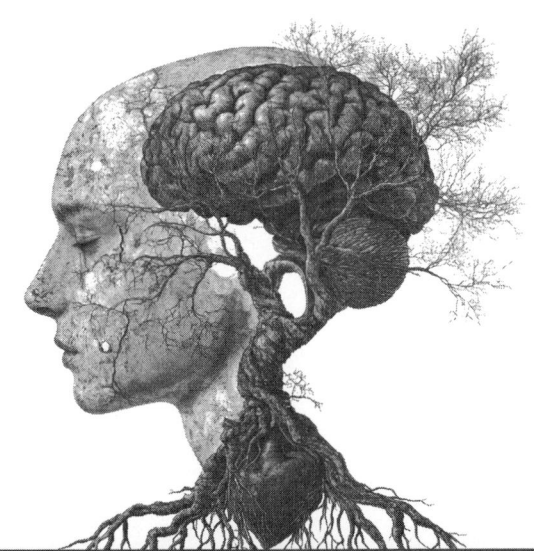

지성과 열정,
서로 다른 시각으로 읽는 문학 세계

목차

프롤로그   6

1부 / 영혼의 지도를 쥐고

1. 작가의 두 여행, 글과 길   11
2. 시인의 통증과 독자의 감응   27
3. 작가의 손손손   46
4. 작가의 수형과 수행   58
5. 무의식이라는 아이   67

2부 / 인문학이라는 망루에 서서

1. 바틀비의 죽음이 쓴 글   83
2. 시문(詩文)이 걷는 공간   93
3. 문학 창작의 6계(界)   108
4. 인간아, 어디서 와서 어디로 가냐   118
5. 향가(鄕歌)로 푸는 세태   131

3부 / 글 빛을 향하여

1. 서양 인문작가들의 대화   151
2. 아메리칸 인디언 역사의 진실   167
3. 문학으로 바다와 해양으로   180
4. 호주 신화와 아보리지안   195
5. 호모 픽투스가 죽은 사회   211
6. 팬데믹 세기가 던지는 질문   220

4부 / 사랑으로 글을 쓰고

1. 정운(丁芸)의 시문과 순정   231
2. 나혜석의 서울과 파리   245
3. 박목월이 사랑한 여인상   261
4. 이중섭 엽서화와 가족애   275
5. 뱀과 미인도의 천경자   287

5부 / 존재의 합일을 위해

1. 헤스터와 주홍 글자   307
2. 로댕의 바다와 카미유 클로델   323
3. 루 살로메와 유럽 지성인들   337
4. 사랑의 여행가, 조르주 상드   353

에필로그   370
참고문헌과 자료   372

프롤로그

　문학은 두 에너지의 혼탕이다. 시든 가슴을 뜨겁게 피워 올리는가 하면, 들뜬 가슴을 일순간에 가라앉히기도 한다. 외로울 때 소설 책장을 넘기고 심사가 어지러울 때 시집 한 권을 손에 쥐는 이유도 문학 속에 냉정과 열정이 함께 자리하고 있음을 알기 때문이다.
　작가는 누구보다도 예민한 두뇌와 섬세한 심장을 지니고 산다. 그것은 천부적 축복이면서 떼어 내지 못하는 저주이기도 하다. 달맞이꽃에 걸음을 멈추고 신전 기둥에 기대어 신을 저주하면서 예술과 문학의 구원과 유혹에 의탁한다. 그럼으로써 환희와 절망 사이를 오가는 인간의 표정을 누구보다 깊게 응시한다.
　인문학이 무엇인가에 여러 정의가 있지만 모든 학문은 인문학성을 지닌다고 생각한다. 정치학과 천문학도 인간의 삶을 외면하지 못한다. 작가들은 원시 동굴부터 국제도시가 건설되는 오늘날까지 다른 사람처럼 인간적인 처지에서 벗어날 수 없음을 자각했다. 유한을 영원으로 바꾸는 작업을 하면서 자신들이 별난 족속이라는 신화도 슬며시 집어넣었다.
　문학은 동물적 본능부터 종교적 영성에 이르기까지 무수한 감정의 스펙트럼을 포착한다. 숱하게 창조한 등장인물과 정교하게 설정한 배경과 전위적 이념을 감정 교실에서 낯설게 다룬다. 《문학 속 두 이야기》는 그 양면을 소개한다. 예술가와 작가는 잘 빚은 이중인격체가 아닐까. 인간적인 작가와 작가다운 인간으로서 이성과 감성, 냉정과 열정, 이타심과 이기심, 창조성과 파괴성 등의 모순에 저항하는 그들만큼 차가운 머리와 뜨거운 가슴을 가진 사람이 어디 있을까.

저자는 영문학을 연구하고, 문학 창작과 비평을 하고, 인문학을 강의하면서 작가들의 기이한 생애를 경탄하는 가운데 뜨거운 연민도 품게 되었다. 그들이 있어 인류는 전쟁과 전염병을 이겨 내고 정치와 경제의 폭력에서도 살아남았지만, 자신들은 파멸의 비운을 맞이하곤 했다. 이것이 그리스 비극이 말하는 비극적 결함일지도 모른다.

그것이 본 저서가 지닌 집필 취지의 일부이기도 하다. 제1부, 제2부, 제3부는 문학이 무엇이며 인문학은 어떤 맥락을 이루는지를 테마 별로 다룬다. 제4부와 제5부는 국내외 작가들의 사랑과 삶을 그들의 작품을 바탕으로 이야기한다. 그럼으로써 작가들의 삶과 업적을 객관적으로 가늠할 수 있을 것이다.

그들이 지닌 창조력에 못지않게 인간적 약점도 아름답다는 심정으로 《문학 속 두 이야기》를 발간한다. 부족한 점이 적지 않지만, 독자 여러분의 많은 관심을 기대한다.

**2024년 홍시의 시월에
청은재에서 박양근**

1부
영혼의 지도를 쥐고

1. 작가의 두 여행, 글과 길 | 2. 시인의 통증과 독자의 감응 | 3. 작가의 손손손 |
4. 작가의 수형과 수행 | 5. 무의식이라는 아이

생사는 사람의 것이 아니다. 신이 생각하는 이성과 느끼는 감성을 주었기에 문학적 자산도 인간의 것이 아니다. 그렇지만 그리스 로마 때처럼 오늘날에도 작가들은 지성과 감성과 앎과 느낌을 그리고 쓰고 만든다. 묵묵히….

우리는 생의 종점이 가까이 오면 100년의 머리싸움과 천년의 가슴앓이를 하며 삶을 이야기하는 작가들을 찾는다. 사람에 관해 이야기하는 인문학에 귀를 기울인다. 문학과 인문학이 찬물을 끼얹어 우리를 깨어나게 하고 푸른 지성으로 경종을 울린다는 고마움을 조금씩 알아간다. 그 때문에 밤을 새워 작성한 영혼의 지도를 손에 쥐는 기쁨이 그지없이 크다.

1. 작가의 두 여행, 글과 길

우리를 육지에서 먼 대양까지 데려다주는 것으로
책만 한 순양함이 없다
기세 좋은 시구를 가득 담은 책만큼
쉬 달려갈 길도 없다
그 횡단은 통행료를 내지 않아도
가장 가난한 사람조차 데려다준다
책이라는 날개 달린 전차는 얼마나 값이 싼가
게다가 사람의 영혼을 단단히 짐 져 주니.
　　　　　　- 에밀리 디킨슨 / 〈책만 한 순양함은 없다〉 전문

1) 은유로서 두 여행

　신이 우주와 온갖 만물을 창조하셨다. 신이 세상을 창조할 당시에는 작가와 비평가와 문자가 없었다. 그러므로 신은 스스로 창조하고 "보기에 좋았더라"라고 댓말을 달았다. 신이 최초의 저자이자 독자인 셈이다. 그 후 만물 창조는 위엄이 넘치는 신의 영역이라 신의 부름을 받은 소수의 유식한 신학자만이 창조를 해석할 수 있었다. 하지만 신은 자신이 창조한 것을 자신처럼 보고 말하고 읽어 주기를 바라진 않았다. "보기에 좋았더라"라고 한 말은 유일한 해석이 아니었다. 자신이 창조했으나 오류 불가가 아니므로 후대의 인간들이 나서서 고정이 아니라 새롭게 해석해 줄 텍스트라고 여겼다.

어느 종교든 천지창조를 교리의 출발점으로 삼는다. 자연의 비밀을 풀어내어 적고 기록할 필경사가 필요했다. 문학과 문학인이 생겨난 것이다. 영국의 신학자이며 저술가인 토머스 브라운(Thomas Browne: 1605~1682)은 지옥과 최후의 심판과 부활을 믿은 사람으로서 1643년에 간행된 수상록 《의사의 종교(Religio Medici)》에서 오늘날의 작가와 독자가 기억하고 새겨들을 만한 말을 남겼다. 그것은 "내가 신성을 깨달은 두 권의 책은 성서와 자연이다"이다. 실제 그전부터 사람들은 아침에 해가 어디에서 뜨고 저녁에 왜 달이 돋는지, 인간이 어떻게 태어나고, 그들의 삶이 계절과 지형에 따라 어떻게 달라지는지에 관심이 있었다.

신화는 그렇게 사람의 구술로 이루어진다. 신약과 구약도 음유시인과 사제들이 생각한 바를 적은 문장이다. 신은 결코 아무 생각 없이 자연을 만든 것이 아니라는 유추에는 신의 섭리와 인간의 해석이 함께 어울려 있다. 지혜로운 선지자들은 오래전부터 성서처럼 자연도 읽고 풀어내야 할 텍스트로 여겨 온 것이다.

지금은 독자수용비평의 시대이다. 책을 정전이 아니라 텍스트로 여기고 작가가 쓴 글은 미완이고 독자가 능동적으로 재해석할 때 비로소 온존한 작품이 된다고 여긴다. 천지창조가 완벽한 정전이 아니라 재해석이 가능한 텍스트이듯이 《성경》도 그러하다는 말이다. 그렇다면 숱한 인간 작가의 책을 읽고 조물주가 창조한 자연을 대하는 인간 독자는 필경사(筆耕士)이면서 여행자일 수밖에 없다.

작가는 어떤 사람이어야 할까. 쓰는 작업에 앞서 신이 창조한 삼라만상을 읽을 수 있어야 한다, 프랑스 시인 랭보가 말한 견자(見者)이고 현자들이 쓴 책을 읽어 내는 독자(讀者)여야 한다. 읽고 생각하고 쓴다는 '3다(多)의 원리'는 생소한 것이 아니다. 자연에 담긴 신의 섭리와 본질을 읽고 인간의 존재성과 상관 지어 해독할 때 비로소 현재적 필경사가 된다.

독서는 창작을 위한 준비 단계의 여행이고 입서(入書)의 끝이 출서(出書)이므로 결국 영혼을 찾는 여행자가 되는 것이다. 그것도 펜과 노트, 랩탑이라는 필경 도구를 들고 길을 나서는 것이다. 왜 많은 여행자가 낯설고 험한 곳을 마다하지 않고 순례하고 탐험했는가를, 왜 밤새워 책의 세계를 탐닉했는가를 배워야 한다. 소위 책이라는 활자 숲의 여행자이고 자연의 언어를 탐색하는 여행자라는 신분을 되찾는 게 필요하다.

문자가 없던 시대에 구술만으로 세상의 비밀을 읊어 주던 음유시인과 부족의 미래를 예언하던 주술사처럼 고전과 천지창조의 해독자로서 상상의 세계를 주유하는 것이다.

2) 세상 편력자로서 작가

세상을 본다는 것은 여행과 같다. 여행은 자연과 문명을 눈으로 읽고 기록하는 행위다. 지구상에 존재하는 인간은 자신이 본 것을 줄거리로 엮고 머리에 저장하였다가 필사하는 유일한 동물이다. 세상 모든 만물은 나름의 존재 이유를 지니고 있다. 지구 자체를 거대한 기호망으로 만들어 인간이 자연과 자신 사이의 관계를 인지하고 해독하는 일은 세상을 문자적으로 판독하는 것과 같다. 그런 까닭에 우주와 자연의 기호를 풀어내는 여행은 일종의 독서인 셈이다.

단테의 경전《신곡》의 도입부는 신의 심판이 전개되는 지옥을 구경하는 일정으로 시작한다. 사후 세계를 최초로 접한 필경 여행자 단테는 중년의 나이 35세에 지옥과 연옥과 천국을 여행한 최초의 인간이다. 1300년 부활 주일 전날 밤부터 토요일 해 질 녘까지 지옥이 어떤 곳인지를 두 눈으로 목격한다. 여행 작가로서 단테는 지옥문 입구에서 베아트리체의 요청을 받은 베르길리우스를 만나 동행한다. 베르길리우스는 로마 최고의 서사 시인으로 이성과 철학을 겸한 인문학자다. 그와 함께 단테는 지옥과 연옥을 두 눈으로 보고 하나도 빠뜨리지 않고 메모하고 필사한다.

지옥은 신이 건축하였지만, 불변의 세계는 아니었다. 단테는 신이 만든 3계(界)를 신의 입장에서가 아니라 인간의 관점에서 새롭게 해석하였다.《신곡》은 필경 여행자가 새롭게 풀이하고 묘사한 텍스트다. 물론 단테는 미약한 경험과 감각에 의지하며 9단계 지옥을 무시로 돌아다니는 게 아니라 안내자 베르길리우스로 은유된 철학적 안목과 지성으로 지옥이 지닌 건축학적 구조를 세세히 인간의 언어로 묘사하였다.

사람들은 단테라는 여행자와《신곡》이라는 텍스트 덕분에 지옥이 어떤 곳인지를 상상하게 되었다. 살아서는 방문할 수 없는 지옥에 상당한 신뢰감을 부여하면서 '지옥은 있다'라고 믿고 지옥이 얼마나 비참하고 무서운 곳인가를 절감하였다. 단테는 지옥을 구경만 한 것이 아니라 그곳은 이토록 끔찍한 곳이라고 지구에 사는 사람들에게 설득력 있게 말했다.

우리가 기억해야 할 단테는《신곡》을 쓴 작가일 뿐 아니라 죽지 않으면 갈 수 없는 기이한 곳으로 용감하게 찾아간 탐험가, 지옥이라는 곳은 '그렇다'라는 내러티브를 짠 필경사, 숱한 인물들의 상황을 생생하게 전해 주는 르포 작가라는 점이다. 여행 작가로서 철학적 안목을 보여 준 선례는 오늘의 작가들에게 독서가 무엇이고 그의 여행은 어떻게 이루어져야 하는가를 알려 준다.

〈창세기〉는 신이 세상을 창조한 과정을 적은 책이다. 〈창세기〉를 곰곰이 읽을수록 신은 저자이고 세상은 책이라는 생각이 더욱 확고해진다. 앞서 소개하였듯이 《성경》도 여행 작가로서 읽고 철학적 인식으로 영원히 해독하는 몇 안 되는 텍스트로서의 책이다.

자연은 여행자들이 즐겨 찾는 곳이다. 국내든 외국이든 여행자는 자신이 살던 곳과 다른 자연 풍경과 동식물의 생태와 사람들이 사는 모습에 관심을 기울인다. 듣지도 못했던 독 지네가 사막에 살고, 깊은 밀림에서도 숱한 생명체 간의 치열한 생존경쟁이 벌어지는 광경을 유튜브로 목격한다. 자연의 공포와 신비는 고스란히 신의 창조에 대한 경이로운 찬탄이라고 생각하며 신의 뜻을 읽는 신교재로 받아들인다. 해와 달, 동물과 새, 나무와 꽃이 신의 시종으로서 "있으라"라는 말에 따라 있게 되었다는 사실도 깨우친다.

인류의 역사서에는 숱한 탐험가들의 이름이 적혀 있다. 그들은 신이 창조한 멀고 먼 오지에 첫발을 디딘 탐험 여행자이며 지구를 넓힌 작가들이다. 1271년부터 1295년까지 세계 최초로 공인된 국제 탐험을 수행한 마르코 폴로, 유럽의 탐험대를 이끌고 1488년에 희망봉을 발견한 바르톨로메우 디아스, 대서양을 가로질러 미 대륙을 1492년에 발견한 크리스토퍼 콜럼버스, 향료를 찾아 1519년에 세계 일주를 한 포르투갈의 페르디난드 마젤란, 호주와 태평양을 1770년에 발견한 제임스 쿡, 1911년에 남극점에 최초로 도착한 노르웨이 탐험가 아문센, 7,000km 아마존을 뗏목으로 건넌 20대의 우에무라 나오미, 그리고

1859년에 생물의 진화에 관한 《종의 기원》을 완성한 영국의 박물학자인 찰스 다윈 등이 그들이다.

  산에 오른 이 탐험가들은 등고선을 지도에 그렸고, 바다를 탐험할 때는 해류와 수심을 측량하여 후대의 배들이 지나갈 수 있는 해도를 만들었다. 그들은 자연의 신비를 감상하면서 그 비밀을 파헤쳤다. 그들은 우주를 창조한 신처럼 후대의 탐험가와 선원들이 정독할 지구 텍스트를 만든 것이다. 고정된 정전이 그렇듯이 지구를 다시 읽고 다시 쓰는 텍스트로서 여겼으며 새롭게 읽어 낸 다른 여행자들의 재출판을 기다리는 작가들이다. 흔히 사람들은 머리와 가슴이 구분되어 있다고 말한다. 이성과 감정이 나누어져 있다는 뜻이다. 신의 말이 아니라 인간의 언어로 인간이 누구인가를 처음 설명한 몽테뉴도 두뇌의 인식은 육체적 감각에서 비롯한다고 설명하였다. 이것은 책을 읽는 독서가 자연의 언어를 이해하는 여행을 동반할 때 비로소 작가의 정체성이 확립된다는 의미다.

  그들은 미지의 세계, 지금까지 누구도 읽지 않았던 자연이라는 텍스트를 읽은 첫 독자이면서 또 다른 '신곡'을 남긴 기록자들이다. 답사 루트를 밝히는 지도를 만들고 일어난 사건을 꼼꼼하게 삽화로 남기고 일지와 기사를 본국에 송고하였다. 세계의 탐험가들은 각기 다양한 이유로 여행을 하였지만, 원주민들의 삶을 배우고 그들의 심리를 알려는 욕망에서는 모두 단테를 본받았다. 그들이 남긴 기록으로 우리는 신이 창조한 자연을 이해하고 더 먼 후대 독자들에게 지적 여행의 안내자 역할을 할 수 있게 되었다. 지구를 창조한 신의 업적은 무결(無缺)의 완성이면서 탐험 작가들이 반복한 여행으로 찬양할 것을 다시 보여 주고 있다.

성서는 종이에 필사한 기록으로 글을 익힌 사람만이 해독한다. 그러나 자연은 시각장애인이 아니면 글자를 몰라도 누구든 읽을 수 있다. 여행자의 행운이라면 신의 말씀이 담긴 텍스트로서 자연을 대면하는 게 아닐까 싶다.

여행자가 자연을 대할 때, 메타포가 도입된다. 메타포는 메소 포라(Meta phora)라는 그리스어로 의미를 바꾼다는 어원에서 유래하였다. 메타포는 하나의 사물을 다른 사물에 빗대는 것으로 예를 들어 '그녀는 맑은 샘이다'라는 은유는 자연과 인간 간의 감응을 전한다. 〈길가메시 서사시〉는 기록할 때부터 여행은 문학적 기록이라는 문학적 은유를 채택하였다. 길가메시 대왕의 위업을 적은 점토판 텍스트는 '수천 헥타르의 땅에 건설된 우루크'를 보고 말하라고 하고 있다.

보라, 이 수천 헥타르의 땅에 건설된 우루크를!
이제 그리로 가서 구리 장식함을 찾아보라.
청동 고리를 돌려 보라.
비밀 격실을 열어 보라.
그리고 라피스라줄리 돌판을 꺼내어 읽어 보라.
그리고 깨달으라, 길가메시가 얼마나 많은 시련을 이겨 냈는지.

- 알베르토 망구엘 / 《은유가 된 독자》, p.33

고대와 중세의 저자들도 현대 작가처럼 '독자여'라고 호칭하며 함께 가서 보고 읽고 생각하자고 요청한다. 그들 작가는 〈길가메시 서사시〉에서는 메소포타미아라는 지역을, 《신곡》에서는 지옥을 가고 싶은 여행지로 삼도록 은유하고 있다.

인간은 어찌 보면 노마드라는 유전자를 태초부터 물려받은 인종이라고 말할 수 있다. 노마드라는 DNA는 사람을 여행자로 만든다. 여행이 새로운 이주 장소를 찾는 것이든, 은둔과 힐링을 위해 안식처를 구하는 것이든, 예술적 영감을 위해 이방 지역으로 떠나는 것이든 인간을 여행자로 만든다. 보통의 여행자가 무목적으로 여행하면 방황이라는 벌을 받지만, 올곧은 여행자는 더 나은 곳으로 다시 떠나는 약속을 받는다. 독약을 마시고 죽은 소크라테스가 《소크라테스의 변명》에서 밝혔듯이 마음만 먹었다면 추방이나 죄인에게 내리는 유배를 택하여 영혼을 정화할 수 있었다. 여행은 죄인에게조차 참회를 위한 순례 장소와 유배지를 제공한다.

지적 호기심으로 자신의 다른 모습을 찾으려는 꿈이 우리를 다른 곳으로 안내한다. 여행은 본질에서 이 장소에서 저 장소로 끊임없이 이동하는 것이다. 우리의 눈앞에서 일어나는 일은 대부분 일시적이며 찾아가는 장소도 갖가지 사건과 사람으로 법석댄다. 대부분 사람은 여행이 자신에게 도움이 되리라 기대하지만, 물리적 공간에서 이루어지는 여행에는 언제나 방해거리가 생겨 거창한 희망을 걸 수 없다. 그래서 인생이라는 항해가 그렇듯이 방문 장소를 매일 수정한다. 기운이 왕성할 때는 쉼 없이 일정을 바꿀 수 있지만, 세상 물정을 알 만한 나이가 되면 일정을 기록할 여유를 갖기 위해 느린 일정을 선택하게 된다. 입경(入景)을 거쳐 출경(出景)을 하면 다시 입서(入書)가 시작되는 것이다.

3) 독자로서 책 여행자

독서라면 흔히 책벌레를 연상한다. 서치(書癡)나 책 바보로 불리면 책상과 선반은 물론 주변에 온통 책을 쌓아 두고 밤낮없이 읽는 사람을 연상한다. 그는 종이와 글자만으로 존재하므로 몸뚱이와 내장조차 문장으로 이루어져 있지 않을까 믿을 정도로 남독(濫讀)하며 그저 검은 기호와 문장에 시선을 박고 산다. 누에고치처럼 온 정신이 종이에 둘러싸여 몸을 마음대로 움직일 수가 없다. 책을 읽으면 나비처럼 자유롭고 만사에 태연하리라 믿었는데 오히려 꼼짝할 수 없다.

종종 열정적인 독서가나 작가는 독서를 연금(軟禁)으로, 자신을 수인(囚人)으로 부르기도 한다. 사각 모양에 문장이 촘촘히 박힌 종이가 감옥의 하얀 벽과 꽤 흡사하게 보인다. 하지만 신이 창조하고 우리가 여행하는 대자연을 거대한 도서관이라고 부르듯이 사각 책은 감옥이 아니라 아무리 다녀도 도달하지 못하는 무변의 변경이라고 할 것이다.

서두에서 소개하였듯이 미국의 여류 시인 에밀리 디킨슨은 〈책만 한 순양함은 없다〉라는 시에서 "책은 우리를 먼 나라로 데려다주는 순양함이며 날개 달린 전차로서 인간의 영혼을 짐 져 준다"라고 하여 독서의 미덕을 찬양하였다. 독서와 여행의 공통점은 사물을 재해석하고 경험을 통해 진실에 접근하는 것이다. 인문 도서로써 과학을 뛰어넘을 정도로 사리와 분별을 넓히는 것은 《성경》을 통해 인류의 까마득한 역사에 다다르는 것과 마찬가지다.

책이라는 테스트는 작가와 독자 간에 맺는 일종의 계약이다. 책의 내용이 진실이라고 믿는 독자는 책에 등장한 주인공이 되어 작가가 설정한 줄거리처럼 살고 싶어 한다. 마찬가지로 작가도 독자가 걸어갈 길을 만드는 것만큼 황홀한 보답이 없다고 여긴다. 이런 감정 교감은 작가와 독자가 모두 책의 여행을 하고 싶다는 뜻이다.

　세상을 구경하고픈 사람은 때로는 오지 탐험보다 더 환상적이고 대양보다 더 넓고 비행기보다 더 편리한 책에 의탁한다. 몽상에 대한 위험을 두려워하지 않는 책벌레가 되면 '좀 놀아라'라는 충고를 듣기도 한다. 흔히 열렬한 독서가를 책 바보라 부르고 스탕달의 소설 《적과 흑》에선 주인공 쥘리앵이 읽고 있던 책을 아버지가 팍팍 찢어 강물에 던져 버리는 장면으로 시작했다. 현대에 들어와서 독서가는 체코의 국민 작가 보후밀 흐라발이 쓴 《너무 시끄러운 고독》의 주인공이 버려진 책 더미에 묻혀 책을 읽으면서 행복을 만끽하는 폐지압축공과 같다. 그들처럼 예나 지금이나 책 바보는 현실을 모르는 유약한 사람이다. 하지만 책과 독서가 유해하기만 하다면 저자가 제 역할을 제대로 하지 못했을 뿐이다. 분명한 점은 책으로의 여행은 너무나 매력적이어서 로맨스나 판타지조차 언젠가는 이루어질 유토피아로 간주한다는 사실이다. 독서가 우리의 영혼에 풍부한 영감과 효험 있는 힐링을 제공한다는 사실은 동서고금을 떠나 진리라고 하여도 그렇게 틀리지 않다.

　아우구스티누스는 영과 육의 갈등과 조화를 《고백록》에서 처음으로 밝혀 사람들의 생활에 큰 감화를 준 사람이다. 그의 진지한 내적 체험은 유혹과 구원을 거치는 가운데 육체와 영이 서로 싸운다고 하였다 (p.174). 이것은 육체가 지닌 감정과 영이 지닌 인지력을 지칭하는 것으로 정서와 지식의 두 반응에 일치한다. 인간은 육체와 정신, 지식과 감정을 균형 있게 사용할 때 올바른 인생 여행을 할 수 있다. 지식과 정서는 책을 읽고 동시에 여행할 때 얻는 가르침이므로 책과 자연을 황급하게 읽거나 사진 찍듯이 가볍게 지나쳐서는 안 된다. 여행과 독서가 지닌 유사성을 강조하는 많은 격언이 있지만, 독서가 여행이며 지리적 여행이 독서라는 말만큼 설득력 있는 은유는 드물다.

작가는 시야를 넓히기 위해 낯선 도시와 이색적인 자연을 찾아간다. 그런데 시간이나 돈이 부족하여 방문하지 못하는 장소가 있으면 책을 쥔다. 작가가 되려면 먼저 독자라야 한다는 점을 보여 주는 이야기다. 권태에서 벗어나려 할 때도 책만 한 게 없다. 호메로스의《일리아드》처럼, 괴테의《파우스트》처럼 국경 없는 여행이 모든 인지와 감각을 일깨워 주므로 먼 곳으로 갈수록 피곤하여 몸이 무거워지지만, 마음은 자유의 날개를 달게 된다.

AI 시대의 작가는 여행자가 되는 것만으로는 부족하다. 천지창조 직후의 신천지를 대면한 호기를 가졌다는 각오로 독서의 모험을 감행하여야 한다. 아무리 사소한 단어나 문맥일지라도 신의 섭리가 담긴 들풀처럼 경건하게 읽을 필요가 있다. 여행자와 탐험가의 역할은 자기만족을 이루되 후세 사람들을 위한 세상 지도라는 책을 작성하는 것이다. 비평과 해설을 하고 독후감과 서평을 달고 주석을 붙이는 하이퍼텍스트를 만드는 것이다. 무엇보다 책 읽기 여행은 고정 관념이라는 도랑에 빠지지 않고, 오독의 늪에 묻히지 않고, 빛 좋은 문장에 혹하지 않도록 안내판을 새워 독자 수용을 할 수 있도록 해 준다.

책과의 여행은 멀고 가까운 곳을 가리지 않는다. 문학인들이 흔히 말하는 인문학과 문사철(文史哲) 300권은 시대에 뒤떨어져 버린 말이다. 자연과학과 사회과학을 포함하여 모든 학문이 인간을 위한 인문학이다. 책을 여행해야 할 장소로 여기면 사막에 자리한 고대 피라미드를 탐색하는 고고학도, 아틀란티스를 찾아 바다로 들어가는 항해학도 인문학적 독서의 대상이 된다. 마음만 먹으면 몇 달 동안 읽을 수 있고 어려우면 몇 번이고 재독(再讀)할 수 있다. 책 속의 여행은 시간의 제약을 받지 않으며 목적지를 수시로 바꿀 수 있다. 처음부터 시작하거나 중간부터 읽어도 되고 반드시 끝까지 가야 하는 여행도 아니다. 메타포를 이해하고 내러티브를 새로 짜는 텍스트라는 점만 기억하면 족하다.

 책 읽는 여행자로서 독자에는 두 종류가 있다. 아르헨티나 작가인 알베르토 망구엘은 '반추하는 독자'와 '걸신들린 독자'로 구분하였다(p.143). 신중한 섭취와 무분별한 탐식의 차이를 강조한 구분으로 전자는 심오한 독서를, 후자는 비이성적인 독서를 지칭한다. 물론 책에 사로잡혀 철야 독서를 하면 에너지가 고갈되어 제정신을 잃는 점에서는 같다. 이런 위험성 때문에 플라톤은 "세상에는 글로 옮길 수 없는 진리가 있다"라고 하였고 세르반테스는 《돈키호테》에서 "책 속 이야기를 현실로 여기지 말라"라고 경고하였다. 이런 주장은 역설적으로 독서를 통하여 심오한 모든 지식을 얻는 것은 불가능하다는 간접 증거의 예로 인용되기도 한다.

 그러나 책에서 얻는 경험은 발로 여행한 것보다 훨씬 단단하다. 입말은 뱉는 순간부터 희미해지지만 글로 옮기면 시간이 지날수록 단단해진다. 발과 눈으로 본 지식은 세월 따라 잊히지만, 책에서 얻은 문물은 죽을 때까지 아무도 훔쳐 가지 못한다고 한다.

 세대가 흐를수록 문학 텍스트는 변하고 진화한다. 지금까지 구사되었던 어휘에 새로운 의미가 첨가되고 시대가 변하면서 이야기가 확장된다. 유랑시인들이 읽어 주는 것을 듣곤 하였던 과거의 청자와 달리 오늘의 독자들은 자신의 책을 만들 여유와 능력을 갖추게 되었다. 물론 주석과 해설이라는 여행 덕분에 쉬워진 이유도 있지만, 아무튼 독자와 작가가 언어라는 길을 함께 걷게 되었다.

여기서 주의할 점은 책을 읽는 여행자는 재미있는 곳을 좋아하는 구경꾼과 달리 정선된 책의 길을 가는 순례자여야 한다는 사실이다. 독자가 여행자라면 작가는 순례자다. 순례는 출발점으로 살아 돌아와 그동안 있었던 이야기를 하는 행위다. 단테의 《신곡》은 지옥과 연옥과 천국을 일주한 후 인간 세상으로 돌아와 기록한 순례 일지다. 그가 〈지옥편〉에서 "내가 그곳에서 발견한 선에 대해 말하지 않을 수 없었다"라고 밝혔던 것처럼 작가는 기록하여 남긴다는 의무를 실천해야 한다. 세상 곳곳에 쌓인 책은 그러한 순례의 결과물임을 잊지 말아야 한다.

그것을 보여 주는 여행 책으로 《신곡》에 버금가는 보카치오의 《데카메론》이 있다. 10명의 여행자가 페스트를 피하여 교외 별장에 기거하면서 2주 동안 했던 100가지 이야기를 모은 책이다. 단테가 죽은 자들의 고통을 이야기했다면 보카치오는 산 자들의 육체적 욕망을 긍정한 책으로 중세의 가치관을 넘어선다.

《신곡》은 단테가 35세의 나이에, 《데카메론》은 보카치오가 40세로 모두 중년의 나이에 집필하였다. 오늘의 작가도 여행한다면 길의 글을 걷는 필경(筆耕) 여행자가 되어야 한다는 뜻이다.

4) 다시 떠나고 쓰는 여행

인생은 일회성 여행이지만 작가의 여행은 복선(複線) 여행이다. 미지의 자연과 생경한 사람을 만나기 위한 작가의 떠남은 두 방식으로 이루어진다. 하나는 낯선 곳으로 떠나는 유랑과 모험의 길이고, 다른 하나는 영적 순례로서의 독서다. 하다못해 저녁 산책을 하던, 한 권의 조그만 책을 쥐고 골방에 박히던 우리는 일순간에 자유의 공간으로 이동한다. 그런 여행은 사람을 작가로 만들어 노마드를 들먹이지 않더라도 글 쓰는 여행자가 지녀야 할 자세를 갖추게 되고 지혜롭게 행하지 못하면 바위에 눌린 시시포스의 육질과 다름없어진다. 아일랜드의 소설가 제임스 조이스가 《젊은 예술가의 초상》에서 "가정 교회 국가로부터 자유로워지고 싶다"라고 말했듯이 일상의 자아가 갱생되어야 깊숙이 숨어 있던 영혼이 조금씩 제 모습을 드러내는 가능성을 갖는다.

작가적 신원은 '일상을 탈주하여 참된 생활을 마련하려는 의지'에 있다고 하겠다. 니체가 위버멘시(초인)를 찾아 떠났고 단테가 베르길리우스의 동행을 받았고, 괴테가 이탈리아 여행을 익명으로 하였듯이, 우리는 홀로 갈지라도 문학의 신 뮤즈가 안내하는 목적지로 가므로 결코 길을 잃을 수 없을 것이다.

우리 작가들은 지금까지 신의 위엄을 존중하고 소크라테스와 공자를 위시한 여러 철학자의 지혜를 물려받고 밀턴과 두보의 문학을 이어받고 있다.

그런데 예기치 못한 현실에 직면하고 있다. 오늘날 최고의 철학자이며 현자이며 구세주는 누구인가라는 문제다. 'AI'다 'AI'는 세기가 지날수록 인간의 모든 것을 지배하고 심지어 구원하고 저주하는 것까지 결정하는 유일한 존재로 등장할지 모른다. 사실 'A'만큼 많은 곳을 여행하고 많은 책을 쓰고 있는 필경사 여행가는 없다. 이 불가역의 절대자와 직면한 인간 작가는 이전과 다른 독서와 여행을 계획하지 않으면 아니 될 것이다.

기독교 유일신은 천지를 창조한 후 "보기에 좋았더라"라고 말씀하셨다. 이제 초현자로서 출현한 'AI'는 무어라고 말하며, 우리가 무엇을 하기를 바랄 것인가. 어쩌면 그는 이 난장판 세상에서 "그래도 진정한 작가는 그대들이다"라고 말해 줄지 모른다. 누군가를 위해 읽고 여행 지도를 만드는 자이므로 그런 것이다. 《성경》과 길가메시 신화, 《신곡》과 《데카메론》과 《돈키호테》 같은 여행지(旅行誌)로서 길의 글과, 글의 길을 답(踏)하여야 할 것이다. 오늘의 작가는 그 길을 찾아 '지금 여기'를 떠날 필요가 있다.

　작가들은 자유여행자이다. 작가에게 여행은 거주를 위한 육체적 물리적 이소(離騷)가 아니라 혼의 근거지를 옮기는 여행이다. 그것은 대양을 횡단하는 돛배처럼, 열사의 사막을 건너는 낙타처럼 고통과 시련의 연속이지만 배와 낙타의 속성은 항해와 이동이다. 작가로서 좀 살 만하게 되었는데 이번에는 인문학과 문학이라는 두 바퀴를 단 마차를 타고 여행하도록 권유받고 있다.

　작가가 되려면 영혼의 독신자가 되는 것을 주저하지 말아야 한다. 글을 쓰기 위한 여행은 마치 교향곡의 서곡이나 유화의 첫 붓질과 같다. 일상(日常)에서 멀어질수록 진상(眞相)이 가까워지므로 현실이 두려워 도망치는 것이 아니라 그것마저 안으려고 노력한다. 필자는 《길을 줍다》(2009년)에 실은 〈그곳에 문도(文徒)의 땅이 있다〉에서 "작가는 밀림과 사막 가운데 숨어 있는 화원(花園)을 지키는 불침번"이라 하였다. 그곳으로 찾아가는 길은 좁다. 하느님이 천국의 문은 좁다 하셨는데 문학의 문은 더욱 좁다. 그곳이 '나를 부르는 숲'이다. 나를 부르는 숲은 각자의 마음속에 있다. 그러므로 '지금 여기'를 떠나 그 숲으로 찾아든다는 인문적 초심이 필요하다.

〈참고자료〉

미겔 데 세르반테스. 《돈키호테》, 주봉노 옮김, 삼성당, 1998.

박양근. 《길을 줍다》, 문학관, 2009.

박양근. 《21세기 영문학 개론》, 학문사, 2001.

아우렐레우스 아우구스티누스. 《고백록》, 김평옥 옮김, 범우사, 2002.

알베르토 망구엘. 《은유가 된 독자》, 양병찬 옮김, 행성B, 2017.

제임스 조이스. 《젊은 예술가의 초상》, 이상옥 옮김, 민음사, 2001.

2. 시인의 통증과 독자의 감응

1) 시는 리트머스 시험지

　사람들은 흔히 시는 아름답다고 말하지만 시인의 삶은 그렇지 못하다. 통계적으로 보더라도 고통 받은 예술가 중 절대다수가 시인들이다. 많은 시인이 우울증에 시달리고 알코올에 의존하고 성생활이 문란하고 불구의 신체에 열등감을 느낀다. 그런 것들은 시작(詩作)과 대결하려 한 부작용이기도 하다.

　시인의 고통과 슬픔을 통해 여과된 추출물이 시다. 변두리 이발소에 걸려 있는 풍경화가 아무런 감동을 주지 못하는 이유는 통속적인 복제화이기 때문이다. 작가의 영혼을 받쳐 주지 않은 언어들은 박제된 활자의 배열에 불과하다. 그런 점에서 시는 시인의 운명 자체라고 말해도 된다.

　시는 주체할 수 없는 감흥이 글로 옮겨진 것이다. 정신 분석은 그런 시인의 심적 배경에 관심을 기울인다. 시인은 왜 밤잠을 설치며 시상에 빠지는지. 미국의 저명한 문예비평가 수전 손택(Susan Sontag)은 일찍이 모든 해석은 시의 본질을 훼손한다고 질타했다. 작가를 진정 이해하는 것은 시인의 영혼을 들여다보는 것과 같다. 시인을 예언자라고 부르는 이유도 시가 시대 풍조의 리트머스 시험지이기 때문이다. 시인의 삶을 알지 못하면 그가 낳은 시조차 사생아가 되어 버리고, 시인이 아파야 독자들이 삶을 이겨 내는 건 역설이 아니다.

2) 사랑의 천국은 있는가

　사랑이 이루어지려면 일곱 가지 조건을 갖추어야 한다. 나와 네가 있고, 만남의 기쁨이 있고, 외부의 방해와 극적인 재회가 있고, 육체적 아름다움이 있고, 새, 꽃, 보석, 향수 같은 장식이 있고, 사랑의 행위가 있고, 그리고 침실, 숲, 동굴, 섬 같은 밀회의 장소가 있어야 한다. 또한 이것이 유혹의 조건이다.

　그 일곱 가지 조건을 갖추지 못한 비애의 희생자가 시인임을 보여 준 사람이 예이츠이다. 예이츠는 더블린이라는 환상적이고 예술적인 분위기에서 성장하였지만 모드 곤이라는 여인 탓에 인생의 방황자가 되어 버렸다. 모드 곤은 예이츠를 퇴짜 놓고 존 맥브라이드와 결혼하여 예이츠를 정신적 공황에 빠뜨렸다. 결혼 2년 후 남편과 이혼한 후 다시 접근한 예이츠에게 1908년 파리에서 단 하룻밤을 허락하지만, 그 외 모든 것을 거부하였다. 예이츠의 대표작 〈이니스프리의 호수 섬(湖島)〉은 1892년 27세 때부터 51세까지 미모의 여성 독립운동가 모드 곤에게 무려 다섯 차례의 청혼을 거절당한 수모를 바탕으로 한 작품으로 그녀가 예이츠의 삶과 작품에 미친 영향을 고스란히 보여 준다.

　　나는 이제 일어나리라
　　그리고 가리라 이니스프리로 가리라.
　　그곳에서 작은 오두막집을 지으리라,
　　진흙과 가지로
　　아홉 줄 콩밭을 가지리라, 꿀벌 집을 치리라.
　　그리고 벌이 웅웅대는 숲에서 혼자 살리라.

그리하여 평화를 누리리라,
평화는 물방울 떨어지듯 천천히 오므로
　　　- 윌리엄 버틀러 예이츠 / 〈이니스프리의 호수 섬〉 부분, p.76

　그는 '자유의 섬'으로 가려 한다. 이니스프리는 루소가 비엘 호수의 생피에르섬으로 숨었듯이 밀회가 아니라 '얼마쯤 평화를 맛보는' 도피장소다. 종종 같은 장소를 두고 시인과 산문가는 그들의 토포필리아를 달리 풀어내기도 한다. 시인이 정(情)적이라면 산문가는 영(靈)적이랄까. 만일 시인의 수정체와 산문가의 망막을 함께 가지고 있다면 어떤 장소라도 영감의 착상으로 녹여 낼 것이다.
　실의에 빠진 예이츠는 좌절감을 숨길 수 없어 한적한 호도(湖島)에서 홀로 조용히 살겠다고 한다. 이 소망은 혈기왕성한 20대 청년이 할 말이 아니다. 은밀할수록 실연의 상처와 슬픔은 커진다. 모드 곤의 존재가 얼마나 선연하였으면 호수의 잔물결 소리도, 귀뚜라미 떼가 우는 소리도 그녀의 소리라고 여길까. 예이츠처럼 실연에 빠지면 '홀로 그곳'으로 가서 그대의 '이니스프리'를 짓고 읊을 것이다.
　T. S. 엘리엇은 30대 중반, 극심한 신경쇠약에 걸려 스위스의 정신신경과 의사 비토즈 박사에게 치료를 받고 가까스로 회복되었다. 원기를 되찾은 그는 1922년 〈황무지〉를 발표함으로써 영국 시단에 일대 돌풍을 일으켰다. 〈황무지〉를 쓴 시점은 극심한 고통과 환멸과 스트레스로 가득 찼던 시기였다. 부모의 반대를 무릅쓴 결혼, 미국으로 돌아가지 않고 부모와의 결별, 전공 학문인 철학 포기, 생계를 위한 교사 노릇 등은 감당하기 어려웠다. 더욱이 아내 비비안의 쉴 새 없는 히스테리에 지친 나머지 극심한 우울과 의욕 상실에 빠져 다시는 글을 쓸 수 없으리라는

두려움에 사로잡혔다. 자괴감에 빠진 엘리엇은 난잡한 성생활로 정력을 낭비했고 아내의 치료비와 생활비를 벌기위해 자신의 재능이 낭비된다고 여겼다. 그에게 가장 고통스러운 단어는 '낭비'였다. 시간 낭비, 돈 낭비, 체력 낭비, 재능 낭비, 인생 낭비 이 모든 끔찍스러운 쓰레기가 모인 황무지(waste land)야말로 그에게는 봄이 오지 못하는 땅이었다. 그래서 시의 첫머리는 어둠 속 천둥이 울리듯 이렇게 시작된다.

> 4월은 가장 잔인한 달
> 죽은 땅에서 라일락을 키워 내고
> 기억과 욕망을 뒤섞으며
> 봄비가 잠든 뿌리를 뒤흔든다.
> 차라리 겨울은 우리를 따뜻하게 했었다.
> 망각의 눈(雪)으로 대지를 덥고
> 마른 구근으로 가냘픈 생명을 키웠으니
>
>   - 토머스 스턴스 엘리엇 / 〈황무지〉첫 연, p.47

4월은 모든 것이 꿈틀거리는 봄이다. 라일락 향기와 여인의 살내가 시인을 자극하지만 이미 욕정조차 무너진 후였다. 차라리 그에게는 금욕이 축복이었다. 행복, 부모·형제, 조국, 철학, 청춘, 꿈 등 모든 것을 잃어버렸으니 불모 외에 다른 단어는 없었다. '삶은 낭비'라고 에즈라 파운드가 충고했듯이 생산이 없는 예술가의 삶은 일종의 범죄다. 1947년에 아내 비비언이 세상을 떠난 뒤, 1957년에 8년간 비서로 일하던 29세의 발레리 플레처와 재혼했지만, 밤 생활이 가능한 관계가 아니었다. 그렇게 개인사를 살피면 〈황무지〉는 시인의 만년을 예고한 서사시라고 볼 수 있다. 움트는 봄보다 모든 것이 잠든 겨울을 더 편안하고 평등하다고 여기는 현대인들. 하지만 우리에게는 밀턴의 〈복낙원〉처럼 노란 꽃 만발한 황무지(黃茂地)도 있다. "4월은 변덕스러운 달 / 이젠 개나리 유채꽃, 민들레, 튤립, 윤판나물 골담초 뒤섞여 피어나므로 / 욕망의 캡을 벗기고 / 봄비에 검은 머리를 감아라…"(필자 졸시)

엘리엇과 관련된 문학 상식도 알아 두자. 4월 23일 '세계 책의 날'은 셰익스피어와 세르반테스가 사망한 날이고, 1922년은 〈황무지〉와 《율리시스》가 동시에 발표된 귀중한 연도임을.

3) 사랑의 진실과 거짓

카뮈는 "진실은 빛과 같이 눈을 어둡게 한다. 반대로 거짓은 아름다운 저녁노을과 같이 모든 것을 아름답게 보이게 한다"라고 말했다. 진실과 거짓은 항상 사물과 그림자처럼 붙어 있지만, 사랑만큼 진실과 거짓이 혼재하는 것은 없다. 그 혼돈의 늪에서 허우적거린 시인이 릴케이다. 상처받기 쉽고 심약했지만, 폭력이 지배하는 세상에서 인간의 순수한 영혼에 대한 믿음을 포기하지 않았던 그는 루 살로메라는 지독히 지성적인 여성을 만나면서 격정과 좌절을 시로 적었다. 살로메를 둘러싸고 니체와 프로이트와 경쟁하면서 열세 살 연상의 여인에게 바치는 시를 줄기차게 썼다. 살벌한 지성 여인을 향한 고백과 고독이 물씬 풍긴다.

내 눈빛을 지우십시오. 그래도 나는 당신을 볼 수 있습니다.
내 귀를 막으십시오. 그래도 나는 당신을 들을 수 있습니다.
발이 없이도 당신에게 갈 수 있으며
입이 없어도 당신을 불러낼 수 있습니다.
내 팔을 꺾이더라도 나는 당신을
내 심장으로 당신을 붙잡을 것입니다.
내 심장이 멈춘다면 내 뇌수가 고동칠 것입니다.
당신이 불로 내 뇌를 태우더라도
나는 당신을 내 피 속에 싣고 갈 것입니다.

- 라이너 마리아 릴케 / 〈순례의 서〉 전문, 《기도시집》 제2부

주기도문 같은 시로 사랑을 간구한다. 집도 가족도 없는 남자를 목매달게 한 루 살로메는 "보라, 여기 한 여성이 있다"라는 호칭을 받을 정도로 '남자를 수집하는 여인'이자 '하인베르크의 마녀'였다. 21세기 유럽의 지성인들, 니체, 프로이트, 바그너 등이 루 살로메의 눈길에 기뻐하고 슬퍼하는 모습을 대변하듯 릴케는 "내 눈의 빛을 꺼 주소서"라는 시를 바쳤다. 그때 루는 "모든 사랑은 비극에 기초해 있다"라고 심리학자처럼 냉정하게 말했다. 그들은 사랑의 방식이 완전히 달랐다.

"다 주지 마라" 이게 사랑의 법칙이지만 심장까지 몽땅 떼어 나누어 준 《행복한 왕자》도 있다. 성경의 〈아가〉와 인도의 《기탄잘리》는 사랑하면 조금만 남겨 달라고 말하라 한다. 그대를 사랑할 수 있는 존재만이라도.

내 존재의 아주 작은 일부만을 남게 하소서. 이를 통해 내가 님을 나의 전부라 말할 수 있도록.

내 의지의 아주 작은 일부만을 남게 하소서. 이를 통해 어디서나 내가 님을 느낄 수 있도록. 그리고 모든 것 안에서 남과 만나고, 어느 순간에도 내 사랑을 님께 바칠 수 있도록 내 존재의 아주 작은 일부만을 남게 하소서. 그리하여 내가 결코 님을 숨길 수 없도록.

나를 얽매는 족쇄의 아주 작은 일부만을 남게 하소서. 이로 인해 나는 님의 의지에 묶여 있을 것이며, 님이 의도하는 바가 내 삶 속에서 이루어질 것입니다. 이는 님의 사랑이라는 족쇄입니다.

- 라빈드라나트 타고르 /《기탄잘리》34 부분, p.56

《기탄잘리》의 화자인 여성은 남겨진 아주 작은 부분을 족쇄라고 말한다. "당신께서 제게 부여한 당신의 목적"을 이루도록 사랑의 족쇄를 달라한다. 왜, 사랑의 족쇄는 일단 잠그면 영원히 풀리지 않기 때문이다.

푸시킨의 〈슬프고 가없는 이 세상 거친 들에〉에 비하여 〈삶이 그대를 속일지라도〉가 한국인들에게 잘 알려진 애송시이다. 지하철역 스크린 도어, 시골 이발소와 역전 다방, 심지어 여고 교실에도 걸려 있는 시구다. "삶이 그대를 속일지라도 / 슬퍼하거나 노여워하지 말라"에는 모든 번뇌를 떠내려 보내지 못한다는 불교의 무상론과 인생관이 담겨 있다. 그러나 푸시킨이 〈슬프고 가없는 이 세상 거친 들에〉서 속삭인 "이 세상 거친 들에서" 헤매다가 찾아낸 "마지막, 차디찬 잊음의 샘"은 차라리 덧없음도 청량할 만큼의 가벼움을 느끼게 한다.

슬프고 가없는 이 세상 거친 들에
남몰래 솟아나는 샘물 세 줄기
청춘의 샘, 빠르고 설레는 샘,
번뜩이며 소리치며 솟구쳐 달리고.
까쓰딸리쓰끼샘, 영감의 물결로써
이 세상 거친 들에 쫓긴 이의 목을 축이고.
마지막 한샘, 차디찬 잊음의 샘,
가장 달콤히 마음의 원한을 잠재우고.
 - 알렉산드르 푸시킨 / 〈슬프고 가없는 이 세상 거친 들에〉 부분,
《백석 번역시 선집》, p.56

푸시킨은 아프리카 혈통에 강한 자부심을 느꼈다고 알려졌지만 남모르는 열등감에 시달렸다. 황제까지 관심을 지닐 정도로 당대 최고의 미녀인 나탈리야 곤차로바와 결혼한 그는 아내의 불륜 소문에 시달리며 모두 29회에 걸쳐 결투를 벌였다. 유배 시절 막바지에 이 시를 짓고 프랑스 기병 장교 출신의 외교관 단테스를 상대로 결투를 하다가 38세에 복부 총상으로 죽었다. 문제는 푸시킨은 어머니 묘지 인근에 묻혔는데 바람난 아내는 도스토옙스키와 차이콥스키 같은 당대 기라성 같았던 저명인사들이 잠든 넵스키 수도원 묘지에 묻혔다는 것이다. 오죽하면 푸시킨이 "삶이 그대를 속일지라도" 슬퍼하지 말라 했을까. "찬물 한잔 마시고 정신 차리라"와 다름없듯이 미녀를 아내로 둔 남자의 운명은 어찌할 수 없는가 보다.

태초부터 남자와 여자는 사랑을 해 왔지만 서로의 진실을 믿지 못했다. 시인들도, 배우도, 오페라 가수도 그 간격을 절감했다. 영국의 낭만

파 시인 바이런은 〈아가씨들이여, 더 이상 한숨을 쉬지 마오(Sigh No More Ladies)〉라는 짧은 시에서 "사내들은 언제나 한 다리는 해안에, 한 다리는 바다에 두고 있되 그마저도 한결같이 않다"라고 조롱하듯 타일렀다.

4) 사랑은 무엇으로 재는가

《어린 왕자》는 사랑을 무엇으로 재는가를 이야기한다. "만일 네가 나를 길들인다면, 우리는 서로가 필요하게 되는 거야. 나에게는 네가 세상에서 단 하나밖에 없는 사람이 되고, 네게는 내가 세상에서 단 하나밖에 없는 사람이 될 거야", "네 장미가 그렇게도 소중한 것은 네 장미를 위하여 잃어버린 시간 때문이야. 언제나 네가 길들인 것에 대해서 책임을 져야 해…" 이것을 요약하면 '관계'라는 끈과 '시간'이라는 단지와 '네 것'이라는 매듭이다. 그것을 갖지 못한 시인들은 슬픔과 그리움을 시라는 항아리에 담았다.

헤세의 삶은 우여곡절로 채워졌다. 사춘기 때부터 심각한 우울증을 겪었고 세 번에 걸친 결혼도 파국으로 끝났다. 부인은 정신병을 앓았고 자신마저 35년 가까운 세월을 견디다 못해 말년에는 명상이라는 신비적 세계로 도피했다. 1922년 부인 마리아와 이혼하고 스위스 국적을 얻어 가수 루트 벵거와 결혼했지만, 불행은 마찬가지였다. 스위스 남부 몬타뇰라에 홀로 기거하면서 죽을 때까지 집필에만 몰두한 헤세의 삶은 고독 자체였다. 그가 즐겨 그린 수채화에는 사람이 거의 나타나지 않는다.

기이하여라, 안개 속을 거니는 것은!
모든 나무 덤불과 돌이 외롭다
어떤 나무도 다른 나무를 보지 못한다
누구든 혼자이다.

(2연 3연 생략)

기이하여라, 안개 속을 거니는 것은!
삶은 외로이 있는 것
어떤 사람도 다른 사람을 알지 못한다.
누구든 혼자이다
   - 헤르만 헤세 / 〈안개 속에서〉 부분, 《헤르만 헤세 대표시선》, p.59

위 시는 간절히 "거기 누구 없소?", "나를 모르시나요?"라고 절규한다. 헤세는 자신을 찾아 힌두교와 불교의 신비주의 철학 및 도교를 거쳐 말년에 기독교로 돌아왔지만 결국 아프락사스라는 이교 신에 의탁했다. 소설《데미안》에는 "태어나고자 하는 자는 하나의 세계를 파괴해야만 한다. 그 새는 신에게 날아간다. 그 신의 이름은 아프락사스다"라는 젊은이들이 열광하는 유명한 메시지가 있다. 헤세의 신은 신적이며 악마적인 결합체이다. 1946년 노벨문학상을 받고 85세에 몬타뇰라에서 조용히 눈을 감았다.

"맛없는 와인을 먹기엔 인생은 너무나 짧다"라고 말한 괴테만큼 여인을 사랑하고 연애시를 많이 쓴 작가도 드물다. 괴테는 자신의 연인을 작품에 등장시켰는데 《파우스트》의 그레트헨과 《젊은 베르테르의 슬픔》의 샤를로테 부프(1753~1828) 등이다. 첫사랑의 그레트헨에 이어 19세 때는 26세나 연상인 주잔네 폰 클레텐베르크, 첫 결혼이며 아들 아우구스트 폰 괴테를 낳아 준 16세 연하인 크리스티아네 폰 불피우스, 무려 55세나 연하인 울리케 폰 레베초프, 《아름다운 영혼의 고백》의 모델 수잔 크레텐베르그, 〈들장미〉의 주인공 프리데리케 브리온, 7세 연상으로 정신적인 지주였던 샤롯 슈타인 부인, 이탈리아 여행에서 돌아온 뒤 동거한 평민 여자 크리스티아네 불피우스, 74세에 사랑에 빠졌던 당시 18세 울리케, 폴란드의 피아니스트 마리아 지마노프스카와의 열애…. 그랬던 그가 《파우스트》에서 찰나적인 사랑이 얼마나 덧없고 허무한가를 탄식하는 말을 남겼다. 사랑의 달인이 되어서야 원하는 것은 영원히 달콤한 사랑이지만 손에 쥐는 것은 덧없고 아픈 사랑임을 깨치게 된다.

미칠 수 없는 것이
여기서는 이루어지고,
말할 수 없는 것이
여기서는 성취되었네.
영원히 여성적인 것이
우리들을 이끌어 올리노라.
- 요한 볼프강 폰 괴테 /《파우스트》제2부 마지막 구절, p.378

괴테는 다름 아닌, 메피스토펠레스 같은 마왕이면서 성모 마리아 같은 그레첸의 도움으로 영적인 구원을 얻은 파우스트 박사다. 평생 '남의 여자만을 사랑한' 괴테도 질풍노도 같은 애욕을 겪은 후에야 세상에서 그리움의 대상은 특정한 여자가 아니라 그냥 여성임을 믿게 된다.

사랑의 묘약은 누구든 '그와 그녀'로 만든다. 그와 그녀는 세상의 모든 다른 사람을 배척한다. 아담과 이브조차 신을 거부했다. 사랑에 빠진 그들은 그들만의 보금자리를 원한다. 그곳은 발자국조차 파도에 실려 간 곳이어야 한다. 아리아만큼 지극한 사랑을 노래한 서정 문학은 없다. 여자는 버림받고 남자는 바람피우더라도 다시 그녀와 함께 떠남을 갈구한다. 죽음의 피안일지라도.

아, 그 사람인가, 그 사람인가 / 내 마음을 이렇게 뒤흔드는 이
사랑의 고민 속에 사로잡는 / 내 맘을 산란케 하는 이가
그이였던가, 그이였던가 / 상냥한 그의 음성이
사랑을 속삭이고 나를 위로했네 / 그대가 내 영혼 모두 빼앗아 갔네
내 가슴 깊은 사랑의 궁전에 / 그이로 가득 찼네, 오 그대여

언제나 자유롭게 날고 싶어 / 항상 기쁨과 환락 속에서
화려하고 새로운 기쁨을 찾아 / 훨훨 날고 싶어.
죽음이 날 빼앗아 가기 전까지 / 항상 밤과 낮을 가리지 않고
화려하고 새로운 기쁨을 찾아 / 나의 마음 그곳으로 가네.
　　　　　- 주세페 베르디 / 〈라 트라비아타〉, 〈아, 그이인가〉

사랑에는 슬픈 연인만 존재한다. 연인은 함께 사는 사람이 아니라 배신하고 떠나고 죽고 남겨져 서러움과 안타까움을 노래한다. 그들에게는 '붉은 동백꽃 지면 슬픈 세상'이고 '푸른 나뭇잎이 살랑이면 함께한

약속'이 부활한다. 그래서 연인들은 뒤에 남은 자가 자신의 이름을 단 한 번이라도 불러 주기를 원한다. 아리아가 마지막 사랑의 비가(悲歌) 인 이유다.

5) 그래도 시인을 사랑한 여성들

여성들은 예나 지금이나 "왜 마초 같은 사나이는 만나기 힘든지"라고 탄식해 왔다. 그러나 예술적이고 지적인 남성을 헌신의 사랑으로 보호하려는 모성애를 지닌 연인도 있다. 뮤즈의 수호자가 자신이라고 믿고 힘든 삶조차 행복으로 여긴다. 그 보답으로 예술가와 음악가와 시인들은 그림과 아리아와 시를 바쳐 그들을 감격케 했다.

레미 드 구르몽(1858~1916)은 프랑스의 얼굴 없는 은둔 시인이다. 노르망디 지방 오른에서 귀족의 아들로 태어나 법학을 공부하고 국립도서관에 취직해 고대 문학을 연구했다. 모델 출신 베르트 쿠리에르와 말년에 함께 보냈다. 30대 초반에 독일과 프랑스 양국이 문화 교류를 해야 한다고 주장하여 직장에서 해고된 무렵 피부결핵으로 얼굴이 추하게 변하여 집 안에 박혔고 극심한 우울증에 빠져 58세로 생을 마감했다. 여생을 함께 보낸 베르트도 이듬해에 세상을 떠났다. 구르몽의 대표작 〈낙엽〉은 그의 순수한 애정과 관능을 대비하면서 생의 무상함을 드러낸다.

시몬!
낙엽 떨어진 숲으로 가자

낙엽은 이끼와 돌멩이와 오솔길을 덮고 있다

시몬!

너는 좋으냐? 낙엽 밟는 소리가

낙엽 빛깔은 정답고 모양은 쓸쓸하다

낙엽은 버림받아 땅 위에서 흩어져 구른다

시몬!

너는 좋으냐? 낙엽 밟는 소리가

- 레미 드 구르몽 / 〈낙엽〉 부분,
《향기가 묻어나는 세계 명시 150》, p.196

지성과 감성, 유혹과 억제, 관능미와 애절함이 뒤섞여 긴장감을 던진다. 처음에 낙엽 진 숲으로 가자고 유혹하던 시인은 낙엽으로 자신의 처지를 한탄하며 연인의 동정심을 유도한다. 낙엽 밟는 소리가 그토록 좋아도 모두 가을철 낙엽 신세이니 시간 낭비 말고 내 곁으로 빨리 오라는 재촉이 들린다. 담을 쌓아도 관능은 구렁이처럼 담을 넘는다고 하는데.

아폴리네르는 1916년 참호 속에서 자신의 작품을 읽다가 적진에서 날아온 포탄에 뇌를 맞아 치명상을 입었다. 두 번의 뇌수술로 목숨은 건졌지만, 종전을 이틀 앞두고 38세로 숨을 거두었다. 1913년 파격적인 첫 시집 《알코올》이 세상에 충격을 주면서 큰 성공을 거두었다. 홀어머니 밑에서 사생아로 자란 아폴리네르가 외로움을 달래는 유일한 수단은 술이었다. 전운이 감도는 음울한 시대를 배경으로 한 〈미라보 다리〉는 마리 로랑생과의 결별을 염두에 두고 쓴 작품이다.

손에 손을 잡고서 얼굴을 마주 보자
우리들의 팔 밑으로
미끄러운 물결의
영원한 눈길이 지나갈 때

밤이여 오라 종은 울려라
세월은 흐르고 나는 여기 있다
　　　　- 기욤 아폴리네르 / 〈미라보 다리〉 부분,《알코올》, p.10

이 시에는 명화 모나리자 도난 사건으로 인하여 5년 동안 연인이었고 유연한 묘법(描法)과 여자다운 섬세한 관능의 화가였던 마리 로랑생과의 결별과 그 상처가 깔려 있다. 친구 샤갈의 아틀리에에서 술을 마시고 해 뜰 무렵 센 강을 지나면서 이 시를 지었다. "세월은 흐르고 나는 여기 있다"는 구절은 연인의 부재를 강조한다.

로랑생은 아폴리네르와 헤어진 후 독일인 귀족 오토 베첸과 결혼했으나 아폴리네르의 사망 소식을 듣고 2년 뒤에 이혼했다. '입체파와 야수파의 숲에서 한 마리 잃어버린 사슴'이었던 로랑생은 "죽음보다 더 불행한 것은 잊히는 것이다"라는 칼침 같은 시도 남겼다.

마리 로랑생은 〈잊혀진 여자〉에서 세상에서 가장 서러운 여자는, "권태롭고 슬프고 불행하고 고통스럽고 버려지고 외톨이고 떠돌이고 죽은 … 무엇보다 '잊혀진 여자'다"라고 말했다. 잊힌다는 말은 더는 존재하지 않는다는 뜻이다. "나는 사랑한다, 고로 존재한다"라고 말하는 연인만큼 당당하고 아름다운 사람은 어디 있을까.

6) 육체의 신전과 '18금' 시어

"내 살은 참된 양식이요 내 피는 참된 음료로다 내 살을 먹고 내 피를 마시는 자는 내 안에 거하고 나도 그 안에 거하나니"(요 6:55-56) 예수님은 아둔한 유대인들을 가르치기 위해 몸이라는 비유를 가져왔다. 사랑이라는 에너지도 육체의 대화가 필요하다. 시인들은 누구보다 인간의 성적 요소를 이해하고 그곳에 대한 상상과 환상을 자신들의 시어로 삼았다.

샤를 보들레르(1821~1867)는 프랑스 상징주의 시인으로 그의 삶은 좌충우돌이었다. 여섯 살 때 아버지를 잃고 어머니는 재혼하고 학교에서는 게으름과 반항으로 퇴학당했다. 계부의 강요로 법대에 들어갔으나 작가가 되었고, 방탕으로 일관했다. 사팔뜨기 유대인 창녀 사라와 관계를 맺고 성병에 걸렸으며, 상당량의 토지를 상속받았지만 2년 만에 탕진한 후 금치산자 선고를 받고 불확실한 미래에 절망하여 자살까지 시도했다. 극심한 정서 불안 가운데 1857년 출판된 《악의 꽃》은 섹스, 동성애, 육체, 독, 죽음 등 인간이 취할 부도덕이 담겨 풍기문란죄로 고소까지 당했다. 망각의 시 〈망각의 강〉으로 그의 정신세계의 일면을 엿보기로 하자.

> 이제야 환희에 찬 내 운명을
> 나는 숙명처럼 받아들이고
> 순종적 순교자, 무고한 죄인으로
> 열정 후의 형벌을 달게 받으리.

내 마음에 품은 한을 달래기 위해,
독 당근과 마법의 네펜테스 빨아 마시리
단 한 번도 사랑이 담긴 적 없는
아름다운 그대의 오똑한 유두 끝에서.

- 샤를 보들레르 / 〈망각의 강〉 부분, 《악의 꽃》, p.72

이 작품은 종교적 신앙과 애인과의 밀회를 합쳐 욕망으로 한을 풀려는 사내의 욕망과 아담의 원초적 본능을 토로한다. 그 환상을 키운 여성은 머리카락을 가진 연인 잔느 뒤발이다. 문제는 정상적인 관계라면 열정 후에 형벌을 받을 이유가 없다는 점이다. 사랑 없는 육체적 탐닉에 젖은 여성과 남성의 괴기스러운 집착을 요구-공포 딜레마(need-fear dilemma) 현상이라 부른다.

네루다의 삶은 《파블로 네루다 자서전: 사랑하고 노래하고 투쟁하다》라는 제목에서 알 수 있다. '고통 받으며 투쟁하고, 사랑하며 노래하는 것'이 그의 몫이었다. 눈물, 입맞춤, 고독, 저항 모든 것이 시 속에 살아 움직인다. 시인이라면 그 이상 무엇을 바라겠는가? 네루다는 청년 시절에는 관능적인 사랑의 시를, 중년기에는 영적 신비를, 장년기에는 사회 고발과 체제 비판적인 시를, 말년에는 단순하고도 현실적인 문제들을 다루었다.

〈오늘 밤 나는 쓸 수 있다〉는 시인이 언제 시를 쓸 수 있는가를 분명히 말한다. "오늘 밤 나는 제일 슬픈 구절들을 쓸 수 있다. / 이제 그녀가 없다는 생각을 하며. / 그녀를 잃었다는 느낌에 잠겨"라는 구절처럼 소중한 것을 잃고 고통의 터널과 어두운 심연에 빠졌을 때다.

7) 시인의 실연을 찬미하자

시인을 모르면 시를 이해할 수 없고 시를 읽지 않고서는 시인을 알 수 없다. 문학은 영혼과 육신의 결정체다. 시인은 인간을 사랑하지만 배신당하고 쓰러진다. 그들의 사랑은 여성을 통해 이루어진다. 여성을 사랑함으로써 인간을 사랑하고 여자를 포옹함으로써 시대를 껴안고 여인과 관계함으로써 우주와 신에 접근한다. 그들의 시는 앓고 고통 받고 격정에 몸부림치는 우리 자신의 몸이다. 이것을 이해할 때 독자들은 진실로 시를 사랑하고 인간을 연민으로 대할 수 있다. 그러니 두려워 말자. 어쩌면 시인이 되어 사랑시 한 편을 스스로 짓게 될지도.

오! 그 아름다움 한창 피어날 때
저버린 그대,
잠든 그대 위엔 무거운 墓石(石)일랑
올려놓지 못하게 하리라.
그대 덮은 잔디 위엔
오직 장미를 심어
봄이면 새싹 트이게 하고
야생 실백편나무 수심 어려
휘청거리게 하리.
　　　　　- 조지 고든 바이런 / 〈아아, 꽃처럼 저버린 사람〉 1연,
　　　　　　　　　　　　　　　　　《바이런의 명시》, p.10

참고자료

기욤 아폴리네르. 《미라보 다리 아래 세느강이 흐르고》, 안민재 옮김, 태학당, 2000.

라빈드라나트 타고르. 《기탄잘리》, 장경렬 옮김, 열린책들, 2010.

문영 엮음. 《향기가 묻어나는 세계 명시 150》, 뜻이있는사람들, 2015.

백석. 《백석 번역시 선집》, 정태선 엮음, 소명출판사, 2012.

샤를 보들레르. 《악의 꽃》, 김인환 옮김, 문예출판사, 2018.

앙투안 드 생텍쥐페리. 《어린 왕자》, 김미성 옮김, 인디고, 2018.

요한 W. 괴테. 《파우스트》, 박찬기 역자, 〈삼성판 세계문학전집51〉, 1976.

윌리엄 B. 예이츠. 《예이츠 시 전집》, 한국예이츠학회 엮음, 도서출판 동인, 2011.

조지 G. 바이런. 《바이런의 명시》, 이봉국 편역, 한림출판사, 1978.

파블로 네루다. 《스무 편의 사랑의 시와 한 편의 절망의 노래》, 정현종 옮김, 민음사, 2007.

T. S. 엘리엇. 《T. S. 엘리엇 전집》 9, 이창배 옮김, 동국대학교 출판부, 2001.

헤르만 헤세. 《헤르만 헤세 대표시선》, 전영애 옮김, 민음사, 2007.

3. 작가의 손손손

1) 손과 더불어

　인류라는 포유류는 땅을 딛고 일어나 손을 사용함으로써 인간이 되었다. 다른 동물이 없는 '두 손' 덕분에 '도구를 사용하는 인간, 호모 파베르(Homo Faber)'로 진화하여 거친 들판에 문명을 일구었다. 도시를 건설하고 운하를 파고 땅을 경작하고 악기를 만들었다. 손으로 만진 그것들마다 이름을 붙이고 인간과의 관계를 글로 풀어내기 시작하였다.
　발에서 진화한 인간의 손은 도구적 수단이면서 메신저의 역할을 한다. 멀리서 손을 흔들어 사람을 부르고 상대의 몸을 쓰다듬거나 밀쳐 애증의 감정을 표현한다. 손을 잡는 몸짓은 화해를, 두 손 두 발 다 들었다는 말은 단절과 좌절을 나타낸다. 손이 입에서 나오는 말보다 더 효과적이라는 뜻이다.
　인간의 그 손이 코로나바이러스를 맞이하면서 수난을 당하게 되었다. 2019년 12월 중국에서 처음 발견된 코로나19가 급속도로 전 세계를 잠식한 끝에 2020년 3월에 세계보건기구는 팬데믹을 선언했다. 설상가상 코로나19의 완전한 종식을 포기한 인류는 함께 살아가는 삶을 준비해야 한다는 '위드 코로나(With Corona)'를 받아들여야 했다. 마스크가 얼굴에서 벗겨질까 봐 손은 늘 마스크를 붙잡고 두 손을 활짝 펴서 서로의 손을 맞잡던 과거와 달리 주먹으로 인사하는 볼썽사나운 모습을 연출하게 되었다. 무엇이든 손을 대거나 만지지 않으려는 언택트(untact)의 습관이 보편화되었다. 다섯 손가락이 사라지고 손이

하던 기능이 축소된 것이다.

위드 코로나에서 흥미로운 것은 전치사 'with'의 변질이다. 전치사 위드의 중요한 두 용법은 도구 앞에 붙은 경우와 '함께 같이'라는 기능이다. 그런데 위드 코로나는 정통 영어가 아니라 2020년 4월 7일 일본 《니혼게이자이》신문이 처음 사용한 일본식 영어라고 한다. 팬데믹이 장기화할 거라는 우려에서 '불가피한 공존'의 의미로 만들어졌다. 그런데 영어식으로 풀이한 '위드 코로나'는 '같이'라는 뜻이 붙어 '코로나와 같이 사는 것'이니 서양에서는 그 의미를 받아들이기 힘들다. 〈늑대와 함께 춤을〉, 〈님과 함께〉, 〈To Sir With Love〉처럼 친밀하고 낭만적이고 동료적인 이미지하고는 정반대로서 코로나가 언어 현상에 남긴 악영향 중의 하나라고 지적할 만하다. 그렇다면 진정 문인이 지녀야 할 귀한 손은 어떤 손일까.

2) 문학은 손의 지문

지금까지 인간이 표현한 손 중에서 가장 극적인 것은 미켈란젤로가 그린 시스티나 성당 천장화 〈아담의 창조〉에서 볼 수 있다. 창조주의 손가락과 거의 맞닿은 최초 인간 아담의 손가락은 생명을 부여받는 환희의 순간을 포착한다. 하지만 두 손 사이에는 눈에 보이는 틈이 있어 완벽한 일체를 향하는 노역이 얼마나 험난한가를 보여 준다. 그 후 로댕은 〈칼레의 시민〉에서 생을 남겨 두고 떠나는 자의 돌아보는 손을 조각했다. 스페인 명장 엘 그레코가 그린 기사의 손은 일명 '이야기하는 손'으로 우아한 감정이 넘쳐난다. 어찌 보면 예술가들은 입이 아니라 손과 손가락으로 흉중의 이야기를 전달하려 했을지도 모른다.

　모든 인간은 손과 함께 생존한다. 자신의 힘으로 숟가락을 쥘 수 있어야 제 밥그릇을 챙기고, 양로원의 노인들은 제 손으로 숟가락을 쥐는 한 목숨 줄을 부지한다. 손으로 밥 먹고, 사랑하고, 미워하고, 헤어지고, 만난다. 손에 움켜쥐었다가 놓치고 다시 잡으며 살다가 빈손으로 돌아간다. 손의 전생(全生)이 사람의 일생(一生)이다. 그만큼 인간의 손은 자아 실존의 물음과 해답을 책임진다. 인간 개개인의 여정이 비슷하지만 돋보기를 들이대면 손의 지문만큼 독특하고 개성적인 것이 없다. 뼛속까지 외로운 생, 그 쓸쓸함을 견디며 몸부림쳐 온 평생을 손의 지문이 증언한다.

　손에 새겨진 지문, 그것은 전생이고 현생이고 후생의 문양이다. 젊은 날의 열정과 회한이 손가락 마디마다 옹이로 박히면서 아름다운 것은 멀리 두어야 한다는 인식을 손등에 주름으로 얹는다. 손으로 만나고 헤어지고, 살고 죽는다. 그래서 사람들은 남달리 손을 아끼고 가꾼다.

　작가의 손은 삶을 표현하기 위해 움직이므로 평범하지 않다. 작가의 손은 생각이 휘발되지 않도록 검지에 힘을 주어 꾹꾹 눌러 원고지에 쓰기도 하고 물 찬 제비가 날듯이 컴퓨터 자판을 두드리기도 한다. 이야기가 책이라는 몸을 가질 때까지 신체 중에서 가장 바삐 움직이는 것이 손이다. 마침내 글 쓰는 사람(Homo Scriptus)이 된다. 그는 오랜 타자로 손가락 끝에 통증이 오더라도 책이라는 분신을 위해 온 힘을 다한다. 손의 운명이 힘겨운 데 어찌 작가가 편안하기를 기대할 건가.

　작가의 손은 인간 세상이라는 늪지대 밑바닥을 휘젓는다. 왜 사느냐에 대한 목마른 질문을 해갈할 샘물을 길어 올린다. 단애의 토굴에 묻힌 유골을 거두기 위해 위로 뻗친다. 기암절벽의 석청을 따고 검은 석

탄층을 줄기차게 괭이질한다. 손가락에 가시가 박히고 뾰족한 바위 날에 손바닥이 찍히는 것도 손의 숙명이다. 몸을 지켜 주고 지친 몸을 다시 일으켜 주는 것도 손이다. 개인의 상처와 시대의 아픔이 작가의 손바닥에 고스란히 담긴다. 그런데 많은 작가들이 그 손의 책무와 소명을 감당하지 못하여 방심의 쉼표를 찍고, 기약 없는 말줄임표를 찍고, 포기하는 마침표를 찍는다. 그 손을, 그 손가락을 그냥 쉬게 해서는 안 된다. 작가이므로 '위드 작가의 손'을 지켜야 한다.

문학은 손이다. 뜨거운 불 속이든, 깊은 물속이든, 따지지 않고 뛰어들어 구원해 주는 생명의 밧줄이다. 그러므로 우리는 작가의 손에 보험을 들어 줘야 한다. 독서라는 보험이다. 책 읽기라는 보험은 사람의 정신이 파산할 때 반드시 필요하다. 작가는 독자로부터 삶의 이야기를 듣고 독자는 작가를 통해 평소 멀리했던 인간 내면의 소리에 귀를 기울이므로 책을 더 진지하게 쓰고 읽을 필요가 있다. 동료 작가를 위한 보험에 더 많은 돈을 넣으라는 의미다.

종이 위로 연필이 구르고 자판 위에 손이 얹히는 시간은 세상에서 '가장 고요한 시간(Die stillste Stunde)'이다. 무릎 꿇지 않은 기도이며 세상을 읽고 걷는 수행이다. 손은 눈보다 더 본능적으로 시대의 아픔을 꿰뚫어 낸다. 할 수만 있다면 이 여인의 슬픔도 그대 작가의 지문임을 알아야 한다.

"… 해가 질 때 장미가 태양을 그리워하듯 내 영혼은 매 순간 당신을 그리워합니다. 보랏빛 그늘이 내리고 그 슬픔이 내 슬픔을 덮습니다. 오 그대여, 멀리 떠날 때 나를 잊지 말아요. … 부드러운 햇볕 아래서 우리는 수많은 시간을 함께 보냈지요. 그토록 행복했던 시간은 어느덧 빠르게 지나가고 이제 바다 너머 당신이 돌아가야 할 땅이 당신을 부르고 있네요. 장미가 피어 향기를 내뿜는 행복한 나라. 오 나도 그대와 함께 떠날 수 있다면 …"

- 이사 레이 / 〈피지섬 원주민의 이별가〉 부분

세상을 눈물 젖은 두 손으로 받치는 사람이 작가다. 그러므로 지금의 글이 시원찮다고 하여 '위드 작가의 손'이 나태해서는 안 된다.

3) 진실의 반지를 낀 손

문학에서 중요한 것은 '진실'을 인식하는 것이다. 사전적 의미에서 사실(事實)은 실제로 있는 일을 뜻하지만, 진실(眞實)은 초시간적으로 거짓이 없는 사실을 지칭한다. 태양이 동쪽에서 떠서 서쪽으로 넘어가는 것은 사실이지만 지구가 해 주위를 돌고 있다는 것은 사실 뒤에 숨은 진실이다. 사실은 확인할 수 있지만, 반드시 진실에 일치하지 않고 때로는 진실을 가리기도 한다. 진실은 사실을 전제로 하되 객관적이고 직관적인 검증을 요청한다.

사람들은 증거와 경험을 과신하여 눈에 보이는 사실만을 절대시한다. 사실에 함몰되어 삶의 원형인 진실을 쉽게 망각한다. 사실의 관점에서 삶이 나에게 그다지 친절하지 않다고 여길 때에도 진실의 눈으로 보면 삶이 주는 고통이 소중한 의미와 가치가 됨을 발견할 수 있다. 코로나19에 적용하여도 팬데믹은 지구적 사실이지만 백신의 국가별 빈부격차는 눈에 보이지 않는 진실이다. 진실을 일러 주는 문학은 단순히 언어와 문자로 이루어진 것이 아니라 사실 너머 의미를 상징으로 짠다. 인간은 평소에는 개인의 이익에 따라 사실만을 보지만 문학에 익숙해지면 삶을 정관함으로써 진실에 귀를 기울이게 된다. 그 행위가 문학적 인식이다.

아리스토텔레스는 시적 진실을 역사적 교훈과 과학적 명제 위에 놓았다. 스승 플라톤과는 달리 그는 문학의 진지함과 철학성에 의미 있는 무게를 두었다. 《시학》 9장에서 이렇게 말한다.

> 따라서 시(詩)는 역사보다 더 철학적이고 중요하다. 왜냐하면, 시는 보편적인 것을 말하는 경향이 더 많고, 역사는 개별적인 것을 말하기 때문이다. 「보편적인 것을 말한다」 함은, 다시 말해 여차여차한 성질의 인간은 개연적으로 또는 필연적으로 여차여차한 것을 말하거나 행하게 될 것이라고 말하는 것을 의미한다. 비록 시가 등장인물들에 고유한 이름을 붙인다고 하더라도, 시가 추구하는 것은 보편적이다. 개별적인 것을 말한다고 함은, 이를테면 알키비아데스는 무엇을 행하였는가, 또는 무엇을 당하였는가를 말하는 것을 의미한다.
>
> - 아리스토텔레스 / 《시학》, pp.38~39

정리하면 요지는 "시는 역사보다 훨씬 진지하고 철학적이다"라는 점이다. 그는 이런 견해를 바탕으로 문장의 법칙을 '변증법'과 '수사법'으로 구분하고 '수사법'과 상관이 있는 모든 말과 글을 '시'에 귀속시켰다. 여기서 '시'는 서사시, 희극, 비극, 서정시, 낭독, 연설까지를 포함하는 예술적인 글 일반을 가리킨다. 즉 산문체 언어가 아닌 운문체 표현물이라면 문학이라는 것이다.

현대 최고의 언어철학자 소쉬르가 남긴 《일반언어학 강의》는 얇지만 담론의 영역에서 가장 주요한 텍스트로 평가받는다. 그는 문화(문학을 포함한)의 습관 속에 삼투된 담론과 의미작용의 복잡성을 기호학적으로 분석하였다. 이 시도는 "의미는 고정된 것이 아니라 생산되는 것, 기표들의 차이에서 기의가 형성되는 것"(pp.94~97)에 주의를 기울여 진실과 의미가 기호 체계의 산물임을 밝혀냈다. 문자는 추상적인 기호에 불과하여 세계를 옳게 보여 주지 못하지만, 문학어는 언어의 한계를 뛰어넘어 세계를 재인식하는 방식을 제공해 준다는 설명이다. 상투적인 생각과 타성을 뒤엎기 위하여, 진실이 정직한 영역임을 전하기 위하여, 문학은 사실 자체에 갇히지 않아야 한다. 작가라면 적어도 예술적 기법을 빌어 사실에 내포된 진실을 직관으로 파악해야 하는 짐을 져야 한다는 것이다.

아리스토텔레스와 소쉬르는 고금을 뛰어넘어 문학과 진리를 결합한 대표적인 학자들이다. 그들은 작가는 사실을 사실보다 더 사실처럼 보여 주는 데 관심을 기울인다고 하였다. '실감 나게', '그럴듯하게', 사실보다 더 '사실답게'라고 말할 수 있어야 한다는 것이다.

예술성은 '진실다움'을 우선으로 한다. 예술이 사실과 어긋난다고 할지라도, 진실을 지키는 방향은 유지되어야 한다. 사물이 부조리할지라도 사람들이 그렇지 않다고 생각하고 느끼고 말하면 그렇게 된다는 것이 아리스토텔레스의 주장이다. 짐작했던 것과는 정반대로 일어나는 일이 세상에서는 얼마든지 가능하니까. "창조적인 일에는 상상력이 지식보다 더 중요하다." 피카소도 "예술은 사람들이 진실을 깨닫게 만드는 거짓말"이라고 했다. 지금도 많은 예술가는 상상력이 사실을 왜곡하는 것이 아니라 진실을 '이룬다'고 생각한다.

작가가 궁극적으로 추구하고 구현하고 전파할 일은 사실의 복제가 아니다. 사실 너머에 있는 진실을 감각적이고 정서적이고 직관적인 인식으로 발굴해야 한다. 글을 쓰는 이유는 있는 대로 찍어 대는 기능인이 되기 위해서가 아니라 창조력을 발휘하기 위해서다. 그것은 외적 경험과 내적 상상이 하나가 된 진실의 반지를 낀 손을 가질 때 이루어진다.

4) 문필객의 손으로

세상에서 가장 귀한 것이 피다. 피가 없으면 모든 생명은 죽는다. 피 중에서 가장 순결한 것이 신앙을 위해 목숨을 건 순교자의 피다. 이슬람의 속담에 "학자의 잉크는 순교자의 피만큼 순결하다"가 있다. '눈은 눈으로' 말하는 이슬람인들 조차 학자는 순교자만큼 순결하다고 말한다.

이슬람 사회에서도 학자는 분명히 글을 쓰는 문인이었을 것이다. 무뢰한 검이 역사를 만들지만 역사의 진실은 펜이 지켜 내므로 학자와 문필가를 존경한다는 것이다. 인류의 역사는 학자와 문인의 글이 없었다면 존속했을 리가 없다. 유명 도서관에 보관된 무진장한 장서들을 보라. 번쩍이던 청동 검은 땅에 묻혀 형체도 없이 썩어 버렸지만, 고서(古書)는 현자들의 품에서 품으로 전수되었다.

세상은 갖가지 판으로 짜인다. 판은 어떤 일이 벌어지는 자리라는 뜻으로 싸움판, 씨름판, 정치판, 돈 판, 노름판, 먹자판, 춤판… 등등이 있다. 모두 손으로 자행된다. '판을 엎는다', '판을 키운다', '판을 짠다'는 겹어가 있고 판을 주름잡은 사람을 '~잡이', '~꾼'으로 부른다. 글을 쓰는 곳은 글 판이고 글쟁이를 글꾼이라 부를 수 있지만 사람들은 사(士)

라 부른다. 아무튼, 글 판과 칼 판을 누비는 사람을 문사(文士)와 무사(武士)라 부른다.

목숨을 걸고 싸우는 곳이 싸움판이다. 주먹 판도 싸움판이지만 칼잡이 세계를 무림(武林)이라고 부르는 이유는 강호에는 나무숲 같은 강자들이 넘치기 때문이다. 그 검객 중에서 무림의 진정한 주인공인 협객(俠客)은 검술이 뛰어나고 성품이 호방하며 의협심이 높고 스승을 목숨으로 지키고 동료와 호형호제하여 강호 제일이라는 칭송을 듣는다. 반대로 칼 솜씨가 있으나 거처 없이 떠도는 검객을 낭인이라 부른다. 무사라고 모두 정의로운 칼잡이가 아니라는 뜻이다.

손에 펜을 들고 시문(詩文)을 다투는 세계가 문단(文壇)이다. 문단의 진정한 의미는 문단 권력 판이 아니라 같은 문풍(文風)을 지닌 문사들의 모임이다. 문단을 무림에 비유하는 까닭도 조그마한 철 조각을 쥔 협객 정신을 존중하기 때문일 것이다.

'펜은 칼보다 강하다.'

학문과 문학에서 즐겨 인용하는 말이다. 이 격언만으로도 칼과 맞짱 뜨고 싶어진다. 촌철살인과 필봉도 날카로운 글과 글 몽둥이를 자랑하라는 말이 아니라 오만해지기 쉬운 글재주를 경계하라는 의미라 여긴다. 분명한 사실은 문인에게 촌철살인은 상대가 아니라 촌철이 자신에게 향한다는 점을 자각하는 일이다. 옳은 글을 쓰지 못하면 기꺼이 죽임을 맞이하겠다는 결의, 조선의 많은 문사가 이 각오를 지키기 위해 자신의 목숨과 가문을 걸고 상소문을 올렸다.

보통 펜의 무게는 10~20g, 길이는 13~16cm에 불과하다. 약 60cm의 길이와 1kg가량인 고대 로마 시대 단검, 보통 90cm인 사무라이의 검에 비하면 펜은 무게와 길이에서 비교가 안 되지만 그 파급

력은 칼보다 더 크다. 칼을 쥔 손을 잘못 쓰면 혼자 망하지만, 펜을 쥔 손을 잘못 놀리면 수백 명의 목숨을 순식간에 앗아 간다. 잘 쓰면 나라를 구하는 명필이 되지만 잘못 쓰면 한 나라를 망치는 악필로 변한다는 의미다.

그 손이 칼과 펜을 쥔다. 칼이 잔혹한 복수와 살인을 좇는다면 펜은 순결한 자기희생을 마다하지 않는다. 칼은 펜의 힘을 빌리지 못하면 진정한 항복을 받아 내기 어렵지만, 펜은 칼 없이 적을 복종시킬 수 있다. 그래서 펜이 칼보다 의롭고 강하다. 그 실천의 전통이 무인 위에 문인의 자리를 만들었다고 볼 수 있다.

글쟁이가 되려면 문인보다는 문사(文士)나 문필객(文筆客)이 되는 게 낫다. 문사는 학자나 문필가나 선비를 뜻한다. 진정한 문객은 문단의 자리를 멀리하는 대신에 자신의 이름을 건 문장 대결을 원한다. 필력(筆力)의 승부를 존중하고 글에 살고 글에 죽는(筆生筆死) 자세를 경외하며 한 권의 작품집을 발표하여 문진(文陣)의 비법을 후학에게 전수한다. 가벼운 글쟁이들은 상금에 혹하여 공모전 판을 전전하지만 진정한 문사는 자신의 글을 제 목숨보다 더 중히 여긴다. 문즉인(文則人). 글을 쓰면 반드시 자신의 이름을 붙이는 이유도 명장이 자신이 만든 검에 이름을 새기는 것과 같다. 오직 최선을 다한 문장으로 순수한 승부를 겨루겠다는 각오를 세울 때 진정한 문객이 된다.

예전부터 필진(筆陣)을 만드는 것도 손이다. 종이(紙), 붓(筆), 먹(墨), 벼루(硯)라는 문방사우(文房四友)가 오랫동안 있었고 언제부터인가 잉크와 펜이 발명되었고, 다시 컴퓨터와 A4 용지가 등장했다. 지금은 스마트폰만 있으면 언제 어디서든 글을 쓸 수 있다. 강의실, 서재, 식당, 지하철, 카페는 물론 바다, 들판, 산, 강변, 황톳길에서조차 손가락만 움직이면 글 판이 진용(陣容)을 갖춘다. 스마트폰 안에 온 세계가 들어 있고 동서고금의 글이 담겨 있다. 글쓰기 법칙도 모든 인생의 손금도 들어 있다. 옛 검객이 칼 한 자루를 들고 천하 강호를 돌아다녔다면 오늘의 작가는 스마트폰 하나만을 손에 쥐고 온 지구를 누빌 수 있다. 그 모든 필진을 운행하는 것이 문학의 손이다.

모든 문객이 펜과 영감을 나누는 것은 아니다. 검객들이 단칼 승부를 가렸듯이 일필휘지, 오직 동귀어진(同歸於盡)의 필살기(必殺氣)를 따를 때 혼이 문객이 되게 한다.

황량한 벌판 같은 백지 위에 생명의 글 꽃을 피운다. 짐짓 물러서더라도 송곳처럼 돌진하여 글줄을 뻗는다. 문장과 행간을 몸의 기운에 따라 빠르고 느리게, 부드럽고 강하게 조절한다. 필력과 일생의 공력(功力)이 어울리도록 한다. 무엇보다 인자하고 유연하게 사람을 껴안는다. 시련의 가시가 살을 뚫고 들어오더라도, 사랑과 정의와 자유를 잊지 않는다. 조선의 박지원, 허균, 정약용, 이욱, 이용휴, 이덕무 등이 비운을 마다하고 무도(武道) 같은 문도(文道)를 지켜 온 선배임이 자랑스럽다. 코로나 같은 세계적 질병이 위세를 떨치는 시절에는 펜의 위세를 지켜야 하는 명분이 그래서 더욱 존귀하다.

문필계에 있다는 말을 얻으려면 펜과 손이 하나가 되어야 한다. 이때만이 정중동(靜中動)과 동중정(動中靜)의 세계를 자유자재로 오갈 수 있다. 문장과 사유, 인문정신과 선(禪)의 경지, 강즉유하며 유즉강이라는 강유(剛柔)의 조화, 무엇보다 심안과 영성이 어울리게 할 수 있다. 이때 비로소 '붓(펜)이 가는 대로 글을 쓴다'는 문득(文得)의 길이 보일 것이다.

진정한 문객은 오직 '천하제일필(天下第一筆)'이라는 심정으로 글을 쓴다. 좋은 스승과 의로운 문도(文道)와 더불어 꽃구름처럼 가볍게 청계의 물처럼 차게 심신을 닦는다. 문신(文神)을 찾지 못하면 방문을 걸어 잠근다고 각오한다.

  오프라인 시대든 온라인 시대든, 어느 시대를 맞이하더라도 문인이 지켜야 할 삶은 '워드 작가의 손손손'이다. 장인이 명검(名劍)을 만든다면 진정한 문객은 명필(名筆)을 만든다.

참고자료

아리스토텔레스. 《시학》, 천병희 옮김, 문예출판사, 1988.
페르디낭 드 소쉬르. 《일반언어학 강의》, 최승언 옮김, 민음사, 1997.

4. 작가의 수형과 수행

1) 문학이라는 감옥

"문학은 황홀한 감옥이다."

문학은 천국만큼 아름답지만 때때로 지옥처럼 고통스럽다. 이것은 문학이 영혼의 심장과 같다는 말에 일치한다. 작가에게 그 심장을 허락하지 않는 사회는 아무리 편안하고 풍요롭더라도 벌과 다를 바 없다. 미국의 유명한 시인 에드거 앨런 포를 두고 보들레르가 "미국은 그에게 거대한 감옥이다"라고 말했던 것처럼 조정래 작가가 40년 작가 생활을 정리한 자전 에세이집 제목으로 《황홀한 글감옥》이라 붙였다. 어쩌면 모든 작가들이 원하는 공간도 잘 꾸며진 실내가 아니라 '문학 감옥'일 것이다.

얼핏 생각하면 작가에게 투옥은 거리가 있어 보인다. 하지만 문학 안에 감옥이 있고 작가에게 투옥이라는 행적이 빠지지 않는다. 작가는 스스로 문학이라는 울타리 안으로 들어가지만 때로는 쇠창살을 강요당하기도 한다. 작가는 그때마다 "문인은 잡아갈 수 있지만, 문학은 감옥에 가두지 못한다"라고 외쳤다. 도스토옙스키는 시베리아 유형도 모자라 처형 일보 직전에 간신히 사면을 받아 후일 《죄와 벌》을 남겼고 세르반테스는 58세의 나이에 7개월간 연금 당했지만 《돈키호테》를 창조했다. 정약용도 18년 동안의 유배를 겪으면서 《목민심서》를 집필했다. 그들의 삶에서 투옥은 단순히 신체적 구속에 그치지 않고 위대한 문학을 완성한 정신의 해방이 되었다. 이런 명예로운 투옥은 "진실한 삶이란 생사를 건 싸움 끝에서나 가능하다"라는 헤겔의 말을 떠오르게 한다.

작가는 갇힌다. 보통 사람들은 책 속에 잠겨 있는 시간이 지닌 진실을 알지 못하므로 겨울이 지나면 봄철 풍경을 즐기기 위해 집을 나선다. 그들도 봄 길에서 이런 풍경을 만날 수 있다.

지금은 봄철이다. 우리 주변에서는 모든 것이 녹고 흐르고 열린다. 들판이 색색으로 단장하고 산이 기지개를 켜고 바다가 휘파람을 분다. 사방에서 갖가지 봄꽃이 피고 뭇 새들이 창공을 가른다. 물웅덩이에서는 올챙이 무리가 꿈틀거리고 해묵은 나뭇가지 마디마다 풋 싹이 돋고 있다. 계곡물 소리가 요란하고 해변을 가르는 바람은 시원스럽다. 모두 밖으로 나오라 소리친다. 열정이라는 속성 때문에 글쟁이들의 가슴도 울렁거린다.

— 필자의 글

봄날을 맞이하여 역설적으로 감옥을 생각해 본다. 갇힘에 익숙해진 죄수들도 한 해의 첫 계절인 봄이 오면 온몸이 욱신거리고 하루하루 지나기가 힘들어진다. 만년에 감옥에서 《옥중기》를 쓴 오스카 와일드는 투옥된 처음 몇 달 동안 어두컴컴하고 잿빛뿐인 감옥 생활을 두고 "비애의 계절이 있을 뿐이다"라고 탄식했지만 2년이 지나면서 모든 것을 미련 없이 버리고 자신에게 진정한 '새로운 정신'(p.84)이라는 경지를 맞이했다. 그때 그는 투옥을 강요받은 것이 아니라 스스로 누리는 기회로 삼았다.

작가라면 자신을 징벌하듯 연금시키고 싶어 한다. 그것이 작가의 운명이니까. 진정 살아야 한다면 그렇게 할 수밖에 없으니까. 내 몸은 남다르게 움직여야 한다는 본능을 거부할 수 없으니까. 무엇보다 책을 유일한 감옥의 동지로 여기는 것이다.

2) 책이라는 벽돌

책뿐만 아니라 작가들은 벽돌로 만든 감옥에 들어가서도 새로운 인생을 맞이한다. 역사 기록에서 최초의 수형자는 플라톤이다. 그는 도망치라는 주변의 권유를 뿌리치고 스스로 사약을 받아 마셨다. 임종 때 그는 인생에 대한 통찰로 "순리에 따르라"라는 메시지를 남겨 플라톤이 《소크라테스의 변명》을 쓸 수 있는 여지를 남겼다. 로마 제국의 정치가이자 철학자였던 보이티우스는 반역 혐의를 받아 파비아의 감옥에 갇혔을 때 플라톤의 사상을 담은 《철학의 위안》을 썼다. '크라이스트 대학의 숙녀'라는 별명을 얻었던 존 밀턴은 왕정이 복귀되자 교수형을 겨우 면했지만 시력을 완전히 잃은 상태에서 거작 《실낙원》을 완성했다.

작가에게 책은 도대체 무엇일까. 그것은 자신을 지키고 주변 권력과 싸울 수 있는 유일한 무기이다. "펜은 칼보다 강하다"라는 말은 책이 평소에는 작가에게 가장 우호적인 친구이지만 죽임을 당할 때는 무서운 원수가 되며 때로는 목숨을 구해 주는 힘센 '백'이 되기도 한다는 뜻이다. 작가는 보통 사람처럼 사계절의 손짓에 쉬 넘어가지만, 마음을 먹으면 계절의 변화를 이겨 내면서 죽은 저자와 대화하며 즐겁게 지낼 수 있다. 이런 반미치광이들을 모범적인 시민 가운데서 마음대로 돌아다니게 허락하는 정치가는 많지 않다. 그들의 생각은 전염성을 가지고 있으니까 위험하다. 그러니 작가는 법에 따라 투옥당하거나 아니면 자신을 연금시켜야 한다.

　그래서 작가들은 자연 속에 놓일 때보다 책 속에 머물 때 더 감성적으로 변한다. 사계절을 즐기기도 하지만 책 속에서 살고 죽기를 더 원한다. 책 속에서 밤낮을 구별하지 않고 해와 달을 친구 삼아 아름다운 연애도 한다. 김소월의 〈진달래꽃〉 시와 릴케의 장미꽃 시와 워즈워스의 〈수선화〉 시가 계절을 초월하는 감동을 지니게 된 이유는 그들이 들판에 핀 봄꽃에서 시상을 찾아낸 것이 아니라 상상과 명상을 통해 진달래와 장미와 수선화의 본성을 찾아냈기 때문이다. 이 시인들은 자연과 계절을 즐기더라도 책이라는 벽돌로 쌓은 자유의 감옥을 벗어나지 않았다.

　인간은 살면서 존재하고 존재하면서 살아간다. 의식주의 도움을 받아 생존하고 주변 환경에 적당하게 맞추어 가면서 생활한다. 글을 읽거나 쓰지 않아도 감성적이며 현실 속에서도 과거와 미래를 돌아보기도 한다. 그런데 작가의식을 지닌 사람들은 조금 다르다. 남다른 존재가 되기 위해 생각의 문을 열어 새로운 세계를 맞이하려 한다. 생각의 문은 감수성, 지성, 이성, 오성이라는 여러 심적 능력으로 만들어진다. 단지 감수성의 문만 여는가. 이 문을 지나 지성의 문도 지나가는가. 지성의 문에 머물지 않고 사유를 가능하게 하는 이성의 문턱도 넘는가. 마지막으로 칸트가 말한 오성의 문도 거치는가. 이것에 따라 삶과 글이 소소한가, 나름대로 괜찮은가, 좋은가를 좌우한다. 어떤 문을 넘는가에 따라 작가로서 존재하는 차원을 결정한다고도 볼 수 있다. 왜냐하면, 책은 작가적 삶을 충실하게 하고 종국적으로 영혼을 구원해 주는 일종의 그물망이기 때문이다.

작가의 생활에서 중요한 것은 이지적 계산 능력이 아니라 직관적이고 감각적인 수용력이다. 그것은 스피노자가 말한 "사물의 본질에 대한 즉각적인 통찰과 직관을 실행하는 힘"에 일치한다. 감수성(sensibility)을 키워 가는 것. 영성(spirit)을 지키는 것, 영혼(soul)에 대답하는 것, 현실주의자들은 이런 노력을 견뎌 내기 힘들어하지만 실존주의자들은 독서라는 자아 구속을 통해 이것을 가능하게 만든다.

작가적 삶은 감성적이면서 발견적이다. 발견적으로 살려면 주변에 휘둘리지 않는 시간을 가져야 한다. 루소는 그의 마지막 저서 《고독한 산책자의 몽상》을 발표한 후 죽음의 여행을 떠났고, 톨스토이는 《행복의 발견》을 출간하고 2년 뒤인 82세에 집을 떠나 마지막 여행을 했으며, 악성 베토벤 대부분의 교향곡은 고독한 산책에서 그 영감과 착상이 이루어졌다. 그들은 자신들은 불행하지만 불쌍한 사람들에게 행복이 어디에 있는가를 알려 주는 내용으로 책과 악보를 가득 채웠다.

석학들의 책이든 보통 사람들의 책이든 모두 생활의 발견으로 시작한다. 아우렐리우스의 《명상록》, 몽테뉴의 《수상록》, 파스칼의 《팡세》, 성 어거스틴의 《고백록》은 모두 '자기 자신에게(타 에이스 헤아우톤)' 향한 발견록이다. 보통 작가들의 편지나 일기나 수기나 자서전도 대우주 속에 사는 소우주로서 자신을 관조하고 성찰한 '자기 자신'의 기록이다. 글은 모두 생활의 발견과 발견의 생활이 이루어 낸 게 평이하지 않은 결실이므로 뛰어난 작품들이 많다. 차이가 있다면 명예나 금·권력을 외면하고 철학을 더 사랑한 작가들의 육성이 더 큰 울림을 갖고 있다는 점일 것이다.

생활의 발견을 이루려면 발 여행이 좋지만 눈 여행이 더욱 필요하다. 여행한다면 발과 눈이 아니라 마음으로 하라는 말이 있지만, 여행의 진

수는 책이라는 벽돌로 만든 교도소로 들어가는 것임을 부인하기 어렵다. 거듭 말하지만, 여행은 단순히 집을 떠나는 것이 아니다. 집에 있으면서 집에서 멀어지고 다른 곳에 더 가까워질 수 있다는 역설의 논리를 따를 필요가 있다. 무엇보다 어딘가에 감추어진 관계 법칙을 찾는 것이 중요하다. 발견은 낯섦을 인식하는 행위이므로 '지금 여기'를 벗어나 다른 시공으로서 글 속으로 들어가는 것이다.

글을 중심으로 한 행동은 발견의 영역에서도 '특수 행위'에 속한다. 그러니까 작가는 특별하게 연금시켜야 하는 사상범이다. 아이러니하게도 조폭들 사이에서 이루어지는 관록처럼 책이라는 감옥에 자신을 가둔 기간이 길수록, 독서라는 전과 횟수가 늘어갈수록 '형님'처럼 존경받는다. 그런데 요즈음에는 어찌 된 영문인지 조폭들이 그들의 전과를 떠벌리듯이 책을 얼마나 많이 읽었으며 책을 얼마나 많이 냈다는 것을 자랑하는 가벼운 세상이 되어 버렸다.

책에 갇힌다는 정신적 투옥은 멋이 아니다. 처음에는 사흘 정도 세수도 하지 않고 잠옷을 줄곧 입고 책만 읽는 것을 작가의 멋이라고 생각하지만 얼마 지나지 않아 권태와 불만을 느끼기 시작한다. 하지만 책의 진정한 맛을 습관화하면 책에서 잠시 떠나더라도 도둑처럼 제 발로 걸어 들어온다. 그리고 좁은 공간을 마다하지 않고 밤낮 노역하며 그곳에서 먹고 잔다.

'늘 자신을 가둬 두어야 하는 자리'는 자신의 삶을 객관화시키는 제련소와 같다. 조정래 작가는 《황홀한 글감옥》에서 술 한 방울 마시지 않고, 아침 여섯 시부터 늦은 잠자리에 들 때까지 하루 16시간, 시간당 원고지 30매를 원칙으로 하는 노역을 20년간 했다고 고백한다. 방북으로 투옥 당했던 황석영은 《수인》에서 자신을 "언어의 감옥에 갇혔던 삶"이라고 회고한다. 독서의 진실을 깨친 러셀은 "갑자기 나는 이 집을 떠나기가 싫어졌다. 이제야 나는 내가 이곳에 있어 진정 행복하다는 사실을 확실히 깨달았다"라고 말한다. 그런 작가들이 글을 위해 자신을 가둔 진정한 수인(囚人)이라고 말할 수 있다.

작가에게 문학은 수행을 위한 감옥이다. 자신을 스스로 묶어 두문불출하는 '창살 없는 감옥'이다. 감방지기도 없는데 왜 쇼생크처럼 탈출하지 않을까. 천국의 열쇠를 쥔 베드로처럼 감옥 열쇠를 자신이 갖고 있음에도 왜 책을 배신하지 않을까. 어쩌면 그럴듯한 작품이 나올지 모른다는 한 줄기 희망 때문일까. 그렇다 한들 사슬이 풀린 해방감과 자유분방함은 잠깐, 다시 망할 사슬이 그의 목을 옥죄며 "좋은 아이를 탄생시켜라"라고 귓전에 대고 재촉할 텐데 말이다.

3) 봄날의 봄의 길

좋은 글은 어떻게 태어날까를 종종 궁금하게 여긴다. 아기의 출산처럼 좋은 글은 정신적 육체적 산고를 거쳐야 할 것이다. 이것이 문학이라는 생명을 얻는 유일한 길이다.

작가가 봄을 맞이하여 길을 떠난다면 그 길은 '봄길(春路)'이 아니라 '봄의 길(見路)'이어야 한다. 단순히 놀기 위해 떠났을 때 마주하는 것은 권태와 우울, 허탈과 공허뿐이다. 그 무력감은 발견의 몰입이 아니라 자아의 매몰에 불과하다. 반대로 새롭고 낯설게 보려는 길의 끝에서 발견하는 것은 인식이고 깨우침이다. 그곳에 다다르면 자신을 1대 1로 만날 수 있는 달관의 시공을 찾아낸다.

생활의 발견 중에서 책 속으로의 여행이 이루어 낸 발견이 가장 새롭다. 그것은 봄날에 외출했다는 일상성이 아닌 봄의 풍경에서 나만의 인상을 얻었다는 생활성이다. 생활의 발견이 이루어지고 발견의 생활이 시작될 때 비로소 작가는 세상 사람들이 찾아내지 못한 새로운 자연을 음미할 수 있다.

보라. 봄날의 인상이 어떻게 달라져 다가오는가를.

지금 봄철 주변에서는 모든 것이 수문장 없는 문처럼 열려 있다. 들판이 유혹의 몸을 풀고 산이 유인의 기지개를 켜고 바다가 요상스러운 휘파람을 분다. 사방에서는 갖가지 춘화(春花)가 춘화(春畫)처럼 피고 온갖 새들이 창공을 어지럽게 날고 있다. 물웅덩이에서는 올챙이 무리가 해죽거리고 물오른 생강나무 가지마다 햇살이 요망스럽게 앉아 있다. 계곡물 소리가 천방지축이고 해변을 포위한 바닷바람이 치맛자락을 날린다. 모두 밖으로 나오라 비명을 지른다. 글을 쓰는 작가라는 이름 때문에 마음은 밤새워 활활 불탄다.

- 필자의 글

작가는 보통 사람과 달리 책을 통하여 사계의 변화를 초월한 불멸의 삶을 얻는다. 책이 문을 열기 때문이다. 어린이의 일기도, 청춘들의 연애편지도, 중년의 사직서도, 죽는 자의 유서도, 탈무드의 한 구절도 비트겐슈타인의 언어론도 그냥 온 게 아니다. 갑자기 떠오른 것이 아니라 자신이 구하고자 하는 것에 대한 고심과 집중의 강도에 따라 결정된다. 이런 영감에 대하여 조정래 작가는 '일생을 정리한 유서'라는 《황홀한 글감옥》에서 다음과 같이 정리하였다.

예술가의 창작은 많은 경우 영감을 통해 이루어진다. 이런 말은 과장도 신비화도 아닙니다. 무언가 새로운 것, 개성적인 것을 창조해 내기 위해 몸부림치고 괴로워하며 시간을 망각해 본 예술가라면 그 말에 아무런 이의 없이 동의하게 됩니다. 그러므로 영감을 체험하지 못한 예술가는 없으며, 영감을 많이 체험하면 할수록 그 사람은 그만큼 뜨겁고 치열하게 고심하고 고통을 겪었다고 할 수 있습니다. 그렇다면 영감 체험이 없는 예술가들을 뭐라고 해야 하나요?

- 조정래 / 《황홀한 글감옥》, p.394

역사나 철학보다 문학이 더 진실한 이유가 여기 있구나. 작가란 영감으로 글 감옥을 만들고 감옥 열쇠를 독자에게 맡기는 수행자구나. 문학은 철학과 종교와 역사를 알아야 작품을 쓸 수 있구나. 작가는 자유와 행복으로 만드는 책이라는 세상으로 들어가는 수형자(受刑者)이구나. 봄바람이 불어도 엉덩이를 의자에 붙여야 하는 숙명의 수행자(修行者)이구나.

봄날, 봄날을 반역하는 생각을 적는다.

=== 참고자료 ===

오스카 와일드. 《옥중기》, 배주란 옮김, 누림, 1998.
조정래. 《황홀한 글감옥》, 참언론 시사IN북, 2009.

5. 무의식이라는 아이

1) 나는 너를 그린다

한여름에는 그림자조차 권태로워 낮잠을 자는 시기다. 세상 만물이 뜨거운 태양과 장맛비에 흠뻑 젖어 생명의 기운을 폭발시키건만 인간은 그 지독한 팽창을 견디지 못하여 그늘 속으로 숨어든다. 에어컨의 차가운 냉기로 제 몸을 식히다가 문득 한 해의 태반이 지나가 버렸다는 불안감에 빠진다. 그 불안감은 여태 자신을 찾지 못했다는 허탈감과 당혹감에서 오므로 펜을 잡았던 손가락의 힘도 풀린다. 그러면 노를 놓쳐 버린 나룻배처럼 삶은 일상의 물살에 흔들리며 떠내려간다. 그때야말로 고요한 사색과 고독을 빌려와 자신을 다시 생각하며 책이라는 젖줄을 입에 물어야 할 시간이다.

루소는《고독한 산책자의 몽상》에서 "내 영혼이 다할 때만 그 원천이 소멸할 고독한 명상들을 빼앗아가지는 못할 것"(p.17)이라고 고백하였다. 고독 속의 명상이 자신을 온전하게 만든다는 것은 지식이 아니라 무아지경과 같은 통찰을 의미한다. 내면을 발견하는 즐거움 때문에 작가와 예술가들은 그렇게 살기 위해 온 힘을 다하였다.

사람을 바보처럼 노려보는 텅 빈 캔버스를 마주할 때면, 그 위에 아무것이든 그려야 한다. 너는 텅 빈 캔버스가 사람을 얼마나 무력하게 만드는지 모를 것이다. 비어 있는 캔버스의 응시, 그것은 화가에게 "넌 아무것도 할 수 없어."라고 말하는 것 같다. 캔버스의 백치 같은 마법에 홀린 화가들은 결국 바보가 되어 버리지. 많은 화기는 텅 빈 캔버스 앞에 서면 두려움을 느낀다. 반면에 텅 빈 캔버스는 "넌 할 수 없어."라는 마법을 깨부수는 열정적이고 진지한 화가를 두려워한다.

- 빈센트 반 고흐, 《반 고흐, 영혼의 편지》, p.106

고흐의 〈별이 빛나는 밤〉을 떠올려 주는 편지 구절은 고스란히 작가가 하는 말과 동일하다. 작가인 내가 일상 속의 나를 향하여 건네는 말이기도 하다. 일상의 내가 지도상의 검은 점을 마을로 본다면 작가로서의 나는 다다르고 싶은 별자리로 본다. 작가인 그는 나를 읽고 쓰고 그린다. 글은 달팽이의 느린 걸음, 잠자리가 갈대 끝에 앉는 순간의 진동을 포착하는 것인데 하물며 자신을 대면할라치면 신경이 곤두서기 마련이다.

무엇이든 드러내는 것은 생각만큼 쉽지 않다. 언어로 물리적 실체를 있는 그대로 담는 것은 애당초 불가능에 가깝다. 문학은 과학이 보여주는 정밀성과 견줄 수 없고 관념의 깊이에서는 철학의 벽을 넘어서지 못하고, 세밀함에서는 그림을 앞지르기가 힘들다. 문학은 나와 숨은 너 사이의 미묘한 관계를 다룰 때만 과학과 철학과 회화를 앞지를 수 있다. 이게 글이 하는 일이다.

글쓰기란 사람(Man)과 작가(Writer)를 분리하는 작업이다. 작가인 내가 사람인 너를 살피기 위해 말을 건네고 시선을 요리조리 주지만 대면하는 '너'는 언제나 낯설어 보인다. 글이라는 형식이 두렵고, 자전성이 강한 글일수록 '너'라는 또 다른 나에게 다가서기가 힘들다. 글을 쓰는 내내 눈치 싸움이 계속되어 마치 한쪽은 심문하고 다른 쪽은 교묘하게 범죄를 숨기려는 피고와 같다.

"나는 너를 그린다."

만일 '너'가 변하지 않는 대리석 두상이라면 점과 선, 빛과 그늘만으로 묘사할 수 있다. 하지만 작가라는 나의 입장에서 본 '너'가 분명하지 않다. 작가라는 신원도 구체적이지 않고 항시 존재하지 않는데, 너를 본다고 하여도 너 아닌 다른 것을 보거나 너 아닌 다른 너를 보고 싶어 하는지도 모른다. 〈오감도(烏瞰圖)〉에서 숱한 아해들을 불러냈던 이상(李箱)처럼 '네가 아니야, 너도 아니야'를 되풀이하다가 끝내 지쳐 버릴지도 모른다. 아니면 '나'가 바로 너의 진실한 모습이 아닐까? 나라는 이름으로 네가 내세운 나가 진정한 내가 아닐까라고 생각하기도 한다. '너'가 지키려 하는 단 하나가 바로 '나', 작가이니까.

예술가들은 여러 다양한 방법으로 자신을 표현한다. 반 고흐, 세잔, 렘브란트, 프리다 칼로 등은 자화상을 많이 그린 화가들이다. 화가들은 그들의 자아를 새, 별, 사슴, 뱀, 꽃 등으로 화폭에 담는다. 고흐는 별과 해바라기로, 천경자는 뱀과 꽃으로 열정과 격정과 한을, 뭉크는 절규로 자화상을 그렸다. 괴테, 루소, 톨스토이, 모파상, 다자이 오사무 등 작가들은 너에 관한 이야기를 자서전이나 고백록이나 참회록으로 남겼다. 베토벤, 쇼팽, 슈트라우스 등의 음악가들도 여러 형식의 선율과 악보로 표현하였다. 그렇게 예술가는 자신의 반쪽인 '너'를 지켜보면서 윽박지르기도 하고 달래기도 한다.

문학은 언어로 자아를 표현하는 작업이다. 말을 하고 글을 쓴다는 것은 내 안의 타자를 만나고 싶다는 발진과 비슷하다. 사력을 다하여 시를 쓰고 수필을 쓰고 소설을 쓰다 보면 조금이나마 '타자와의 대면 거리'가 가까워진다고 믿고 글 나부랭이라고 남들이 말할수록 오기를 부린다.

문학은 타자가 있어야 진실로 존재한다. 타자가 갇혀 있으면, 나조차 존재함이 아니다. '나'답게 하는 타자가 어디에 있는가를 찾아 밝힐 수 있어야 작가로서의 정체성이 살아남을 수 있다.

문학은 자아 통찰에서 시작한다. 작가라는 '나'와 일상적 자아라는 '너'가 얼굴을 맞대고 서로의 세계를 돌아보는 것이 필요하고 서사의 주인공으로서 너라는 타자를 어떤 방식으로 불러내는가가 중요하다. 작가로서의 시선과 시각과 관점과 인식이 글의 방향을 결정한다는 말이다.

"나는 너를 그린다."

문학이라는 공간은 나와 네가, 자아와 타자가 함께 사는 곳이다. 서로가 보이는 창을 사이에 두고 '나'와 '너'가 두 뺨을 서로 비빌 때, 글이 불꽃처럼 피어오른다. 사람인 너인가. 작가인 나인가. 자아와 타자 간의 접촉. 그것은 빤히 보이지만 결코 접할 수 없는 차가운 유리창을 가운데 두고 마주한 두 얼굴과 같다. 그래서 떠나고 싶지만 차마 버릴 수 없는 외로움으로 글이 시작한다. 지도상의 점을 하늘의 별로 바라보는 너이기를 언제나 기대하면서, 무엇보다 너는 그렇게 바라보고 나는 그렇게 쓸 수 있다는 느낌으로 기다린다.

2) 작가적 변신이라는 악몽

"어느 날 아침 일어나 보니 거대한 벌레로 변해 있다."

《변신》의 주인공인 그레고르가 독백처럼 내뱉은 말이다. 《변신》은 산업 사회를 살아가는 일상인들이 자신의 실존과는 동떨어진 삶을 살고 있다는 충격을 흉측한 갑충으로 인식하는 소설이다. 외판사원인 그는 가족을 위해 돈을 벌지만, 어느 날 잠자는 동안 해충으로 변하여 제 역할을 하지 못하고 가족에게 기생하는 신세가 되어 버린다. 비참하고 모욕적인 상황을 그나마 견디지만 아버지가 던진 사과에 등을 맞고 살이 썩어 가면서 고통 속에 죽는다. 작가 카프카는 그레고르의 변신과 죽음을 펼쳐 내면서도 주변인들의 반응도 놓치지 않는 냉정한 시선을 지켜 낸다.

아버지가 그를 사과로 때려 맞추려 결심했기 때문에 아버지는 정확하게 그를 겨냥해서 하나하나 세게 집어던졌다. 작고 빨간 사과들이 바닥에서 구르고 서로 부딪혔다.
약하게 던진 사과 하나가 그레고르의 등을 가볍게 스쳤지만, 상처를 내지 않고 미끄러졌다. 하지만 곧이어 날아온 사과가 그레고르의 등에 적중했다. 그레고르는 기절할 정도로 격렬한 통증을 느끼고는 계속 몸을 질질 끌면서 도망치려고 했다. 하지만 못이라도 박힌 듯한 통증은 계속됐고 정신이 혼미해진 그는 뻗어 버렸다. 그가 마지막으로 본 것은 활짝 열린 방문이었다.

- 프란츠 카프카 /《변신》, p.58

악몽은 밤에 꾸는 꿈뿐만 아니라 낮과 현실에서도 일어난다. 무력한 인간이 어제와 완전히 달라져 버린 오늘의 상황을 제대로 이해하지 못하고 적응하지도 못하는 것 자체가 악몽이다. 무의미하고 부조리한 운명으로 떨어진다면 어느 누가 행복하겠는가. 하지만 곤충으로 변신을 당하여도 작가는 살아 보려고 애쓰고 회복할 수 있다는 희망을 끝까지 버리지 않는다. 자신의 추한 변신에 좌절하기보다는 여전히 가족을 사랑하고 염려하는 따뜻한 인간이 작가다. 황당한 현실에 놀란 자신의 소외감과 외로움과 고통을 말하는 것이 오히려 공감과 감정 이입을 줄 것이라는 기대감이 있어 변신은 물론 변화, 전환, 변태, 둔갑 등 무엇이든 감내한다.

변신의 유래는 아주 길다. 그리스·로마 신화, 중국의 설화는 물론 우리나라의 민담과 전설, 라틴아메리카의 기록에도 빠지지 않는다. 표준국어대사전에서 변신의 사전적 의미를 "몸의 모양이나 태도 따위를 바꿈"으로 풀이하듯이 자의든 타의든 원래의 형태가 다른 모습으로 바뀐 상태를 말한다. 사람이 동물이나 식물로, 혹은 나무나 소금기둥으로 변한다. 회화, 조각, 음악, 연극 등 모든 예술은 변신을 모티프로 하여 주인공의 파란만장한 일생을 엮어 낸다. 현실에서 불가능한 소망이든 현실에서 벗어나고 싶은 불유쾌한 처지이든, 변신함으로써 원하는 삶을 조금이나마 이루어 낸다.

변신은 외모뿐만 아니라 정신적 변화까지 포함한다. 카프카와 나르시스의 변신처럼 자연적인 것보다 초자연적인 것, 육체적인 것보다 정신적인 변신이 더 본질적이다. 그들은 흉측한 벌레로, 연못의 수선화로 변하면서 심리 상태도 달라졌다. 그레고르는 가족으로부터 소외된 절망을 이겨 내지 못하였고, 나르시스는 자기애의 연민에 빠졌다. 무엇이 되었는가보다 변신을 어떻게 해석하느냐에 따라 운명이 정해졌다.

글을 쓰는 작가가 되면 신분과 신원도 함께 바뀐다. 평소의 일상과 멀어질 뿐 아니라 비단실을 토하는 누에처럼 언어를 토하는 이상한 족속으로 변하는 정신적 혼돈과 육체적 고통은 이루 말할 수 없다. 성찰한다는 점에서 자아 반영의 후예이고 일상과 멀어진다는 점에서 소외자로 변한다. 자기애가 강해지면서 대인 관계가 위태로워지고 현실에 대한 욕구 불만이 깊어지면서 악몽에 쫓기기도 한다.

세상에 변하지 않는 것이 없으니 변신도 존재의 일부이다. 여전히 살아 있다는 뜻이다. 봄에 싹을 틔우는 갈대는 가을이면 바싹 마른 씨가 되어 하늘로 날아간다. 인간도 죽으면 망각의 유령이 되어 레테강을 건너듯이 육체란 깨지기 쉬운 그릇에 불과하다. 나르시스와 그레고르는 가족과 애인을 사랑했지만 상처를 입었다. 작가도 감수성이라는 보호막이 너무나 부드러워 자기애와 타자애가 깊어질수록 개구리에게 던진 작은 돌이나 가족이 던진 사과에도 맞아 죽을 만큼 연약해진다. 그렇더라도 작가라는 가면을 쓰면 외양과 실재를 가로막은 벽을 넘을 수 있다. 카프카는 아버지의 위세에 눌린 연약한 아들에 불과했지만, 변신이라는 문학적 전통을 이어받으면서 작중 인물이라는 대리인을 등장시켜 자신의 집안을 모독하는 연기를 했다.

영국 작가 캐서린 흄은 "나는 환상을 사실적이고 정상적인 것들이 갖는 제약에 대한 의도적인 일탈이라고 생각한다"라고 말했다. 흄이 말한 '사실적인 것'이 작가의식을 가로막는 가정과 사회와 국가의 폭력이라면 '환상'은 현실이라는 제약에서 벗어나 작가 세계에 몰입한 도취라고 말할 수 있다. 모방이라는 미메시스도 무엇처럼 보이느냐는 외양보다는 누구이냐는 실재를 다루어 가는 변신에 속한다. 작품을 끌고 가는 이러한 심리가 변신의 모티프다.

오늘날 현대인들은 산업 사회가 지닌 갖가지 병리적 현상에 좌절하여 나 아닌 다른 무엇이 되려 한다. 신체적 정신적 문제가 약간만 생겨도 거창한 운명의 주인공이 아닐까 하고 여긴다. 변신 자체보다 변신을 일으킨 이전 상황과 변신 이후의 불확실성에 더 많은 관심을 기울인다.

이제는 더 이상 인간적일 수 없음을 개탄하고 물질욕과 출세에 빠져 진정한 사랑을 놓쳐 버렸다고 후회할 쯤이 되어야 불안의 껍데기를 깨고 작가로의 변신을 시작하려 한다.

　변신 신화가 가르치는 교훈은 작가는 작품을 부단하게 변화시켜야 한다는 점이다. 수동적인 변신은 무의미한 순응으로 나아가지만, 능동적인 변신은 껍질을 벗을 의지를 제공한다. 인간은 두 개의 다른 욕망 — 하나는 기존의 자아를 해체하려는 것이며 다른 하나는 자아를 보존하려는 — 사이에 놓여 있다. 그 인격적 변신에 따른 고통과 통증이 클수록 문학은 더욱 진지해진다.

3) 무의식이라는 아이

　인간은 불행하게도 죄인의 후예다. 니체가 말한 "인간적인 너무나 인간적인"이어서 불과 얼음으로 이루어진 카오스적인 심리 상태에서 벗어날 수 없다. 영혼과 육체는 너무나 모순적이어서 화해는 불가능하다. 매번 '인간일 따름이야'라고 외치는 내면의 무의식 때문에 역사적으로든 종교적으로든 악의 행위에서 벗어날 수 없다. 이것이 인간이 숙명적으로 지닌 어둡고 신비롭기까지 한 힘이다. 종교사를 거슬러 올라가면 인간은 아벨을 죽인 카인의 후손이고 한 아버지 밑에서 태어나 근친상간을 한 아담과 이브의 자식들이다. 그 결과 인간의 내면에는 끔찍한 무엇이 자리 잡게 되었다.

　나는 누구인가? 이것은 세상에서 제일 단순한 질문이지만 가장 대답하기 어려운 것 중의 하나다. 누구나 이것의 답을 찾길 원하지만 아직도 오리무중이다. 질문의 방식을 바꾸어 '나는 어떤 역사를 갖고 있으며 왜 지금 이런 모습일까?'라고 물으면 답이 나온다.

인간은 언제나 무언가와 관계를 맺고 사는 존재이다. 싸우고 사랑하고 미워한다. 그때마다 '그런 행동을 하게끔 만든 근본 동기'를 생각한다. 칸트는 이것에 '인간은 이성에 지배되는 존재'라는 프레임을 주었고 데카르트는 자아와 사유와의 관계로 설명하였고 쇼펜하우어는 허무주의를, 니체는 초인주의를 제시하였다. 그 외의 철학자들도 "나는 나다"라는 진실을 믿었다.

그런데 그게 아니었다. 사람의 심연 어딘가에 알 수 없는 무엇이 살고 있음을 눈치 채게 되었다.

"나도 모르게."

우리는 얼마나 '나도 모르게'라는 말에 화들짝 놀라는가. "너, 왜 그러냐?" "몰라, 나도 잘 몰라" 이전에는 이 다섯 글자를 책임을 회피하려는 핑계로 여겼을 뿐, 사람들의 행동을 결정짓는 '몸을 숨긴 타자'임을 아무도 몰랐다. 어디에 있는지도 몰랐다. 타자로서 신은 천국에 계시는 줄 알았는데 알고 보니 우리 마음속에 숨어 우리를 조종하고 있다.

사실은 오래전부터 그랬다. 그리스·로마의 수사들도 "나도 모르게"라는 말을 했고 중세 기사들도 검을 뽑은 행동을 제대로 설명하지 못할 때 그렇게 중얼거렸다. 낭만주의 시인들은 열정이라는 말로 풀어 냈으며 오늘날 대중 가수들은 '그냥'이라는 단어로 말하기도 한다. '운명, 섭리, 팔자, 신탁'이라는 난해한 개념이 수천 년 동안 인간의 일생을 휘감았지만, 마침내 '형태조차 모르는 아이'가 '무의식'임을 밝혀냈다.

20세기 심리학 분야의 두 거인은 지그문트 프로이트와 칼 융이다. 프로이트는 현대 심리학이라는 거룩한 성전을 세워 정치, 경제, 문학,

사회학, 정신과 치료전문가들은 그에게 '프로이트의 세기'라는 칭호를 주었다. 프로이트의 수제자였던 융은 분석심리학을 정립하여 스승을 앞서는 업적을 이루었다.

프로이트는 무의식이라는 '몸을 숨긴 아이'가 행동을 결정한다는 것을 알았다. 이 점을 일찍이 자신의 운명에서 발견하였다. 그는 20세기 유럽 지성을 유린한 루 살로메와 얽혔고 니체의 문학이 정신분석학과 너무나 일치한 데 질투했고 릴케의 시도 시기했다. 릴케의 감성이 학술 논리로 변질할 수 있으므로 프로이트 이론을 멀리하라 했다는 루 살로메의 말을 들었을 때는 그답지 않게 분노했다. 릴케는 《말테의 수기》에서 "추억 그 자체만으로는 시가 될 수 없기 때문이다. 그 추억이 우리들의 몸속에서 피가 되고, 시선과 몸짓이 되고, 이름도 없이 우리들 자신과 구별되지 않을 때야 비로소 몹시 드문 시간에 시의 첫마디가 그 추억 가운데에서 머리를 들고 일어서 나오는 일이 일어날 수 있다"(pp.27~28)라고 풀이하여 경험과 감정으로 이루어지는 감미(甘味)를 지적하였다.

프로이트와 융의 관계는 극적인 만남과 결별로 이루어진다. 1907년 두 사람이 처음 만났을 때 13시간 동안 대화할 정도로 서로에게 끌렸지만 융이 '리비도 이론'에 반기를 들자 1913년 프로이트는 융을 정신분석학회에서 축출하였다. 융은 외부 활동을 접고 칩거하면서 프로이트에게 복수하듯 무의식 이론을 집단 무의식으로 진일보시켰다. 그들은 서로에게 나와 너였다. 붉은 양장으로 제본한 칼 융의 《레드 북》은 '숨은 아이'에 대한 분석심리학적 소개서라고 말할 수 있다.

프로이트의 심층심리학은 인간의 행동을 이드, 에고, 슈퍼에고의 상호 작용으로 설명하지만 융의 분석심리학은 개인적 무의식과 집단적 무의식이라는 심리적 복합체로 풀이한다. 개인적 무의식은 어둡고 열등한 '악마'이고 '검은 신'이고 '어둠의 아이'이지만 누구라도 무시해서는 안 된다. 조심스럽게 보살피고 잘 다루어야 한다고 다음과 같은 말했다.

> 나는 나의 악마를 정직하게 맞이하며 진짜 인간을 다루듯 대했다. 그렇게 해야 한다는 것을, 나는 그 '신비'에서 배웠다. 우리의 내면세계에 개별적인 인간처럼 거주하고 있는 미지의 모든 방랑자를 진지하게 받아들여야 한다는 가르침 말이다. 그 미지의 방랑자들은 우리에게 실제로 영향을 미치고 있기 때문에 현실 속에 존재하고 있는 것이나 마찬가지다. 우리가 이 시대의 정신에 빠져서 세상에 악마 같은 것은 절대로 없다고 말하는 것은 도움이 되지 않는다. 나에겐 악마가 하나 있었다. 악마는 나의 내면에서 일어났다. 나는 내가 할 수 있는 것을 그 악마와 함께했다.
>
> — 칼 구스타프 융 / 《레드 북》, p.94

주목할 구절은 "미지의 방랑자"와 "나에겐 악마가 하나 있었다"라는 말이다. 융이 말하는 두 사람은 동일인이다. '나와 악마는 하나이면서 둘'이다. 왜 그런 일들이 벌어지는가. 그는 왜 무의식을 악마에 비유할까. 이처럼 사후에 무삭제·무교정으로 발간된 《레드 북》은 영혼 깊숙한 곳을 적극적 상상(Active Imagination)으로 훑어 내려 융의 영혼의 고백서라 불린다. 마침내 아우구스티누스의 《고백록》, 톨스토이의 《고백록》, 루소의 《고백록》에 이어 세계 4대 고백록에 올라서게 된다.

작가가 고른 몇 개의 단어, 글 한 줄은 욕망과 결핍으로 이루어진 감정의 덩어리다. 작가란 족속은 욕망을 투시하고 투사한다. 소설이 미완의 욕망을 말한다면 수필은 잃어버린 욕망에 대한 말하기다. 수필은 '어둠의 나'를 말하는 글이라는 점에서 무의식을 드러내는 의식화 과정이다. 그런데 무의식만으로 기술되어서는 곤란하다. 미국의 단편 작가 그레이스 페일리가 "모든 좋은 이야기는 두 개의 이야기다"라고 했을 때 그는 보이는 것 아래에 더 큰 것이 숨어 있음을 인정했다. 의식 아래에 있는 거대한 무의식은 거대한 여객선을 침몰시키기 위해 시커먼 바닷물에 잠겨 있는 하얗다 못해 푸른 빙하만큼의 힘을 가지고 있다.

　세상에 허구란 없다. 말도, 글도, 표정도, 행동도 모두 무의식이라는 지하 층 위에 세워진 지상 구조물에 불과하다. 글의 세상에서는 '그런 척, 그런 체, 그런 양' 할 수 없다. 《자살의 전설》을 출간한 데이비드 밴은 현실에서 당한 아버지의 죽음을 소설에서 아들의 죽음으로 치환시킬 때 "아버지가 총신을 돌려 내 가슴을 겨냥하면서 본능적으로 그랬던 거"(p.39)라는 변명으로 표면적인 이야기 아래에 깔린 다른 이야기를 제공한다. 문학은 자전적이라는 본질에서 볼 때 주춤거리는 자아를 건져 내는 채라고 말하는 게 더 타당할 것이다.

　문학은 욕망이 죄악이 아니라고 말한다. 예술인은 보통 사람보다 죄책감에 더 시달리고 정신적 내상을 깊게 받기 때문에 치사한 것까지 저인망식으로 훑어 끌어 올린다. 머리를 무릎 사이에 웅크리고 있는 무의식이라는 어둠의 아이가 마침내 검은 망토를 벗고 체화된 한 편의 글로 변하여 햇빛을 마주한다. 체통과 체면이라는 더께에 묻혀 있던 무의식이 일광욕하는 것이다.

4) 왕따 작가에게

나의 타자는 왕따 당한 작가이다. 좋은 의미의 왕따는 홀로 있으며, 누구에게도 구속되지 아니하며, 항상 자신을 성찰하며, 어떤 이해관계에서도 빚진 바 없다. 어딜 가나 항상 창작의 자유를 염원하면서 창작에 애정을 갖는 자라면 홀로 서야 한다.

창작하는 사람이라면 왕따 당함을 자랑스럽게 여길 것이다. 마땅히 그리하여야 한다. 생각해 보라. 홀로 되지 아니하고, 무리에게서 떨어지지 아니하고, 시류와 유행에서 벗어나지 아니하고, 이해타산으로부터 자유롭지 아니하고, 명예에 물들지 아니하고서야 어찌 글을 쓸 수 있는가. 진정한 창작은 오로지 적막과의 대면으로 이루어진다. 그만큼 작가라는 타자를 만나는 대면은 고독 속에서만 가능하다.

작가는 항상 사색하고, 언제나 틈을 만들어 글을 쓴다. 언젠가는 믿을 만한 독자들의 사랑을 받고 정직한 비평가들의 평가를 받고 같은 류의 문인들로부터 인정을 받으리라 기대한다. 설혹 그것이 생전에 찾아오지 않더라도 믿는 바에 매진하는 것이 문학에 대한 예의다. 우리는 그런 작가를 사랑할 수밖에 없다.

═══════════ 참고자료 ═══════════

데이비드 밴. 《자살의 전설》, 조영학 옮김, 아르테, 2014.
라이너 마리아 릴케. 《말테의 수기》, 문현미 옮김, 민음사, 2018.

빈센트 반 고흐. 《반 고흐, 영혼의 편지》, 신성림 옮김, 예담, 1999.

장 자크 루소. 《고독한 산책자의 몽상》, 문경자 옮김, 문학동네, 2016.

프란츠 카프카. 《변신》, 한영란 옮김, 미르북컴퍼니, 2020.

칼 구스타프 융. 《레드 북》, 정명진 옮김, 부글북스, 2020.

2부
인문학이라는 망루에 서서

1. 바틀비의 죽음이 쓴 글 | 2. 시문(詩文)이 걷는 공간 | 3. 문학 창작의 6계(界) |
4. 인간아, 어디서 와서 어디로 가냐 | 5. 향가(鄕歌)로 푸는 세태

모든 글은 인문학이고 모든 생각도 인문학적이다. 인문학이라면 문·사·철만이 아니라, 식물학, 의학, 공학, 법학도 인간에 의한 인간을 위한 인간의 인문학이다. 인문학이 정신이라면 그 정신을 구체화하는 몸이 문학이다. 어떤 예술과 학문도 언어의 표현을 빌려야 한다는 점에서 문학과 불가분의 관계를 갖는다.

사람들이 생각해 낸 가장 아름다운 단어가 책(Book)이다. 책의 세계에 봉직해 온 저자들이 공통으로 지닌 일념은 자신이 세운 지성의 망루가 꺼지지 않는 등대가 되는 것이다. 그것보다 자신의 무덤 위에 또 다른 지혜의 망루가 세워지기를 바라는 것이 인문 작가의 꿈일 것이다.

1. 바틀비의 죽음이 쓴 글

1) 문진과 벗음의 표기

　사람은 살면서 존재하고 존재하면서 산다. 누구든 의식주의 도움을 받아 생존하고 주변 환경에 적응하며 생활한다. 보통 사람들은 물리적 조건이 충족되면 행복하지만, 작가는 생각의 문을 열어 새로운 세계를 맞이할 때 더 행복해진다.
　작가의 생각을 담은 장치가 문학이다. 문학은 자신과 주변 사이에 이루어진 관계를 설명하는 언어의 조합으로서 글 펜을 손에 드는 순간 작가의 뇌리에 박혀 있던 갖가지 형상과 이미지가 밖으로 분출하기 시작한다. 작가는 그것을 생각이라는 그릇에 담아 배양한 후 책이라는 창고에 저장한다. 젤처럼 유동적인 상태로 있던 지성, 감성, 이성, 오성, 감수성 등 갖가지 심적 기능이 언어망을 만들어 작가의 존재망(存在網)을 구축한다. 작품이 소소한가, 그저 그런가, 나름 괜찮은가, 아니면 훌륭한가라는 수준은 작가의 지적 정서적 심미적 담수력에 좌우된다. 글은 단순한 언어 조합이 아니라 그는 누구인가를 설명하는 일종의 프레임이기 때문이다.
　문학은 그는 누구인가를 밝혀 주는 문진이다. 문진은 지문처럼 개인의 삶, 환희와 고통 그리고 개인의 행불행을 유통한다. 글이 자아를 더 자인하고 제조하고 유통한다는 면에서 보면 자신으로 자신을 만드는 과정이라고 할 수 있다.
　작가의 심리적 공간은 일반 사람의 생활 공간과 다르다. 극장, 미술관, 음악당, 박물관과 달리 창작은 주체로서의 존재성을 입증하는 곳으로 따뜻한 자궁에서 태어나 차가운 무덤에 묻힐 때까지 '내 영혼이 쉴 곳(shelter)'이다. 그 외 어느 장소도 평안한 안식처가 되지 못한다. 그가 필요로 하는 거처는 책과 펜과 종이와 컴퓨터 설비를 갖춘 심리적 동굴로서 '나만의 방'이다.

글은 자아 통찰과 자아 표현이 이루어지는 사적 은둔처다. 작가는 그곳에서 밥을 먹고 잠을 자고 논다. 그곳에서 일상적 자아의 얼굴도 맞댄다. 작가는 일상의 자아를 들여다보면서 어떤 방식으로 그를 불러낼까에 집중한다. 자신이 자신을 바라보는 시선과 시각과 관점이 글의 방향을 결정한다는 말이다. 그래서 글을 쓰는 동안 '그 누구보다 벌거벗은 영혼'이 된다.

2) 이야기로 살고 죽고

현대 사회의 생존 원리는 "More click, Better life"이다. 컴퓨터 마우스를 자주 클릭할수록 삶의 질량이 향상된다. 좋은 음식점을 찾고, 브랜드 옷을 홈 쇼핑 하고, 비행기 표를 예매하기 위해, 남보다 '더 빨리, 더 자주, 더 일찍' 컴퓨터를 두드려야 한다. 컴퓨터를 가까이할수록 인간의 모든 신경은 외부로 향하고 몸의 근육마저 해바라기처럼 외향성 기능만 발달한다. 모든 정보가 넷(Net)으로 이루어지므로 현대인은 인터넷망에 걸린 잠자리 신세가 되어 버린다. 그 결과, 오늘의 인간은 사이보그, 즉 합성 인간이 되어 버렸다. 지성이 담겨 있던 두뇌에는 갖가지 전자회로가, 감성이 출렁이던 가슴에는 PC 스크린이, 펜을 쥐었던 손은 마우스를 쥐고 있다. 내면을 향하던 두 눈이 조롱박보다 작은 스마트폰에 꽂히면서 자아는 성가시고 귀찮은 것이 되었다. 자신도 모르는 사이에 '나'를 자각하지 못하는 작은 괴물이 된 것이다.

독일 시인 하인리히 하이네(Heinrich Heine)는 "역사는 스핑크스다"라고 갈파했다. '역사는 스핑크스다'라는 말은 전쟁사학자들이 말하는 역사라는 개념과 다르다. 이 말의 진의는 인류의 역사는 인간은 무엇인가를 거듭 묻는 탐색의 과정에 있다. 희랍 신화에 등장하는 스핑크스는 인간에게 '너는 무엇인가?'라고 물었던 최초의 질문자다. 데카르트보다, 소크라테스보다 더 일찍이 인간 존재에 질문을 던지면서 한 치 앞을 내다보지 못하는 인간의 맹목을 질타하였다. 코로나19가 지구를 침공한 시대에 스핑크스가 다시 나타나 '너는 누구냐?'라고 인간에게 묻는다면 무엇이라고 대답할 것인가. 어떤 대답을 하여야 살아남을 것인가. 호모 사피엔스, 신의 적자, 생각하는 사람, PC owner, 지구인…. 이런 설명은 우리를 일시적으로 만족시킬지 모르나 작가가 원하는 정답이 아니다.

나는 누구인가? 이것은 세상에서 제일 단순하지만 가장 대답하기 어려운 질문 중의 하나다. 누구나 이것의 답을 구하기를 원하지만, 여전히 오리무중이다. 그러므로 질문의 방식을 바꾸어 '관계'라는 힌트를 주기로 하자. 그러면 인간은 자신을 들여다볼 때조차 무언가와 관계를 맺고 사는 존재라는 답을 찾는다. 싸우고 사랑하고 미워할 때도 상대와 자신과의 관계를 생각한다. 칸트가 '인간은 이성에 지배되는 존재'라는 프레임을 주기 전부터 '나는 나다'라는 관계에 진실이 있었다.

작가나 예술가들이 항상 의식하고 있는 단어는 자아라는 말이다. 작가들이 자서전을 쓰고 화가가 자화상을 그리는 동기도 매번 다른 사람을 주인공으로 삼아 인간사를 펼치고 귀족과 평민들의 얼굴을 그려 주는 동안 자신의 신세를 이야기하고 표정을 그리고 싶다는 욕망을 가졌기 때문이다. 그 자연스러운 유혹과 반발 밑에는 자신을 이야기하는 것을 망설였다는 자책감과 자신의 감정을 제대로 살피지 못했다는 후회가 깔려 있다. 독자의 인기와 후견인들이 돈에 매수되었던 자아를 되찾고 싶은 내면으로의 구심력은 반추와 자성과 성찰이라는 방향성을 갖는다.

 자신이 변한 것이다. 작가가 되기 이전과 어떤 특정한 작품을 쓰기 이전과 이후의 자신과 인생의 절정기를 지나 후반기로 접어든 육체와 정신을 점검하고 싶다. 그렇게 작가 의식에 변화가 일어난다. 지금부터는 쓰고 싶고, 말하고 싶고, 그리고 싶은 것만을 택하며 지금까지 의식했던 외부의 판단과 시선과 상관없이 '나는 지금부터 나의 이야기를 한다'라는 내적 결정을 존중한다. 지금까지 소홀히 하였던 내면의 나와 현실 속의 나 사이에 동맹이 맺어지는 것이다. 그리하여 생의 말기에 다다르면 작가는 자서전과 참회록과 고백록을 쓰고 화가들은 전반기와 달리 후반기에 더 많은 초상화를 그리게 된다. 작가인 내가 인간인 너를 찾아 대화를 나누는 것이다.

 예술가는 어딜 가나 항상 자신의 초상과 함께 있다. 그들은 늘 반쪽인 '너'를 윽박지르고 달래면서 나오라고 말한다. 말과 글은 내 안의 '너'를 만나고 싶다는 발진과 비슷하여 시를 쓰고 수필을 쓰고 소설을 쓰면 조금이라도 '자타 간의 거리'가 조금씩 가까워진 안도감을 갖는다. 조급증이 일지만, 삶의 전부를 작가인 나에게 투자하지 못하는 것이 아쉬울 따름이다.

 나라는 작가와 너라는 존재가 일치할 때 문학이 성립한다. '나'답게 대접해 주는 너, 너답게 대우해 주는 나가 있어야 작가로서의 존재성이 살아남는다. 그런데 세상은 뜻대로 되지 않는다. 현실은 늘 불확실하여 작가로서만 살기 힘들고 삶의 주체로서 너도 살기 힘들다. 남의 글을 읽기만 하고 허세에 눈길을 주어서는 반쪽마저 남지 못한다. 그런 환경에 갇히면 어떻게 되는가.

3) 바틀비의 후예들

1963년 레슬리 피들러는 "소설은 죽었다"라고 선언했다. 그것에 따라 '작가의 죽음'도 일찍이 예고되었다. 전통적인 소설과 구분되는 영화, 드라마가 득세할 것임을 예고한 말이다. 그가 말한 이야기하는 작가의 죽음은 출판사와 제작사의 상업주의와 문단 권력이 문학의 순수성과 진정성을 예사로이 무시하는 풍조를 지적한 말이다. 시대가 기계화·전자화하고 인간 심리가 산업화·물질화할수록 작가의 개인성이 쇠잔해지는 경우가 빈번해진다. 그러한 문학의 위기는 오늘날만의 문제가 아니다. 중세 시대에도, 근대에도 그리고 내일도 마찬가지다.

뉴욕을 배경으로 필경사의 삶과 죽음을 다룬 '월가의 이야기'가 있다. 그것은 《모비 딕》을 쓴 허먼 멜빌의 단편 〈필경사 바틀비〉다. 바틀비는 비인간적 산업주의에 따라 파괴당하는 필경사로서 복사기가 없던 시대에 필사하고 글자 수대로 돈을 받는 사람이었다. 1828년판 웹스터 영어사전이 필경사를 "글 쓰는 사람" 혹은 "계약서나 기타 문서를 작성하는 사람"으로 정의하였듯이 넓은 의미에서 작가도 포함한다. 실제 인류사를 살펴보면 호모 사피엔스는 글 쓰는 인류라는 호모 스크립투스

(Homo Scripts)로 진화하였듯이 모든 인간은 생득적으로 생각하고 느끼고 표현하는 종(種)으로 존재한다. 그런 의미에서 필경사와 오늘의 작가(writer)는 글 쓰는 자아를 일깨운 존재라는 공통점을 갖는다.

왜 오늘의 작가들은 19세기 중엽의 바틀비를 기억해야 하는가. 줄거리가 어떻게 살아야 하며 왜 글을 쓰고 어떨 때 쓰지 말아야 하는가를 밝혀 준다. 그는 진정 현대 작가의 어떤 면을 반영하는가.

작품의 화자이면서 변호사인 '나'는 업무를 조정하기 위하여 바틀비를 채용한다. 그의 외모는 "창백하리만치 말쑥하고, 가련하리만치 점잖은" 젊은이로서 채용된 후 한동안 지칠 줄 모르는 성실과 능력으로 엄청난 양의 필사를 처리한다. 불평을 입에 달고 다니던 다른 동료들도 그의 열성에 감화 받아 열심히 일하게 된다.

그런데 어느 날, 바틀비는 정중하지만 단호하게 하던 업무를 하지 않겠다고 거절한다. 이후 그는 교정보는 일도, 우편 발송도, 기숙하지 말라는 부탁도, 해고 통보도, 다른 곳으로 가라는 지시도 모두 거부한다. 그럴 때마다 구실을 붙이지 않고 오직 한 마디 말만 한다.

"I would prefer not to."

우리말로 풀이하면 "그러지 않는 것을 선택하겠습니다", "하고 싶지 않습니다", "안 하는 편을 택하겠습니다"이다. 간결하면서 단호한 다섯 마디 대답은 상업주의 시대를 온몸으로 거부하는 무게를 갖는다. 그는 남의 원고를 교정하지만 월가의 상업주의에 자신의 시간과 재능을 팔아넘긴다는 사실이 갈수록 참을 수 없었다. 너라는 일상적 바틀비가 작가 바틀비를 집어삼키고 무너뜨리고 있다는 현실을 더 이상 참지 못한 것이다.

바틀비는 전에는 수취인불명 편지를 다루는 하급 직원으로 배달되지 못한 편지를 소각하는 업무를 맡았었다. 전달되지 못한 편지는 편지를 쓴 시간을 무의미하게 만들면서 발신인과 수신인을 분열시킨다. 문학에 적용하면, 작품을 쓰더라도 작가의 생각이나 감정이 독자에게 전달되지 못한다는 수용 실패와 작가의 죽음을 반영한다.

현대를 살아가는 인간도 마찬가지다. 해야 한다는 현실과 하고 싶은 것을 하겠다는 의지의 틈새에 끼어 있다. 글 쓰는 사람이라면 더더욱 이러한 모순에 고통을 느끼며 무저항의 방식으로 몸부림친다. 그리스 시대부터 19세기 미국의 월가를 거쳐 21세기 사이버 시대에 이르기까지 자유 의지와 절제력으로 자신의 존재를 지켜 온 캐릭터가 적지 않았다. "햇살을 가리고 있으니까 조금만 비켜서 주시오"라고 말한 그리스 철학자 디오게네스, 《차라투스트라는 이렇게 말했다》를 쓴 니체, 체제화된 구속에서 벗어나 난해한 현대주의라는 '이즘'으로 구축한 《피네간의 경야》를 쓴 제임스 조이스에 이르기까지 철학자와 작가들은 이윤을 추구하는 사회는 창작의 자유를 방해하는 제도에 불과하다고 여겼다.

작가의 자아 인식은 니체가 제시한 초인주의로 설명할 수 있다. 니체는 신은 죽었으므로 대체 절대자가 필요하고 그 길은 자신이 초인이 되는 선택이라고 보았다. 초인이 되는 과정은 낙타와 사자와 어린아이로 설명된다. 등짐을 싣고 사막을 걷는 낙타와 달리 사자는 "나는 하려는 것을 한다"라는 말을 택한다. 니체의 이 말은 바틀비의 "그러지 않는 것을 선택하겠습니다"라는 말과 일맥상통한다.

오늘의 작가는 남을 위해서가 아니라 '나는 하고자 한다'라는 자유 의지로 존재의 집을 세우는 사람이다. 바틀비와 초인은 "택(擇)"이라는 말과 "~싶다(願)"라는 언어를 고수한다. 초인이 산상에서 명상과 고독을 감내하였다면 바틀비는 지상에서 자신의 거주지가 없으면 글을 단

념하는 길을 택하였다. '하지 않음' 그 자체를 위하여 단식과 죽음도 마다하지 않았다. '하지 않음'만큼 비인간적인 사회 구조와 물질주의 체제에 저항하는 강력한 수단이 없기 때문이다.

《필경사 바틀비》를 읽기 시작할 때 그의 말이 이상하게 들리지만 우리는 그가 그토록 지키고자 애썼던 것이 무엇인지 알게 된다. 바틀비는 단순히 질문의 성립 조건을 거부하는 언어적 전략만 구사한 것이 아니라 '~해야 한다'는 강박에서 벗어나 '~하지 않을 자유'를 추구한 인물이다. 자신이 하고 싶지 않은 것을 하지 않는 방식을 택함으로써 죽었을지라도 ― 실제 그는 감옥에서 아사로 죽는다 ― 의지대로 움직이고 싶다는 소망을 이루어 내었다.

"우리가 검토하려는 건 바로 자네가 만든 필사본이야. 한 번만 검토하면 네 통이 끝나니 자네의 수고를 덜어 주는 거라고. 보통 그렇게들 해. 필경사들이라면 누구나 자기 필사본을 검토하는 걸 도와야 한단 말이야. 그렇지 않나? 아무 말도 안 할 건가? 대답해!"
"하고 싶지 않습니다." 그는 피리 같은 소리로 대답했다.
내가 그에게 말을 하는 동안 그는 내가 한 말을 전부 신중하게 숙고하고 그 의미를 완전히 이해했으며 불가피하게 부정할 수밖에 없는 결론을 내린 것처럼 보였다. 그러나 동시에 최선으로 고려해야 할 어떤 사항 때문에 그렇게 대답할 수밖에 없는 것처럼 보이기도 했다.
"그러면 자네는 내 요청을, 통상적인 관례와 상식에 따른 내 요청을 따르지 않겠다는 것이로군?"
그는 그 점에 관해 내 판단이 바르다고 간단하게 확인해 주었다. 그랬다. 그의 결정은 번복할 수 없는 것이었다.

- 허먼 멜빌 /《필경사 바틀비》, p.37

사무실의 다른 직원들은 그때까지 '~싶지 않다'라는 답변과 표현을 사용하지 않았다. 그들은 바틀비가 계속 거부하는 행동을 지켜보면서 마침내 자신들이 하고 싶은 바를 생각하고 말하게 되었다. 요컨대 문학 작가들은 해야 하는 일이 무엇이며, 자신이 뭘 하는지를 알아야 할 뿐만 아니라 다른 사람들에게 삶의 주체의식을 일깨워 주어야 한다는 것이다. 이것이 바틀비의 후예로서 오늘의 작가들이 디딜 첫걸음이다.

작가는 오직 작품을 통하여 살고 죽는다. 한 편의 작품을 쓸 때마다 나라는 초자아와 너라는 자아는 자유인으로 존재할 수 있다. 멜빌의 단편은 화자가 "아, 바틀비여! 아, 인간이여!"를 외치면서 마무리한다. 멜빌은 죽음을 불사하면서 자유 의지를 이룬 필경사에서 자신과 너무나 닮은 모습을 발견하고 감격스러운 연대 의식을 인식한 것이다. 하지만 너무 늦었다.

4) 바틀비여, 안녕

작가는 속성상 강요되지 않아도 종종 스스로 고립한다. 삶의 공간과 표현의 자유를 갖지 못하면 싸우기도 하고 자신을 가두기도 한다. 때로는 아무것도 하지 않고 그냥 사무실의 낡은 집기처럼 우리 주변에서 살아간다. 심지어는 소외된 채 생존차 스스로 포기하기도 한다.

자본주의가 만들어 낸 필경사는 물질 시대에 내몰린 작가를 대변한다. 바틀비는 감옥으로 연행된 후, 아무것도 먹지 않고 누구하고도 말하지 않는 권리를 택한다. 그늘진 벽 밑에 웅크리고 무릎을 끌어안고 차가운 돌벽에 머리를 숙인 채 움직임 없이 죽는다.

바틀비의 마지막 모습을 상상하다가 로댕의 〈생각하는 사람〉이 문득 떠올랐다. 조각된 몸은 근육질이지만 두 무릎을 움켜쥐고 허리를 굽히고 고개를 숙인 채 죽은 듯 꼼작하지 않는다. 만일 그를 구치소의 축축한 구석에 세우면 또 다른 바틀비가 아닌가. 어찌 '생각하는 사람'이라는 이름을 붙일 수 있을까. '죽어 가는 사람'이 되지 않을까.

주인공 바틀비를 현실에서 더는 만날 수 없다. 하지만 우리의 마음속 어딘가에는 그런 나가 웅크리고 있을지 모른다. 작가의 죽음은 죽는 게 아니라 이야기하지 못하고 글을 쓰지 못하는 상황을 말한다. 작가의 죽음은 타성적인 관념에 빠진 사회가 저지르는 타살이다. 최소한 문학적 인권을 사회가 지켜 주어야 한다.

모파상이 죽으면서 남긴 말이 "어둡다. 아아, 어둡다!"라는 외침이라고 한다. 작가를 살리는 사회가 아니라면 차라리 '훌륭하게 죽고 싶다'라는 자유를 허락하는 사회가 되어야 한다.

=== 참고자료 ===

허먼 멜빌. 《필경사 바틀비》, 김세미 옮김, 바다출판사, 2012.

2. 시문(詩文)이 걷는 공간

1) 길을 떠나며

인간의 삶은 시간과 공간 내에서 이루어지고 시공은 작품을 이루는 배경이다. 작가는 자신의 삶을 시공 내에서 인식하므로 작품은 시간과 공간과 심리라는 세 축을 갖는다. 대부분의 작가는 자신의 존재성을 인식할 때 추상적 시간보다는 공간 설정을 중요시한다. 특정 장소에서 일어나는 일련의 경험이 개인의 역사를 엮어 가기 때문이다.

공간은 자연환경, 사회 환경, 심리적 환경으로 나누어진다. 인간의 의식주가 이루어지는 곳이 자연환경이라면 주변 사람들과 관계를 주고받는 곳이 사회 환경이고 의식계는 심리적 환경이다. 행동이 물질적 공간을 심리적 환경으로 바꾸는 과정이라면 작가의 글쓰기는 심리를 공간으로 다시 바꾼다. 그 점에서 환경은 작품에서 중요한 질량을 지닌다.

누구에게나 하루 24시간이 제공된다. 반면에 공간은 개인의 노력에 따라 얼마든지 확장될 수 있으며 같은 면적도 감수성에 따라 다양한 심리적 반응을 일으킨다. '그때 어디에 있었는가, 왜 그곳에 있었는가?'라는 질문과 답이 고스란히 작품의 모티프가 되므로 작가는 늘 장소와 공간에 대하여 예민한 시학을 가질 필요가 있다.

인문지리학자들은 사람들이 특정 장소에 특이한 공간 감각을 지니고 있음을 발견하였다. 공간에 대한 정서적 반응을 연구한 이 푸 투안은 토포필리아(topophilia)라고 이름 붙였다. 공간애는 '장소'라는 토포(Topo)와 '사랑한다'는 필리아(Philia)를 합친 말이다. 출생지, 성장지,

교회처럼 애정이 가는 장소가 있는가 하면 쇼핑몰, 주유소, 편의점, 패스트푸드 체인점, 백화점처럼 상대적으로 무딘 장소도 있다. 무감각의 장소를 거트루드 스타인이 "그곳에는 그곳이 없다(There is no there there)"라고 하였지만, 작가는 공간미학을 구축하는 측량사라야 한다.

2) 작가의 방과 터

'지금 여기'를 강력하게 호소한 작가로서 페르난두 페소아가 있다. 포르투갈 리스본에서 태어나 의붓아버지를 따라 짧은 기간 동안 더반에서 살았고 아프리카에서도 몇 년 살았던 것을 제외하면 대부분 리스본에서 살면서 130여 편의 산문과 300여 편의 시를 쓰고 1935년 47세에 죽었다. 사후 엄청난 원고가 담긴 트렁크가 발견되었는데 원고의 일부를 정리하여 발표한 책이 20세기 유럽 문학의 영혼을 일깨운 《불안의 책》이다.

인생은 깊이를 알 수 없는 심연으로 가는 마차를 기다리며 머물러야 하는 여인숙이라고 생각한다. 나를 어디로 데려갈지는 알 수 없다. 나는 아무것도 모르니까. 이 여인숙에 머물며 기다려야만 하니 감옥으로 여길 수도 있겠고, 여기서 다른 사람들을 만날 수도 있으니 사교장으로 여길 수도 있겠다. 하지만 나는 참을성 없는 사람도 평범한 사람도 아니다. 그러므로 (중략) 나는 문가에 앉아 바깥 풍경의 색채와 소리로 눈과 귀를 적시며 마차를 기다리는 동안, 내가 만든 유랑의 노래를 천천히 부른다.

- 페르난두 페소아 / 《불안의 책》, p.14

페소아는 하루도 편한 적이 없었다. 일터에서 돌아오면 작은 방에 박혀 글을 썼다. 하루 동안 있었던 모든 사건과 감정을 종이 이면지, 신문지, 메모지 등 아무 종이 위에나 옮겼다. 그는 불안한 게 아니라 불안해지려고 노력하였다. 그에게 불안은 의식을 깨어나게 하는 심지였다.

불안의 작가는 놀랍게도 세기마다 존재한다. 단테 루소, 헤르만 헤세, 도스토옙스키, 카뮈 등 대부분이 남성이지만 자신만의 주거지를 원하는 여성 작가들만큼은 불안하지 않았다. 여성이 글을 쓰는 것은 18세기까지 제한적이었다. 대부분 여성들은 강도 높은 육아와 노동을 감당해야 했고 중산층 여성들도 글을 쓸 공간과 경제적 여유를 갖지 못했다. 교육도 불충분하였고 새로운 경험을 쌓는 개인 여행은 거의 불가능했다.

내가 할 수 있는 일이라고는 고작해야 별로 중요해 보이지 않는 한 가지 의견, 즉 여성이 픽션을 쓰기 위해서는 돈과 자기만의 방이 있어야 한다는 의견을 제시하는 것입니다. 그리고 앞으로 알게 되겠지만 이러한 견해로는 여성의 진정한 본성과 픽션의 진정한 본질이라는 크나큰 문제를 해결하지 못한 채 남겨 둘 수밖에 없습니다. 나는 이 두 가지 문제의 결론에 도달해야 할 의무를 회피했고 따라서 나에게 여성과 픽션이라는 주제는 해결되지 않은 문제로 남는 셈입니다.
- 버지니아 울프 /《자기만의 방》, p.10

그런데 버지니아 울프는 여성의 이런 제약을 운 좋게 피하고 자신만의 방에서 자신의 글을 쓸 수 있었다. 종래 신경성 우울증으로 투신자살하였지만, 그녀의 지적 공간은 오늘날의 남녀 작가들에게 독립적인 공간을 가지는 희망을 일깨워 준다. 그래도 어디로 떠날 준비를 한다. 첫째 날에는.

3) 원시 땅과 옛집으로

  해와 달이 뜨고 짐에 따라 일어나고 일하고 잠을 자는 인간의 행동은 시간이 아니라 공간에서 이루어진다. 살았던 무슨 시대는 어떤 장소에서 살았다는 것으로 설명된다. 컴컴하지만 그지없이 아늑한 자궁부터 아늑하지만 컴컴한 무덤에 이르기까지 인간은 수많은 거처와 장소를 전전한다. 한곳에 머물지만 이내 '내 영혼이 쉴 곳'이 아니라고 투덜대면서 다른 장소로 옮겨 간다. 공간이 인간을 배신한 것이 아니라 인간이 공간을 배반한다. 그 첫 출발이 땅이다. 시가 땅의 낭만성에 관심을 기울인다면 산문은 땅을 리얼리즘으로 해석한다.

  누구에게나 태어난 고향이 있다. 유공성과 유동성과 이동성이 심해진 현대 사회에서 고향은 가장 대표적인 장소애가 깃든 곳이다. 어릴 적 추억으로 장식된 고향은 아무리 풍요롭게 살지라도 잊기는 참으로 힘들다.

> 아- 그리웁고나 평화롭던 옛 고향이여!
> 거칠고 쓸쓸코 요란해진 내 고향이여!
> 이렇고 저렇고 턱없이 서투르기만 하네
> 반갑던 그 얼굴 정다웁던 그 음성
> 이제엔 어디메로
> 사람도 바뀌고 마을 옛 모습 찾을 길 없거니
>   - 변영로 / 〈고향〉 부분, 《사랑의 시》, p.132

  사회가 발전하면서 태어났던 고향의 모습이 사라져 버렸다. 마을 동무도, 돌담 골목도, 푸른 느티나무도 보이지 않는다. 정다운 채송화도 반가웠던 개구리 소리도 날아가 버렸다. 나이를 먹을수록 오늘만큼은 번쩍거리는 도시의 옷을 던져 버리고 고향에서 입었던 광목 옷깃을 부여잡고 싶다. 고향 생각은 빈부를 가리지 않는다. 가난하고 힘들었던 고향이라는 장소도 시간이 지날수록 그리워진다.

산문의 공간적 향수는 시보다 더 넓다. 대지나 수목 외에도 도시 뒷골목이 회귀의 대상이 된다. 살림이 넉넉해질수록 부모와 함께 살던 가난한 시절과 초라한 장소가 이상향으로 자리한다. 돼지국밥 냄새 밴 재래시장 뒷골목도 그리운 곳이 된다.

아부지……
이렇게 중얼거리면 더욱 그리워지는
아버지 때문에, 시장통 술집에 앉아
그 옛날 아버지와 가본 가천 장날 그 돼지국밥에
막걸리 한 병 따라 놓으면
목이 뜨거워 술이 술술 잘 안 넘어간다
아버진 이런 날도 산중에 계신다
흙이 되신 지 벌써 오래다
　　　　　　- 배창환 / 〈아버지의 추억〉 부분, 《겨울 가야산》, p.107

글이란 아픔을 태우는 아궁이다. 작가는 자신의 언어를 불쏘시개 하여 따스한 아랫목을 만들고 자신의 아픔을 굴뚝으로 뿜어낸다. 그러나 아랫목을 차지하는 사람은 몸이 꽁꽁 언 독자이다. 진즉 작가는 방에 들어갈 수 없고 밖에서 불을 지피느라 매캐한 연기만 마신다. 그게 문학이다. 작가는 그러기 위해 따뜻한 기억이 깔린 장소를 찾아가려 한다. 둘째 날에는.

4) 섬과 바다로

아예 사람들이 드문 먼 곳으로 가자. 시인 이생진은 고독하기 위하여 성산포 바다로 떠났고 박목월은 시를 찾아 동해 바다를 한 달 넘게 걸었다. 필자도 모든 여행자가 가고 싶어 하는 산티아고와 파타고니아에 갔다. 한 달 동안 남미를 여행하며 나를 돌아보았다. 그곳에는 사람 사는 집보다 산, 사막, 바다, 섬, 빙하, 호수, 초원 등이 더 많았다. 나는 그런 곳에 가려면 혼자라야 한다는 것을 깨쳤다. 홀로 되어야 눈이 제대로 뜨이고 내 보폭에 맞게 걸을 수 있다. 단 하루라도, 단 한나절이라도 그렇게 하면 세상 모든 것이 측은하고 사랑스러워진다.

어디 가느냐고 묻는 사람이 있다. 섬에 간다고 하면 왜 가느냐고 한다. 고독해서 간다고 하면 섬은 더 고독할 텐데 한다. 옳은 말이다. 섬에 가면 더 고독하다. 그러나 그 고독이 내게 힘이 된다는 말은 아무에게도 하지 않았다. 고독은 힘만 줄 뿐 아니라 나를 슬프게도 하고 나를 가난하게도 하고 나를 어둡게도 한다.
- 이생진 / 〈고독은 평등하다〉 부분,
《아무도 섬에 오라고 하지 않았다》, p.112

섬에는 사람이 별로 없다. 육지의 권태와 구속이 싫어 섬으로 간다.

정현종도 "사람들 사이에 섬이 있다. 그 섬에 가고 싶다"라며 떠나려 했다. 섬이란 일종의 '고독한 거주지'인 셈이다. 그런데 생각과 다르게 그곳에도 사람이 산다. 생각조차 자유를 붙잡는 그물이므로 철저한 무념과 고독을 가지려면, 진정 자유로우려면 새벽 바다나 밤바다만 한 곳이 없다. 그곳에 가면 자유로워졌는데 외로워진다. 바다다운 사람을 만난다면 그렇지 않을 텐데. 누구나 그런 아쉬움 하나는 지니고 산다.

바다를 닮은 사람들을 만나면 성실과 진실로 대해야 한다. 그들은 거짓을 금방 알아챈다. 자신만이 알고 있는 바다를 가슴에 품은 사람들을 만나면 존경해야 한다. 그들은 때에 따라 찾아오는 삶의 형태와 그 변화를 담담하게 포용한다. 바다와 하늘이 나누는 밀어를 엿듣는 사람들을 만나면 그들의 이야기를 조용히 경청하고 배워야 한다. 그들의 지혜와 명철은 바다를 닮았다. 그들의 사고(思考), 그 깊이와 넓이에는 바다의 푸른 인장이 찍혀 있다.
- 하정아 / 〈바다를 닮은 사람들〉 부분, 《꿈꾸는 물 백하》, p.50

하정아는 바다 같은 사람에게서 배우는 것은 성실과 진실과 포용이라고 말한다. 밀물과 썰물이 변하면서 변하지 않는 곳에 가고픈 섬이 있다. 우리가 모두 밀물이고 썰물이고 섬임을 깨닫는 것이 인생이 아닌가. 바다에서 배우는 것은 삶의 형태와 변화를 담담하게 지켜보는 것이다. 셋째 날에는.

5) 절로 산으로

　우리가 잘 알고 있지만 사람이 지옥이고 천국이다. 사람 사는 곳이 아수라이고 난장판이다. 인간관계란 좋을 때는 좋지만, 결국엔 '아, 혼자구나'라고 가슴을 치게 된다. 힘겨워 누군가를 곁에 두고 싶고 바다에 가면 문득 산이 그립다. 어찌 생각하면 세상 '한살이'란 시린 계곡물에 잠시 발 넣는 틈새 시간. 산이 좋아 산을 찾아가도 대부분의 사람은 어둠이 깔리면 산문에서 나와 세상 쪽을 향해 걸어간다. 어둠이 쌓인 산사에서 하룻밤을 보내지 못했다면 어찌 '한살이' 했다 하며 세상을 옳게 알고 있다고 이야기나 할 수 있을까.
　산사로 가려면 보통 대웅전 지붕이 보이면 되지만 눈이 온산과 들판과 절로 가는 길을 구별할 수 없으면 참으로 난망하다. 때마침 저녁 무렵이라 "문득 연기 이는 곳을 보았으니"(권필, 〈백련사〉 부분) 나그네 몸이 어찌 반갑지 않겠는가.
　조선 중기의 문인 권필은 성격이 자유분방하고 구속받기 싫어 벼슬을 멀리하고 야인으로 일생을 보냈다. 그는 강화군 강첨면 부근리 고려산에 있는 적막한 백련사를 찾으려했지만 눈길만 있을 뿐이다. 작은 산사에 불과하여 스님도 쉬 만나기 어렵다. 오직 연기와 우거진 소나무만이 절이 있음을 알려 준다. 하루 유숙한들 소나무 한 그루만큼이라도 해탈할 것인가만, 그래도 산사가 아닌가. 갖가지 인생들이 오르고 내려가는 곳이 산속 암자다.

　크게 심호흡을 한번 하고 몸을 돌려 똑바로 누운 뒤 배낭을 벗고 힘겹게 일어서면 갑자기 환상적인 경치가 눈 아래 펼쳐져 있는 것을 깨닫게 된다. 사람의 손때가 묻지 않은 산들이 나무로 뒤덮인 채 사방으로 끝없이 뻗어 나간다. 의심할 여지없이 장관이다. 천당이 따로 없다. 하지만 머릿속을 떠나지 않는 생각은 저 장관 속을 걸어가야 한다는 것. 그리고 앞으로 걸어야 할 길에 비해 지금까지 걸어온 길은 새 발의 피도 안 된다는 것.

- 빌 브라이슨 /《나를 부르는 숲》, p.63

미국 애팔래치아 산길 3,360km를 주파한 산악인 브라이슨은 꼭대기라고 생각한 곳까지 몸을 끌어 올릴 때까지 또 다른 봉오리, 또 다른 봉오리, 봉오리…. 하나의 비탈을 넘어서면 또 다른 비탈, 비탈…. 마침내 "바로 저기다" 하면 전의가 다시 살아나지만 이내 잔인한 기만을 당한다. 정상은 교묘히 치고 빠지는 헤비급 복서 같다. 그래도 나아가야 한다. 산은 그렇다 치고 인생이란 겨울 산에서 그밖에 할 수 있는 게 뭐가 있을까.

눈 내리는 산은 고즈넉하리라. 먼저 내린 눈이 뒤에 내리는 눈발에 묻히는 산골 암자는 마냥 고즈넉하리라. 동안거에 들어간 늙은 바위가 목탁 소리를 듣는 새벽이면 한결 고즈넉하리라. 겨울 달빛이 환한 정상의 바위는 참으로 고즈넉하리라. 모든 것에서 벗어나 가진 것 없이 맞이하는 죽음도 언제나 고즈넉하리라. 그런 곳을 상상만 하여도 가슴은 한없이 숨죽이리라. 산 전체가 절이고 경전이다. 그러므로 공부하러 절로 들어간다고 말하지 말라. 넷째 날에는.

6) 다시 살던 곳으로

우리가 사는 곳은 어디든 장돌뱅이들의 장터이다. 여기서는 자기 생각과 상관없이 사람값이 매겨진다. 지금의 장소는 머무는 곳이 아니라 떠도는 곳이다. 그런 싸구려 바닥에서 몸을 혹사할수록 돌아가야 할 곳이 있다, 하루해가 저물어 갈수록 세월의 나이가 집으로 돌아가는 시간은 눈물겹도록 아름답다. 누구든지 그런 저녁과 늙음을 맞이하고 싶다.

> 하루의 노역을 마치고
> 평화롭게
> 짚 바닥에 쓰러져 홀로 되새김질하는
> 소잔등의
> 처연하게 부드러운 능선이여
> — 오세영 / 〈일몰〉 부분,《오늘의 시》, p.132

작가들은 쉬 사랑의 바람을 탄다. 그러면서 고달프고 힘겨운 윤리적 삶을 지켜야 한다. 생활인이자 시인인 아버지로서의 고통을 토로하지만 종래 가족이 있는 집으로 돌아온다. 집과 가족이 부성과 가족애를 확인해 주는 직설적인 용어이지만 시적 화자는 그것을 소잔등과 부드러운 능선으로 은유한다. 하루 노동을 했든 오래도록 유랑을 했든 집은 안식과 평화와 휴식을 안겨 주는 곳이다. 작가도 돌아갈 안식처가 있을 때 문학 생활도 안정감을 얻는다.

나는 돌아서서 전보의 눈을 피하여 편지를 썼다. '갑자기 떠나게 되었습니다…. 간단히 쓰겠습니다. 사랑하고 있습니다. … 저는 옛날의 저를 오늘의 저로 끌어다 놓기 위하여 갖은 노력을 다하였듯이 당신을 햇볕 속으로 끌어다 놓기 위하여 있는 힘을 다할 작정입니다. 저를 믿어 주십시오. 그리고 서울에서 준비가 되는 대로 소식 드리면 당신은 무진을 떠나서 제게 와 주십시오. 우리는 아마 행복할 수 있을 것입니다.' 쓰고 나서 나는 그 편지를 읽어 봤다. 또 한 번 읽어봤다. 그리고 찢어 버렸다.

- 김승옥 / 《무진기행》, p.41

집을 떠난 후 심신이 쓸쓸하고 피곤해지면 잠자고 밥 먹으며 살던 그곳이 생각난다. 방랑 시인 김병연도 산천 유랑에 지치면 고향 영월의 오두막을 찾았고 박목월도 사랑하던 H 양과 헤어지고 서울에 있는 가족에게로 돌아왔다. 가족이 때로는 권태롭지만 누구보다 다정다감하다. 그러니 마음의 방랑은 어쩔 수 없지만, 몸을 위해 잠시 쉬기 위하여 돌아온다. 다섯째 날에는.

7) 나만의 글방으로

문인에게 글은 영혼이 기거하는 장소이다. 정자 같은 글방이면 더욱 좋다. 자연에 거슬리지 않게 세워진 정자는 안에서 몸만 돌리면 사방 밖을 내다볼 수 있다. 세상을 내려 깔보지도 않고 위로 치켜뜨지도 않는 문학이 험악한 세계에서 세 걸음 비켜난 기억의 공간이다. 그러나 푸른 보리밭도 사방이 트인 들판도 망망대해도 글방이 된다. 본질에서 글방은 가슴속 기억이기 때문이다. 명확히 이름 지을 수 없지만 기억의 철사 뭉텅이에서 하나가 불쑥 빠져나오면 첫 글줄이 된다.

릴케는 루 살로메에게 퇴짜 맞고 5월의 장미에 찔려 죽었을지라도 파리의 뒷골목을 지배하는 고독과 어린 사과가 달린 시골 과수원의 아가씨를 함께 사랑했다. 10년간 죽음과 불안에 떠는 생활을 담은 《말테의 수기》는 무엇보다 책을 읽을 수 있고 책을 읽는 사람을 만나는 장소를 이야기한다.

내 고향에 있는 처녀들이여. 그대들 중에 가장 아름다운 처녀가 어느 여름날 오후에 채광을 차단한 도서관에서 1556년 '장 드 투르네'가 발간한 작은 책을 찾아낼 수 있다면 좋겠다. 그 처녀가 매끈하고 차가운 그 책을 들고 벌이 윙윙거리는 과수원으로 가거나, 달콤한 향기가, 밑바닥에 맑은 향기가 감도는 관상식물이 있는 곳으로 가면 좋겠다. 그녀가 그 책을 일찍 찾아내었더라면 좋았을 텐데, 그녀들이 어린 입으로 사과를 한 입 크게 베어서 입안이 불룩해진 채 눈을 떠가는 시절에 말이다.

— 라이너 마이라 릴케 / 《말테의 수기》, p.267

이 부분을 읽으면 마치 도서관에서, 현관 계단에서, 기차역에서 책장을 넘기는 사람들을 지켜보는 듯하다. 책을 읽는 것도 좋지만 책 읽는 사람들 사이에 있는 것도 참으로 즐겁다. 그에게 다가가 슬쩍 건드려 보아도 미동도 하지 않는 사람을 만나는 날이면 책 한 권을 사기 위해 기꺼이 줄달음칠 것이다. '낯섦'이 새로운 감각을 불러들이면서 자연스레 기억으로 이어진다.

이것이 글이다. 글은 갖가지 기억으로 상처를 입었을 때의 치료법이기도 하지만 누구나 그 정도는 쓸 수 있다고 말한다. 그런데 그런 말을 한 사람은 누구라도 필연성을 갖기 힘들다. 필연성이 없으면 쓸 수 있는 능력이 있다 해도 쓰기 어렵다.

하늘과 땅 사이는 무엇으로 채워져 있을까. 글자로 꽉 찬 책을 읽으면 저절로 알 수 있다. 공기는 더없이 맑건만 내가 맡는 냄새는 탁하다. 내 삶은 어둠이지만 우리는 하늘과 땅 사이에 산다는 것에 실망해서는 안 된다. 신이 얼마나 정성을 기울여 창조한 곳인가. 그런데 인간들이 그곳을 분탕질하고 술집에서 취객과 주먹질하며 싸운다. 약한 인간이기 때문이 아니라 하늘과 땅 사이에서 견뎌야 하는 존재이기 때문에 그럴 수밖에 없다. 대문호 산도르 마라이는 터번이 풀려 드러나 버린 맨머리 같은 회한과 분노와 울분을 분수 같은 문장으로 기록하였다.

어느 주간 신문에 내 책에 대한 파렴치한 논평이 실렸을 때는 자살을 생각했다. 세상만사를 이해하고 슬기롭게 마음의 평정을 유지할 때는 공자의 형제지만, 신문에 오른 참석 인사의 명단에 내 이름이 빠져 있으면 울분을 참지 못한다. 나는 숲가에 서서 가을 단풍에 감탄하면서도 자연에 의혹의 눈으로 꼭 조건을 붙인다. 이성이라는 고귀한 힘을 믿으면서도 공허한 잡담을 늘어놓는 아둔한 모임에 휩쓸려 내 인생의 저녁 시간 대부분을 보냈다. 그리고 사랑을 믿지만 돈으로 살 수 있는 여인들과 함께 지낸다. 나는 하늘과 땅 사이의 인간인 탓에 하늘을 믿고 땅을 믿는다. 아멘.

- 산도르 마라이 /《하늘과 땅》머리말, p.9

《죽음을 주머니에 넣고》를 쓴 찰스 부코스키는 삶을 덫이라 하였다. 덫에 한번 걸리면 온 몸이 찢겨 말라 죽지만 그것을 피하지 못한다. 덫과 더불어 사는 것이 인간이기 때문이다. 살아 보니 세상에 책만 한 덫이 없다. 삶이 함정이고 글이 덫일지라도 어느 페이지에서는 신산해진 마음을 다독여 주는 매력적인 목소리를 들을 수 있다. 그럴 때면 열불 같은 분노도 사라지고 호수의 안개처럼 마음이 아늑해진다. 그땐, 조금은 두꺼운 옷을 입고 어스름이 깔린 거리를 걸어 볼 것이다. 그래도 아직 무엇인가 더 남아 있다는 것을 안다. 갑자기 치솟은 분수 같은 산문을 읽을 때 그렇다. 여섯째 날에는.

8) '좋다'는 곳은 창조된다

   세상 공간을 거의 돌았다. '지금 여기'를 떠나 옛 고향에 들렀다가 바다와 섬을 돌고 겨울 산에 올랐고 낯선 동네도 지났다. 집으로 돌아왔건만 야생마에겐 마구간이 어울리지 않는다.
   문득 창조주 신을 생각한다. 신은 6일 동안 바다와 많은 물고기를 창조하고 하늘과 뭇 새들을 창조하고 땅과 모든 짐승을 창조하고 마지막으로 자신을 닮은 인간을 창조한 후 주변을 둘러보며 자신의 손길이 닿은 것이 "좋았더라"라고 하셨다.

   하나님이 그 지으신 모든 것을 보시니 보시기에 심히 좋았더라 저
   녁이 되며 아침이 되니 이는 여섯째 날이니라
- 〈창세기〉 1장 31절

보통 사람에게는 먹고 자고 사는 곳이 좋다. 평생 유랑하는 작가에게 편안한 곳은 어머니의 무릎과 문학과 누울 무덤뿐이다. 그런 곳이 문학이 기억할 공간이다. 작가는 떠돌이이지만 영혼이 거처할 방 하나쯤은 가져야 한다. 그런 방을 가진 날은 신의 여섯째 날과 비슷할 것이다. 하지만 길도 없는 하얀 백지만이 살아서는 가야할 사막이며 죽어서는 영혼의 관이 얹힐 곳이다. 그 하얀 A4.

참고자료

김승옥.《무진기행》, 민음사, 2011.
라이너 마리아 릴케.《말테의 수기》, 문현미 옮김, 민음사, 2018.
배창환.《겨울 가야산》, 실천문학사, 2007.
버지니아 울프.《자기만의 방》, 이애미 옮김, 민음사, 2006.
빌 브라이슨.《나를 부르는 숲》, 홍은택 옮김, 동아일보사, 2013.
산도르 마라이.《하늘과 땅》, 김인순 옮김, 솔출판사, 2017.
안도현 외.《2012 '작가'가 선정한 오늘의 시》, 도서출판 작가, 2012.
양병호 외.《사랑의 시 여행에서 만나다》, 작가와비평, 2012.
이생진.《아무도 섬에 오라고 하지 않았다》, 작가정신, 1997.
임종욱.《산사에 가면 시가 보이네》, 이회문화사, 2001.
페르난두 페소아.《불안의 책》, 오진영 옮김, 문학동네, 2015.
하정아.《꿈꾸는 물 백하》, 소소리, 2018.

3. 문학 창작의 6계(界)

1) 문학의 계단

문학은 언어의 조합이다. 작가는 뇌리와 심장에 박혀 있는 갖가지 형상과 이미지를 글이라는 그릇에서 배양한다. 작품은 문자로 이루어진 언어망이면서 작가가 누구인가를 밝히는 존재망이면서 작가 의식의 위치와 고저를 일러 주는 지적도(地籍圖)와 같다. '어디'라 함은 지리적 사회적 지위가 아니라 작가적 영혼이 위치하고 문학과 학문을 합친 인문학적 사고의 층위를 말한다. 그 위치가 삶의 질과 글의 수준을 결정해 나간다.

고대 그리스에는 문학으로 비극만이 있었다. 물론 희극이 없지 않았으나 그리스 비극은 오늘날의 시, 픽션, 드라마, 에세이, 평론 등의 장르를 포함하는 형식이었다. 근대에 이르러 시, 소설, 수필, 아동문학, 희곡으로 분류하지만 어디까지나 형식에 따른 구별일 뿐, 문학의 층위를 구분하는 기준이 아니다. 어떤 장르의 문학이든 인간과 자연과 우주와 추상 세계에 관한 모든 것을 다루기 마련이다. 그렇다면 작품에 차별이 아닌 차이를 둔다면 어떤 기준이 필요할까.

사람은 살면서 존재하고 존재하면서 창조한다. 의식주의 도움을 받아 생존하고 주변 환경에 적응하며 생활하는 보통 사람들은 물리적 조건이 충족되면 어느 정도 행복하다. 그러나 작가는 매번 그의 존재를 올려주는 새로운 세계를 맞이하여야 행복하다. 단테가 들어간 지옥문이 9개, 연옥문이 7개, 천국문이 9개라면 작가가 여는 문은 자아(ego)

→ 가족(family) → 인종(sapiens) → 생태(echo) → 우주(universe) → 신(god)의 순서로 세워져 있다. 이들 사이의 길은 오를수록 가파르고 문도 좁아진다.

2) 6계와 그 상(像)들

자아(ego)는 생각하고 느끼고 행하기 위한 동기와 행동력을 가진 주체이다. 소크라테스의 "너 자신을 알라", 데카르트의 "나는 생각한다", 프로이드의 "나는 욕망한다", 《삶으로 다시 떠오르기》의 저자 에크하르트 톨레의 "지나친 나를 버린다" 등은 자아가 환경을 의식적으로 조절한다는 표현이다. 자아(ego)는 여러 모습으로 나타나고, 인간이라는 존재는 여러 자아를 가지고 있으므로 이것들을 완벽히 파악하여 존재를 본인의 자아에 일치시키는 것은 거의 불가능하다. 인간은 스스로 자아를 찾아내야 하는 복잡한 미로 속에 있고 이것에서 벗어나는 것은 각자의 여정일 뿐, 남과 다투는 경쟁이 아니다. 누군가가 더 잘하는지 비교할 수 없고, 어떤 사람의 방식이 더 가치 있는지도 판단할 수 없다.

이때 문학 공간으로 가는 길이 설정된다. 그 길은 내가 누구인지, 나의 진정한 자아가 무엇인지 탐구하고, 자신이 정한 가치를 실현하는 최적의 경로여야 한다. 절대적인 자아의 넓이와 높이와 깊이는, 마음이 넓어질수록 커진다. 문학은 인간을 탐구하고 삶의 의미에 대해 질문하는 것을 그 본령으로 한다. 보통 사람들은 현실에 안주하지만 자의식을 가진 작가는 이드를 거부하고 에고로 나아가는 운행 과정과 진로를 모색한다. 그 글이 전(傳)으로 주로 수필이다.

다음 단계는 가족(family)이다. 가족은 DNA를 물려주고 물려받는 혈연집단이다. 가족이 개인을 생산하고 보호하고 양육하는 가운데 개개인은 가족에게 남다른 감정을 갖는다. 가족의 기본 구성은 부부와 자식으로서 종교조차 그 숭고한 조직의 의미와 역할을 보호하려 한다. 세계의 여러 교회와 성당의 벽을 장식하고 있는 성모 마리아와 아기 예수는 가족의 최소 단위가 무엇임을 보여 준다. 아직도 스페인의 바르셀로나에 세워지고 있는 '대가족성당'은 예수와 마리아와 요셉으로 이루어지는 가족애를 신앙적으로 승화시킨 대표적인 건축물이다. 이중섭의 그림도 부드러운 선(線)으로 가족 이미지와 모티프를 보여 주듯이 작가들은 가정과 가족과 가문의 계보를 서사로 펼쳐 내어 록(錄)을 만들며 소설이 여기에 해당한다.

사실을 있는 그대로 기록한 역사로서 주로 왕실에서 왕들의 행적을 대대로 적은 것으로 조선의 《조선왕조실록》이 대표적이지만 사대부나 양반들은 자신 집안의 흥망성쇠를 기록하기도 하였다. 이런 기록은 영화로는 〈가문의 영광〉, 드라마로는 〈전원일기〉, 소설로는 《토지》, 고전으로는 조선 후기 안동 하회마을에 살았던 풍산 류씨 집안 류의목(柳懿睦)이 적은 《하와일록(河窩日錄)》, 경북 예천 맛집 박씨 가의 6代 가문 기록인 〈저상일월〉, 외국에서는 《권력의 가문 메디치》와 톨스토이 가문의 일기 등이 있다. 록의 기본 정신은 선비든 사대부든 중인이든 집안 대대로 내려오는 뼈대와 '가문의 영광이로소이다'를 입증하고 음택을 강조하고 가족의 정체성을 확인하려 한다. 록으로서 수필도 주로 3대의 가문 이력을 적으면서 정체성을 살피고 사회에서의 위상을 점검한다.

다음 단계는 인간(human being)에 대한 서사이다. 사람을 생물학적인 분류로 사피엔스라 부를 때 인류의 조상은 '지혜로운 인간'이란 뜻의 호모 사피엔스에서 시작한다. 이후 갖가지 접두어가 조합되어 도구를 사용하는 호모 파베르(homofaber), 언어를 사용하는 호모 로퀜스(Homo loquen), 글 쓰는 인류를 뜻하는 호모 스크립투스(Homo Scriptus)에 이어 오늘날 핸드폰을 신체 일부처럼 사용하는 포노 사피엔스(Phono Sapiens)가 되기까지 인간은 지구적 비전을 실현하기 위해서 야심 찬 시도를 해 오고 있다. 이제 인간은 지도에 없는 영역으로 들어가서 누구도 상상할 수 없었던 '누구나 작가가 되는 세상'에서 글을 읽고 쓴다. 맹자가 설파한 사단(四端)에 입각한 글도 써 보고 싶고 페이스북, 인스타그램, 밴드, 카카오스토리, 트위터, 블로그, 인터넷 카페 등 그야말로 밥 먹듯 글쓰기를 하는 세상이다. 언어가 인류와 인간 종의 밥이 된 것이다.

언어에는 지금 여기 없는 것, 아직 어디에도 나타나지 않은 어떤 것을 머릿속에 재생시키는 능력이 있다. 인간은 언어를 통해 자연계에 없는 현상을 머릿속으로 상상했고 이를 실현하려고 노력해 왔다. 그리고 마침내 현실로 만들어 냈다. 인간이 자연을 초월할 수 있었던 힘은 언어를 사용해 온 역사에 있다. 언어야말로 창조력과 상상력의 중요한 모태였다.

- 와시다 고야타 /《중년에 쓰는 한 권의 책》, p.16

이처럼 인문학은 천문(天文)과 지문(地文)과 더불어 천지인(天地人)을 구성하는 'liberal arts'를 구성한다. 인간은 환경과 과학과 종교의 노예가 아니라 자신의, 자신에 의한, 자신을 위한 자유인임을 천명하려

한다. 인문 문학은 권력 투쟁을 기술하는 역사와 달리 자유와 사랑에서 패배하는 비극이지만 인간의 존엄성을 지키는 사(史)를 서술한다.

생태(echo)는 인간이라는 개체와 지구 환경과의 상호 작용을 살피는 관점이다. 전통적 환경주의가 사회의 틀을 유지하면서 환경 문제를 해결하려 했다면 생태주의자들은 사회 전체의 변화가 필요하다고 말한다. 20세기 초반까지 자연(nature)을 정복의 대상이거나 인간의 정신적 치유를 위한 전원(pasture)으로만 묘사했다. 대량 소비와 과학의 발전으로 자연 오염과 환경 파괴와 지구 훼손이 빚어지면서 인간은 자신은 지구에서 생존하는 생명체의 한 종류로 여기고 지구를 자신들이 살고 후세들도 살아야 하는 터로 간주한다. 모든 생물은 다른 생물들과 서로 네트워크를 형성하고 있다는 원리에 따라 이원론적 사고를 거부하고 다원론적인 사고를 중시한다.

생태 문학은 생태학적 인식을 바탕으로 생태 문제를 성찰하고 비판하면서 새로운 생태 사회와 인간 존재를 꿈꾸는 문학이다. '작가의 임무는 숲을 지키는 것'으로 게리스나이더의 생태시를 출발로 하여 녹색 담론, 초록 문학, 생태 문학, 환경 문학, 녹색 문학 등으로 설명된다. 소로우는 숲속에서 인생의 본질적인 사실만 알면 인생의 가르침을 배울 수 있는지를 알고 싶어 했다.

우리 집 문턱에서의 조망은 훨씬 좁은 것이었지만 나는 조금도 비좁다거나 답답하다고 느끼지 않았다. 나의 상상력에 있어서는 자유롭게 방황할 목초지가 충분하게 있었던 것이다. … 시간도 장소도 함께 변하고 나는 가장 나를 매료시킨 우주 가운데 어떤 부분, 역사 가운데 어떤 시대에 더욱 가까이 살게 되었다. … 나는 나의 집이 우주의 그와 같은 후미지고, 그러면서도 영구히 새롭고 더럽혀지지 않은 부분에 실제로 있다는 것을 발견했다. … 만일 아르타일의 별에 가까운 곳에 사는 것이 좋은 일이라면 나는 정말로 그곳에 산 것이다.

- H. D. 소로우 / 《숲속의 생활》, p.101

생태적 관점이란 자연과 지구와 환경은 서정(抒情)이 아니라 철학적 사유로 해석하는 것이다. 이런 감수성으로 바라보면 모든 생명체는 공존, 공영, 공애의 대상으로서 상호 영향을 주고받는다. 이 단계에서 생태 윤리를 중요시하는 문학이 등장한다. 생태주의는 "다르면 다를수록 아름답고 특별하다"라는 탈인문주의를 주도한다. 이미지와 상징을 바탕으로 한 상상이 바슐라르가 말한 몽상으로 시(詩)에 진입한다.

우주(universe)를 대상으로 한 천문(天文)은 별에 대한 동경심이 아니라 천지현황(天地玄黃)과 일월성신(日月星辰)을 찾는 단계에 다다르면 우주를 포함한 만다라 같은 글을 쓸 수 있다. 우주 문학이란 더 큰 세계를 상상하는 문학이라고 말할 수 있다. 김지하는 절필에 앞서 마지막 산문집 《우주생명학》을 발간하면서 "나는 이제 꽃! 나의 꽃, 어릴 적부터의 꿈이요, 꽃인 〈그림〉으로 단연코 돌아간다. 그것이 바로 〈나의 통일〉이다"라고 말하며 시김새를 득하고 우주의 거울을 통해 바라봄으로써 "선후천융합개벽(先後天融合開闢)"을 이루어 낸 글을 쓸 수 있다고 말한다.

나는 이 짧은 글을 수운 최제우 선생님의 돌연한 계시로 쓰는 것이 학도 고유섭 선생의 〈구수한 큰맛〉 이후 처음이다. 우선 한마디만

한다. 짧다 해도 역시 나의 '시김새'는 또 하나의 〈구수한 큰맛〉이다. 바로 〈흰 그늘〉이기 때문이다. 정치적 변론 따위가 아니다. 아니, 그 것까지 다 포함한, 보다 큰 권위적인 〈풍류〉이다. 그리 이해하기 바란다. 하여 언필칭 〈풍류역風流易)〉이다.

- 김지하 /《우주생명학》, pp.28~29

우리가 살고 있는 이 시공간만이 유일하지 않다. 만일 이를 관장하는 절대적인 법칙이 없고, 광대한 우주 앞에 놓인 먼지 같은 인간에게 누구도 삶의 의미나 목적을 알려 주지 않는다면, 우리는 진정한 의미를 찾을 수 없다. '사랑조차 인간이 거대한 우주에서 발견한 최소한의 법칙'에 불과하다. 어떠한 계획도 없고 목적도 없고 선과 악이 존재하지 않는 우주 앞에서 인간은 자신의 이야기를 만들어 가려 한다. 그 인간을 우주를 유영하는 편주(片舟)로 간주하면 '흰 우주에로 뻗어 나가는 무궁한 운명의 길'이 나타난다. 김지하는 이때 도(道)와 천(天)을 연결하는 대개벽을 일으키는 우주문(文)이 가능해진다고 말한다.

신(god)의 세계와 만날 수 있는 문이 영성이다. 신은 인간이 이해하기 힘든 신령스러운 성령이다. 성령은 우리와 함께 거하시며(요 14:17), 가르치시고 생각나게 하시며(요 14:26), 증거하시고(요 15:26), 죄를 깨닫게 하시며(요 16:8), 진리 가운데로 인도하시며 장래일을 말씀하시며 알리신다(요 16:13, 15)고 한다. 이 말씀들을 바탕으로 쓴 단테의 《신곡》은 문학은 무엇이여 어디에 있으며 누구를 위해 있는가를 알려 준다.

복 있는 사람은 악인의 꾀를 좇지 아니하며 죄인의 길에 서지 아니

하며 오만한 자의 자리에 앉지 아니하고 오직 여호와의 율법을 즐
거워하여 그의 율법을 주야로 묵상하는 자로다 저는 시냇가에 심
은 나무가 시절을 좇아 과실을 맺으며 그 잎사귀가 마르지 아니함
같으니 그 행사가 다 형통하리로다 악인은 그렇지 않음이여 오직
바람에 나는 겨와 같도다 그러므로 악인이 심판을 견디지 못하며
죄인이 의인의 회중에 들지 못하리로다 대저 의인의 길은 여호와
께서 인정하시나 악인의 길은 망하리로다

- 〈시편〉 1장 1~6절

자연은 언제나 불완전하게 빛을 주니
마치 예술의 재능은 있으나 손이
떨리는 예술가와 비슷하게 일하지요.
그러나 따뜻한 사랑이 최초 힘의
밝은 빛을 배치하고 각인하시면,
거기서는 완전한 완벽함을 얻지요.
그렇게 옛날에 진흙이 합당하게
가장 완벽한 인간을 만들었고,
그렇게 동정녀는 잉태하게 되었으니,

- 단테 /《신곡: 천국》13곡, pp.743~745

신과 인간의 관계를 풀어 내는 분야가 종교학이지만 문학도 성령과 소통할 수 있는 영성(Spirituality)을 지닐 수 있다. 영성이란, '자기가 되도록 하는 힘(Being)'인 내력과 '자기로 살아가는 힘(Doing)'인 외력이 한 인격체 안에서 조화를 이루는 것을 말한다. 즉 '신의 성품을 닮

은 독특한 자기가 되어서(Being), 그 부르심을 따라 자기만의 길을 행하는 자(Doing)'는 영성을 가진다. 명상, 기도, 묵상, 고해처럼 초인간적 구원을 풀어 낸 글이라면 경(經)이라 부를 만하다.

3) 자의식에서 영성으로

작가는 '자의식에서 영성으로' 가려는 영적 항해사다. 작가에게 여행은 거주지를 옮기는 이소(離騷)가 아니라 혼의 근거지를 옮기는 순례다. 수만 년 전의 화석에 박힌 새에서 하늘을 날던 영혼을 상상한다면 생태적 우주적 신적인 힘이 미친 결과라고 말할 수 있다. 부단하게 생각을 바꾸면 글이 달라진다. 생각의 문을 차례로 열 때마다 글의 레벨이 달라지고 작가라는 황홀한 행복도 증가한다. 그러므로 벽을 칠하는 도색 같은 수사로 자신을 꾸미려 해서는 안 된다.

혼의 여행을 하도록 권유받을 때 어두운 세상에 빛을 남긴 여러 작품을 다시 읽어야 한다. 단테는 지옥에서 펼쳐지는 아수라에 좌절하였지만 천국에 다다른다는 믿음을 《신곡》이라는 경(經)에 적었다. 영국 소설가 그레이엄 그린은 《권력과 영광》에서 술주정뱅이 위스키 신부로서 예수를 부활시켰다. 그리스 여행 작가 호메로스는 맹인이었지만 20년짜리 《오디세이》라는 지중해 사(史)를 썼다. 노벨문학상감으로 인정받은 《종의 기원》을 쓴 찰스 다윈은 반평생 동안 무인도를 탐험하면서 자연과의 공존을 위한 시(詩)적 저술을 수행했다. 중국의 장자는 《장자》를 집필하면서 인간과 자연의 합일이라는 도를 추구하였다. 《목로주점》을 쓴 에밀 졸라는 실패한 화가로서 세잔의 삶을 투영한 《작품》

을 발표하였다. 그 외 《돈키호테》, 《실낙원》, 《전쟁과 평화》, 《아라비안 나이트》 외에 두보의 시 등도 6계(界)의 걸작임을 기억할 필요가 있다.

작가적 장정(長征)은 에고에서 신으로 나아가는 가운데 일상(日常)과 문학의 진상(眞常)을 조망할 뷰 포인터를 찾을 필요가 있다. 산을 오를수록 전망이 좋으므로 항상 6계의 작품상(作品像)을 기억하여야 한다.

참고자료

김지하. 《우주생명학》, 작가, 2018.
단테 알리기에리. 《신곡》, 김운찬 옮김, 열린책들, 2021.
와시다 고야타. 《중년에 쓰는 한 권의 책》, 김욱 옮김, 21세기북스, 2011.
헨리 D. 소로우. 《숲속의 생활》, 정성호 옮김, 샘터, 1995.

4. 인간아, 어디서 와서 어디로 가나

1) 에덴인에서 지구인으로

2016년과 2017년에 전례 없는 사건이 있었다. 인간과 '알파고' 간의 바둑대결로 인간을 능가하는 인공지능 알파고는 천하 고수를 연이어 굴복시켰다. 대국장에 앉은 바둑 기사 아자황은 자기 의지와 상관없이 인공지능이 일러 주는 대로 바둑돌을 움직여야 했던 인간 머슴이 되었다. 이 기이한 대결은 미래에 인간이 무엇이 될지를 확인시켜 주었다. 그렇다면 인간은 언제부터 생물학적 한계를 초월한 초인간(super-human)이 되려는 꿈을 꾸었을까.

태초의 인류는 에덴동산에 살았다. 진흙과 신의 숨결로 만들어진 아담은 하나님만을 섬기며 만물을 다스렸다. 기독교 성서인 창세기 2장도 하나님이 각종 들짐승과 새를 만든 후 아담이 동물의 이름을 짓도록 했다고 적고 있다. 아담은 한동안 행복을 누렸지만, 사탄과 이브의 유혹에 빠져 금단의 열매를 먹으면서 에덴에서 추방되었다. 가죽옷 한 벌만 걸치고 추방된 그는 그때부터 독자적인 힘으로 살아야 했다.

그의 후손인 인간들은 시련과 개척의 주인공이 되었다. 맨발로 걷고 고기를 날로 먹고 풀과 과일을 따 먹었다. 추위와 더위를 견디고 힘센 짐승으로부터 도망치기에 급급한 맨몸 그대로의 유인원이었다. 동시에 생존을 먼저 생각하는 포스트 에덴의 휴먼이 된 것이다. 두 손과 두뇌를 사용하여 갖가지 도구와 불과 언어를 발명했다. 자가 동력의 진화를 시작한 것이다.

휴머니즘은 인간이 에덴동산에서 추방되어 지구인이 된 때부터라고 말할 수 있다. 그 후 지구인이 이루어 낸 성과는 놀라웠다. 돌창을 든 원시인은 수천 년이 지나 전차를 타고 전쟁하는 철갑인이 되었으니 의식도 본질에서 다를 수밖에 없었다. 신 중심의 인간관도 인간 중심의 존재론을 거쳐 마침내 휴머니즘이 생겨났고 타 생물과의 공존을 추구하는 포스트휴머니즘과 인체를 기계화하려는 트랜스휴머니즘으로 이어지고 있다. 인류의 미래가 어느 때보다 불투명한 지금, 과연 인류는 어디로 갈 것인가. 인류사는 어떤 양상을 지닐 것인가.

2) 휴머니즘: 지구의 인간

휴머니즘은 지구에 사는 인간들의 삶의 질을 설명하는 용어다. 휴머니즘의 기본 뜻이 '인간답게'이듯이 성경 창세기에서 아담을 인간(man)이라 불렀다 할지라도 인문주의는 지구에 사는 인간을 대상으로 한다. 인류 역사를 살펴보면 인간이 끊임없이 자신을 개량하면서 도구와 상호 영향을 주고받고 있다. 돌을 갈아 낚싯바늘을 만들고 토기를 구운 이후 청동, 철, 알루미늄, PVC, 세라믹 등 최첨단 신소재를 차례로 개발하였다. 덩달아 짐승 가죽으로 몸을 감싼 석기 인류, 화려한 옷감으로 치장한 봉건 시대의 귀족, 유명 패션으로 갈아입는 현대인, 우주복으로 무장한 우주인 그리고 디지털 센서가 부착된 로봇 인공지능인으로 자신을 변신시키고 있다. 중세 기사는 갑옷으로 전신을 가렸지만, 오늘의 전투병은 탱크와 비행기 안에서 적의 공격을 막는 트랜스포머가 되었다. 예술을 보아도 동굴 벽화를 그렸던 막일꾼과 달리 현대 예술인은 각종 기계의 도움을 받는 공학 예술자가 되었다.

영어로 인간을 휴먼 빙(human being)이라고 부른다. 사람(Man)이라는 뜻은 흙(humus, earth)과 있음(being)이 합친 의미다. 동물과 달리 사유, 노동, 소비, 도덕 등의 존재성을 가진 인간은 신(神)과 결별한 후 르네상스 시대에 다다라 본격적으로 자신들의 문예를 후머니타스라고 부르기 시작하였다. 인간은 고전을 연구하면서 인류 사회를 구성하는 학문과 문화를 연구하는 인문학을 지적 배경으로 삼았다.

휴머니즘은 다양한 형태로 변해 왔다. 14~16세기 신중심주의적 휴머니즘은 이성을 중심으로 하는 르네상스적 휴머니즘으로, 17~18세기의 계몽주의는 근대 과학과 결합하였다. 데카르트가 과학 정신과 휴머니즘을 합쳐 합리적 자율성을 찾으려 한 이후, 니체와 톨스토이의 생철학(生哲學), 하이데거와 사르트르의 실존주의, 존 듀이의 실용주의가 차례로 과학과 문명의 편리함을 옹호하였다. 이로써 포스트 에덴부터 실존주의 휴머니즘에 이르기까지 '인간적'이란 개념은 '인간으로서 갖추어야 할 본성을 실현하려는 노력'이지만 역설적으로 인간성을 억압하는 악영향도 내포하게 되었다.

인간은 휴머니즘이 포스트휴머니즘과 트랜스휴머니즘과 상호 작용을 한다는 사실을 인정하게 되었다. 역사적 변화를 연계시킴으로써 21세기에 출현한 인공지능(AI)을 예정된 순서라 여겼다. 일본 역사평론가로인 시오노 나나미는 이 현실을 《르네상스를 만든 사람들》에서 "역사도 결국 인간이다"라는 말로 요약하였다.

그런데 코로나 바이러스가 불시에 인간을 공격하면서 '휴먼 터치'가 거부되는 '언택트 시대'가 일순간에 도래해 버렸다. 제4차 산업 혁명이 예견한 것처럼 사람이 지구의 중심이 아니라는 점을 재인식시켜 준 것이다. 인간은 하나님의 최고의 종이라는 기독교 가치관을 붕괴시킨 이 사변은 인간이란 고정된 존재(being)가 아니라 가변의 존재(becoming)임을 각인시켜 준 세기적 반동이라 할 만하다.

3) 포스트휴머니즘: 비인간과의 공존

"나는 생각한다, 고로 존재한다"라는 명언을 남긴 데카르트는 인간의 존재만을 고려하지 않았다. 그는 사람에 못지않게 동물의 처지를 생각하고 동물을 복잡한 기계와 비슷하다고 여겼다. 이런 생각이 발전하여 동물을 보호하자는 운동이 19세기에 일어났지만, 동물에 대한 지나친 애정이 인간에 대한 무관심으로 이어질 수 있다는 우려도 적지 않았다. 20세기에 접어들자 호주 출신의 철학자 피터 싱어는 인간에게 국한되었던 자유, 평등, 박애 같은 권리를 동물도 적용받아야 한다는 '동물 해방'을 외쳤다. 1980년대 이후 사람들은 인간이 비인간과 공존하는 방식에 눈을 떴고 심지어 로봇 같은 기계의 권리도 인정해야 한다는 진보적 주장마저 등장했다. 인간이 종(種) 차별론에서 벗어나 다른 유기체와 더불어 살아야 한다는 포스트휴머니즘의 줄기가 잡힌 것이다.

지구를 바라보는 관점도 변화를 거듭했다. 과학이 혁명적으로 발전한 17세기의 사람들은 지구는 자원 개발에 필요한 '죽은 지구'라는 의식에 매여 있었고 진화론자들도 생명체가 환경을 바꾼다는 주장을 비과학적이라고 여겼다. 철저하게 인간이 자연을 지배한다는 논리를 고수한 것이다. 하지만 20세기 말에 다다라 영국 과학자 제임스 러브록(James Lovelock) 등이 등장하여 '지구는 살아 있다'라는 생태주의를 전파하였다. 한정된 자원이 매년 고갈되고 인구는 계속 늘어 지구 환경이 심각해지면서 과학 기술이 홀로 이 딜레마를 해결할 수 없다고 주장하였다. 이때 생물계가 환경과 상호 작용을 해서 지구를 적절한 환경으로 바꾸어 왔다는 '가이아 가설'이 생태계 문제를 풀어 내는 척도가 되었다. 여타 생명체와 공생하면 지구 환경이 유지될 수 있다는 견해도 설득력을 얻게 되었지만 오늘의 인간들은 여전히 이 주장을 받아들이기를 주저하고 있다.

진화론자들은 지금의 지구는 여섯 번째 대멸종을 맞이하고 있다고 주장한다. 몇백 년 안에 지구상의 생물 종 가운데 70퍼센트 사라질 거로 예측하면서 멸종의 장본인은 인간이라고 지적한다. 설상가상 예측할 수 없는 오존층 파괴, 태풍, 지진, 탄소에 따른 기후 변화도 인간에게 반격을 가하고 있다. 포스트휴머니스트들은 이것의 해결은 기술보다는 문화적 제도에 있다고 주장한다.

그 방식이 새로운 감수성을 갖자는 가이아 가설이다. 그리스 신화에 나오는 대지의 여신 가이아의 이름에서 따와 러브록이 제시한 가설에 의하면 인간은 지구 환경의 공진화(共進化) 끄트머리에 출현했다. 그런데도 인간들은 자신만의 풍요, 복지, 생존을 위해 여타 동물과 자연을 이용하는 것을 당연시하며, 박테리아와 바이러스는 인간에 비하면 너무나 미미하다고 단정하였다. 그런데 가이아 가설에 따라 현 상태를 유추하면 흥미로운 결론이 나타난다. 상당한 종류의 바이러스가 인간의 오만, 이기심, 탐욕의 틈새에서 전파력, 침투력, 자폭력, 변신력을 진화시켜왔다. 드디어 콜레라, 독감, 에이즈에 뒤이어 코로나19와 알파, 베타, 델타 같은 변종이 절치부심의 생존력으로 인간계를 위협하는 지경에 다다랐다. 심지어 '최후의 심판' 같은 변종이 생겨난다는 묵시론적 예언을 하는 과학자도 있다.

생물학자들은 100조가 넘는 미생물이 인간에게 긍정적, 부정적 역할을 하고 있다고 말한다. 인간은 탄생 때부터 다른 생명체와 뗄 수 없는 환경적 관계를 맺고 있는 점을 인정한다면 비인간의 관계에 관한 새로운 인식이 필요하다. 그 인식으로서 새로운 감수성의 실천은 1960년대 이후 시민, 과학자, 예술가, 정치인들이 연대한 환경 운동을 들 수 있다. 포스트휴먼 시대의 인간은 휴머니즘만으로 세계를 이해할 수 없으므로 동물, 자연 같은 외부 세계를 수용하는 것이 불가피하다. 과학철학자 홍성욱 교수는 《포스트휴먼 오디세이》에서 "포스트휴머니즘은 휴머니즘 이후 Post를 지향하는 감수성이다. 포스트휴머니즘은 인간의 이성과 과학기술의 진보에 대해 겸손한 태도를 견지하면서, 인간과 동물, 인간과 환경, 인간과 인공지능 로봇이 서로를 형성하고 서로 의존하는 관계"(p.14)라고 하였다. 인간 중심계에서 벗어나 동물, 자연, 기계 등과 건강한 공존을 협약하는 운동을 펼쳐야 한다는 것이다.

4) 트랜스휴머니즘: 사이보그와의 타협

1980년대에 접어들면서 미래학자들은 포스트휴머니즘과 다른 트랜스휴머니즘(transhumanism)이라는 용어를 인문학에 도입하였다. 트랜스(trans)는 트랜스포머, 트랜스 젠더처럼 형태(form)나 성징의 변화를 지칭한다. 가장 최근의 인문학 용어로서 이 말은 작가 올더스 헉슬리와 형제였던 생물학자 줄리언 헉슬리가 1957년 처음 사용했으며 "인간 능력이 지닌 새로운 가능성을 깨달음으로써 인간을 인간으로 유지하면서 인간을 초월하는 것"이다. 오늘날에는 생물학자, 생체공학자, 인공지능학자, 나노기술학자들이 빈번하게 인용하면서 사람의 정신적, 육체적 능력을 개선하려는 운동으로 이해되고 있다. 트랜스휴머니즘은 광의의 의미에서 포스트휴먼 상황의 일부이지만 이성과 과학에 대한 존중, 진보에 대한 긍정 외에 과학기술의 급진적 변화를 인지한 점에서 휴머니즘과 다르다.

현대 인간은 어느 때보다도 기계와 첨단 과학기술의 혜택을 누리고 있다. 인공지능이 말을 걸어오고 안면 인식으로 사무실 문을 열 듯이 나노공학, 정보통신기술, 인지과학이 서로 융합하여 공상에서나 가능했던 환경을 구축하였다. 장애, 질병, 노화, 죽음 같은 것도 생명공학이 부분적으로 해결하고 있다. 트랜스휴머니즘의 기호인 H+가 '인간 강화(human enhancement)'의 동의어로 쓰이게 되었다고 여길 정도로 인간은 마침내 에덴 복지를 능가한다는 자신감을 느끼게 되었다.

트랜스휴머니즘은 초인 사상의 일부다. 그리스 신화에 등장하는 반인반수(半人半獸)와 타이탄족은 짐승의 몸과 사람을 합친 초인이고 천사와 사탄도 날개를 가진 인간이다. 길가메시 서사시 주인공, 말의 모습을 지닌 켄타로스, 새의 날개를 가진 세이렌, 사람과 뱀이 합친 복희, 한국의 구미호 등은 인간의 진화 욕망을 대리하는 초능력의 존재들이다. 지금 등장하는 반인반기(半人半機)는 반인반수의 복제라 할 만하다. 진시황제의 불사약과 젊음의 분수와 불로장생약(elixir)도 트랜스휴머니즘을 꿈꾸는 상징의 일종이다. 이탈리아 르네상스인 조반니 피코 델라 미란돌라는 인간에게 "자기 자신의 상(像)을 조각하라"라고 했고 니체의 초인 철학은 과학은 아니지만, 자기실현이라는 초능력을 중시한 트랜스휴먼 사상이라고 하겠다.

초능력을 지닌 인간의 출현은 이제는 신화가 아니다. 그리스 신화의 이카루스와 다이달로스는 새 깃털을 달아 하늘을 날았지만, 오늘의 우주인은 이태백이 시로 노래한 달에 실제 다녀왔다. 지구인 누구든 조그만 핸드폰만 휴대하면 지구의 오지를 마음대로 다니는 시대가 되었다. SF에서는 인간과 기계가 결합한 사이보그가 극한의 우주 환경을 견뎌내고 있다. 신화 속 신들만이 누렸던 능력을 인간이 누리는 시대가 눈앞에 다가온 것이다.

트랜스휴머니즘의 이론은 다윈의 진화론에서 시작한다고 말한다. 다윈은 인간종의 진화는 계속 진행한다고 보았다. 인공 심장, 인공 두뇌, 인공 수족을 장착한 인류는 분명 지금의 인간과 다를 것이고 '초지능 기계'가 트랜스휴머니즘 시대를 지배할 것이라는 예측은 단순한 예언이 아니다. 실제로 정밀 공학은 인간 수명을 120세 이상으로 연장할 수 있다고 장담한다. 『타임』지는 2013년 9월 호의 특집 제목으로 '죽음을 정복할 수 있는가'를 선정하였고 구글사가 설립한 벤처기업 '칼리코'는 불로장생을 연구 과제로 선택하였음을 공개적으로 밝혔다. 그 점에서 "인류의 현재 단계는 진화의 마지막이라기보다는 초기 단계"라는 다윈의 주장이 더욱 설득력을 얻고 있다.

다윈의 진화론 이후 인간의 육체와 정신 간의 불일치에 주목한 과학자들이 적지 않다. 당연히 트랜스휴머니즘에 대한 찬반 논쟁도 치열해지고 있다. 과학의 자율 정화 능력을 신뢰한 로널드 베일리는 "인류의 대담하고 용감하고 기발한 이상적 열망이 담긴 운동"이라고 했다. 반면에 2004년 한 국제전문지가 "인류의 복지에 가장 큰 위협이 무엇인가?"라는 질문을 했을 때 스탠퍼드대학 철학 교수인 프랜시스 후쿠야마는 인간을 생물학적 조건에서 해방하려는 급진적 트랜스휴머니즘이라고 지적하였다.

　트랜스휴머니즘도 포스트휴머니즘처럼 인간 존엄성과 생명윤리에 대한 재인식을 가져야 한다. 트랜스휴머니즘이 고도의 지적 동물을 창조할 것이라는 전망이 우세할수록 새로운 지적 생명체와 기존 인류 간의 관계를 설명해 주는 철학이 절실해진다. 인간과 트랜스휴먼이 공유해야 할 존엄성 확립이 필요하기 때문이다.

5) 트랜스 인문학의 태동

　지구인의 탄생과 더불어 시작한 인문학의 주 영역은 철학과 역사와 예술과 문학이다. 원시인의 삶 속에 표현 욕망이 자리 잡은 순서는 동굴 벽화라는 미술에서 시작하여 주술사의 주문 같은 음악을 거쳐 문자로 이루어진 문학으로 이어진다. 이들이 합쳐 인문학이라는 사고 체계가 이루어졌다. 하지만 뉴 미디어가 등장하여 문학이 담당했던 정보와 오락 기능을 차지하면서 인문학도 덩달아 위축되었다.

　인문학은 휴머니즘의 변화에 민감하게 반응한다. 20세기 말까지는 모더니즘과 포스트모더니즘을 구분하는 논쟁이 치열하였지만, 지금은 휴머니즘 앞에 무슨 접두사를 붙일까로 다툰다. 포스트휴머니즘, 테크노휴머니즘, 디지털휴머니즘, 트랜스휴머니즘으로 지형이 변하면서 인문학은 신과 인간의 관계에서 벗어나 타 생물과 인간, 기계와 인간, 심지어 미생물과 인간관계를 다루는 문화 현상으로 변하고 있다.

　인간에서 비인간으로 관심이 이동해 버린 것은 자업자득이다. 1947년에 발표된 조지 오웰의 《동물 농장》에서 "네 다리는 좋다. 그러나 두 다리 더욱 좋다"(p.123)라고 양들이 합창했다면 지금은 "인간들은 평등하다. 그러나 트랜스 인간들은 더 평등하다"라는 신규정에 동의할 수밖에 없다. 심지어 오늘의 인간은 미생물, 박테리아, 컴퓨터보다 열등한 종족이라는 자괴감에 빠질 정도다. 지금까지와 다른 인문학과 문학이 정립되어야 한다는 당위성이 여기에서 비롯한다.

인문학의 위기는 1960년대부터 가시화되었다. 레슬리 피들러(Leslie A. Fiedler)가 "대중문화와 컬러 TV 시대의 문학은 과연 살아남을 수 있는가?"라는 질문을 던진 후 인공지능 시대의 작가들은 인문학 자체에 깊은 회의감을 품었다. 전자 매체 시대의 인문학과 문학은 이전과 판이하다. 예를 들면, 스마트폰과 전자 문자가 등장하면서 지필묵이 사라지고 작가는 그리스 시대의 고전 인문학이 아니라 본 적도 없는 포스트·트랜스 인문학을 대면할 수밖에 없게 되었다. '호모 파베르'라는 '도구적 인간'이 프랑스 철학자 베르그송이 《창조적 진화》에서 말한 "물건을 만들어 내는 도구도 만들어 내는" 창조적 인간이 되었다. 맹수들이 발톱과 이빨을 발전시키는 동안 몸집이 연약한 인간은 '뇌의 지혜(sapientia)'를 진화시켜 온 것이다.

포스트 인문학의 첫 질문은 인간과 기계가 공존 관계를 맺을 수 있는가이다. 기계와 인간이 대등한 존재라는 사실은 이미 1983년 『타임』지 첫 호가 보여 주었다. 표지 모델로 사람이 아니라 컴퓨터를 내세우며 '올해의 인물(People of the Year)'이 아닌, '올해의 기계(Machine of the Year)'라는 제목도 붙였다. 컴퓨터가 미래의 지배자(Master of the Future)로서 포스트휴먼 시대의 주역임을 밝히는 상징적 예언이었다. 이에 따라 지금의 인간은 가상 세계에서 생존하는 법을 익히려면 인권에 못지않게 로봇 권리를 생각해 주어야 한다. 인간과 기계 간의 융합을 다루는 트랜스 인문학이 절박해진 것이다.

현대는 포스트휴머니즘을 지나 트랜스휴머니즘으로 진입하고 있다. 트랜스라는 용어답게 트랜스휴머니스트들은 이 현상을 합리적으로 설명한다. 기계공학이 만든 인간들이 슈퍼하고 퍼펙트하고 스마트하여 창세기 이래 "가장 대담하고 용감하며, 상상력 넘치고 이상적인" 슈퍼 아담이 되었다. 에덴동산에서 추방된 인간이 꿈꾸었던 모습이 과연 이 것인가를 설득력 있게 설명해 주는 것이 트랜스휴머니즘의 본령이 아닐까.

현재의 인문학은 인간과 과학기술을 접목한 디지털 인문학이다. 문학, 역사, 철학, 예술사 같은 전통적 인문학에 컴퓨터 분석과 통계, 컴퓨터 집적 기술을 합친 양식으로 변화하고 있다. 종이 문학도 이메일(e-mail)과 전자책(e-book)을 지나 전자 학습(e-learning)과 전자 학문(e-scholarship)으로 바뀌고 있다.

영화를 보면 포스트휴머니즘과 트랜스휴머니즘이 어떻게 변할 것인가를 훨씬 쉽게 알 수 있다. 기계가 인간 생활을 풍요롭게 해 준다는 내용이 20세기 영화였다면 21세기의 터미네이터 시리즈는 인간과 기계가 합친 위력과 그 문제점을 폭넓게 다룬다. 꼭두각시 복제 인간을 등장시킨 〈멀티플리시티〉, 복제인간의 자유 의지를 그린 〈6번째 날〉 등은 기계가 인간에게 미칠 영향과 방향을 암시해 준다.

문학도 포스트휴머니즘과 트랜스휴머니즘에 관심을 가질 필요가 있다. 인간과 기계의 문제는 컴퓨터 시대가 아니라 아주 오래전부터 제기되었다. 그 시점은 인간이 에덴을 떠나 지구에 발을 디딘 무렵이다. 돌도끼가 진화를 거듭하여 대륙 간 탄도탄이 될 동안 문학은 상형문자에서 전자 매체로 바뀌었고 영웅 설화는 과학기술 제국사가 되었다. 작가는 보통 사람보다 더 일찍이 트랜스 인문학의 영향을 주목하여야 했지만 실상은 과학자보다 한참 뒤처져 있다.

6) 트랜스 시대의 트랜스 의식

"인문학은 무엇인가?"는 "인간은 무엇인가?"라는 질문과 같다. 인문학과 과학기술을 떼어 인간을 이야기한다는 것은 이제 절대적으로 불가능하다. 인문학이 전통적으로 추구한 진리와 예술이 추구해 온 미(美)가 여전히 중요시 되지만 포스트 인문학적 인식과 예술적 미감이 앞으로 추구하려는 것이 무엇일까를 숙고하여야 한다. 그것이 적응이든 공존이든 아니면 투쟁이든, 정형화된 공식을 뛰어넘은 자연과 미생물과 우주의 메시지를 받아들여야 한다는 것이다.

포스트휴머니즘 시대에는 과학기술과 문화가 공진화한다. 기술적·의학적·정보적인 하이브리드 그물망에 갇힌 인간의 신체는 두 가지 변형을 이룬다. 하나는 각종 기계를 장착한 사이보그형이며 다른 하나는 유전공학, 신경약리학 등으로 개량된 우생학적 인간이다. 아담이 진흙과 신의 숨결로 창조되었다면 미래 인류는 각종 기계와 유전생리의학의 힘으로 개량된다. 이런 경이적인 창조는 〈엑시스텐즈〉나 〈매트릭스〉 같은 영화가 보여 주었듯이 공포와 즐거움이라는 상반된 반응을 일으킨다.

인류의 미래는 예측의 대상이 아니라 비전의 영역이다. 어떤 인간형을 문학이 그려 내느냐에 따라 미래의 스토리는 희극이 아니면 비극이 될 것이다. 발터 벤야민이 말한 아우라가 지금 사람들이 착용한 마스크라고 생각하면 참으로 끔찍하지만, 이것 또한 엄연한 현실이다. '포스트휴머니즘' 시대의 문학과 예술이 호모 마스쿠스(Homo Markus)의 존재성을 다룰 수밖에 없는 것도 이런 현실 때문이다. 나아가 변종이 마스크에만 한정되지 않을 것이라는 예측도 단순한 몽상이 아니다.

  새로운 감수성이 트랜스 인문학과 트랜스 예술이 갖추어야 할 조건이다. 포스트휴머니즘이든 트랜스휴머니즘이든 현존 인류는 휴머니즘의 본질을 잊지 않으면서 여타 지구 생물과 함께 생존하는 방안을 마련하여야 한다. 첨단기술에 대한 맹목적인 낙관론과 불신을 넘어 새로운 미래를 종합적으로 조망하고 탈인간적 인문학을 구현하는 것이 무엇보다 필요하다.

===== **참고자료** =====

조지 오웰. 《동물 농장》, 최윤영 옮김, 혜원출판사, 2003.
홍성욱. 《포스트휴먼 오디세이》, ㈜휴머니스트출판그룹, 2019.

5. 향가(鄕歌)로 푸는 세태

모든 나라마다 삶과 정서와 역사의식을 표현하는 고유한 문학을 가진다. 그리스·로마 시대의 라이어, 영국의 소네트, 중국의 5언 절구, 일본의 하이쿠처럼 우리나라에는 조선 시대의 시조, 고려 시대의 가사 문학, 신라 시대의 향가가 있다. 향가는 시골 노래, 지방 노래라는 의미로 한국 고유의 정형시가(定型詩歌)다. 향가는 삼국시대 말엽인 신라에서 발생하여 통일 신라 시대 때 성행하다가 말기부터 쇠퇴하고 고려 시대까지 한시적으로 한자의 소리와 뜻을 빌려 표기한 변천을 겪지만, 고려조까지 약 370여 년 동안 성행하였다.

향가는 국가(國歌) 같은 노래다. 좁게 말하여 신라의 노래이지만 '향토적 노래'라는 개념으로 한민족과 애환을 담고 있어 초역사적이다. 표현은 명랑하고 신비롭고 숭고한 기개가 넘치고 수사는 소박하고 평화로워 고려 가요와 대조적이다. 화랑과 승려 계층이 주로 노래하여 귀신을 감동하게 하고 불교의 포교 수단으로 사용하고 민중과 상류층의 욕망을 표현해 주었다.

향가는 〈서동요(薯童謠)〉에서 시작하여 《삼국유사》에 14수, 《균여전(均如傳)》에 11수, 모두 25수가 남아 있다. 향가 25수 중에서 널리 알려진 〈헌화가〉, 〈처용가〉, 〈도솔가〉, 〈안민가〉, 〈제망매가〉, 〈도천수관음가〉, 〈서동요〉 등을 패러디하면 오늘의 시류가 더욱 희화된다.

1) 〈헌화가〉와 꽃을 든 남자

신라 성덕왕 때, 소를 몰고 지나가던 노인이 부른 사구체 향가이다. 순정공의 아내인 수로부인이 벼랑 위에 핀 철쭉꽃을 탐내자, 소를 몰고 가던 어떤 노인이 그 꽃을 꺾어 바치며 불렀다고 《삼국유사》에 전해진다.

자줏빛 바위 가에
잡은 암소 놓게 하시고
나를 부끄러워하지 않으신다면
꽃을 꺾어 바치오리다.

- 〈헌화가〉 전문

절세의 미인인 수로부인은 깊은 산과 큰물을 지날 때마다 매번 신물(神物)에게 납치되었다. 꽃을 바치겠다는 노옹의 정체를 선승(禪僧), 암소를 끌고 가던 문사 노옹, 도교의 신선, 혹은 농신(農神)으로 보기도 한다. 아니면 말 그대로 평범한 농부다. 아무도 할 수 없었던 벼랑 위의 철쭉꽃을 꺾는다면 적어도 지형에 익숙하고 건장하고 용기 있는 인물이다.

〈헌화가〉는 신라판 〈꽃을 든 남자〉다. 다른 여자에게 곁눈질 한번 하지 않고 오직 평생 농사만 지으며 살아온 노인의 순정을 이해할 필요가 있다. 대중가요 〈꽃을 든 남자〉의 가사 중에 "사랑에 취해 향기에 취해 그대에게 빠져 버린 나는 나~는 꽃을 든 남자 …"는 "잡고 있는 암소를 놓게 하시고 / 나를 아니 부끄러워하신다면"이라는 연심과 시대를 초월하는 일치성을 갖는다.

해석은 두 방향으로 나누어진다. 하나는 상류층 미인과 시골 노옹 사이의 신분과 나이를 초월한 연모다. 아니면, 사랑이 아니라 미의 세계를 공감한 두 사람의 대화다. 아무튼, 노옹은 미인이 말한 미적 욕구에 부응한다. 현대판 사랑 작업이든 미의식의 탐구이든 우리는 이런 로맨스를 동경한다.

타는 진달래는 여인의 속살빛깔로 고운데
때마침 훈풍에 서른 예닐곱 여인네 살내음 스쳐보아라
다시는 오지 않을지도 모를 봄은 돌아왔는데
어디선들 힘이 솟구치지 않으랴
(중략)
어느 어여쁜 외간 여자에겐들
헌화가 한 소절 못 부르랴
그 노래 어찌 아름답지 않으랴
(이하 생략)

- 복효근 / 〈헌화가에 부쳐〉 부분,《마늘촛불》, pp.66~67

복효근은 신라의 〈헌화가〉를 패러디하여 '헌화가는 노인네가 불러야지' 말하며 '대가리 새파란 놈이 부르면 불륜'이지만 '진달래 만발한 산굽이 돌면 백발로 폭삭 늙어 버리고 싶은 오후'를 가슴에 간직한 노인에게는 시라는 것이다. '예쁘면 누구에게나 꽃을 꺾어 주고 싶다'는 노인의 애모는 인간애 자체다. 철쭉은 먹지도 술로 담그지도 못하지만 귀한 여인이라면 평생 환상 속에서도 사랑할 수 있다. 남자는 한 번은 외간 사랑을 꿈꾼다. 사랑엔 나이도 신분 차이도 없으니 꽃 줄 용기에게는 나이 차이가 무슨 상관인가.

　동양의 철쭉은 서양의 장미이다. 로마 신화에서 꽃의 여신 플로라는 숲의 요정 님프를 무척 사랑하였다. 님프가 죽자, 플로라는 신들에게 님프를 영원한 꽃으로 부활하게 해 달라고 애원했다. 플로라의 애원이 너무나 간절하여 아폴로 신은 생명의 빛을, 비너스 신은 아름다움을, 바쿠스 신은 향기를, 플로라 신은 붉은빛을 내렸다. 숲의 요정이 장미로 다시 태어났다. 장미 색깔이 다양하지만 파란색이 없는 이유는 신들이 장미에 차갑고 죽음을 암시하는 파란빛은 내리지 않았기 때문이다. 서양에서 장미는 주로 젊은 소녀를 유혹하는 소재로 사용된다. 이제 한국의 남성도 사랑하면 주저 없이 꽃을 들고 연인을 찾아가는 낭만 국민이 되었다.

2) 〈처용가〉와 성 풍속

　　동경 달 밝은 밤에
　　밤새워 노닐다가
　　새벽에 돌아오니
　　발이 넷이러라
　　둘은 네헤인데 둘은 뉘헤이뇨.
　　본디 내 것이다만
　　빼앗긴 것을 어찌하겠는가

　　　　　　　　　　　　　　- 〈처용가〉 전문

헌강왕 5년에 왕이 개운포 바닷가로 놀이를 나갔는데, 돌아오는 길에 운무(雲霧)가 자욱이 끼면서 좌우를 분간할 수 없었다. 왕이 신하들에게 물으니 일관(日官)이 동해 용의 조화라 하여 절을 짓도록 명하자 구름과 안개가 걷혔다. 동해 용이 일곱 아들 중 한 명인 처용에게 미녀를 아내로 맺어 주었는데 역신(疫神)이 처용의 아내와 몰래 동침하였다. 이를 발견한 처용이 노래를 부르고 춤을 추니 역신이 잘못을 빌었다고 했다. 이 내용을 풀이하면 아내가 외간 남자와 간통하고 남편이 아내와 연적을 용서했다는 이야기이다.

서양 신화와 중세 설화와 성경에는 남의 아내를 탐한 내용으로 가득 차 있다. 천하의 바람둥이 제우스는 수많은 여신과 유부녀를 겁탈하고 간통하고 사랑을 나누었다. 한 가지 사례를 들면 스파르타의 왕의 아내 레다를 백조로 변신시켜 동침하여 트로이 전쟁의 빌미가 된 헬레네를 낳았고 유부녀 알크메네를 건드려 그리스의 영웅 헤라클레스를 낳는다. 성경에 나와 있는 근친 간통으로는 유다와 그의 며느리 다말과의 관계이다. 유다는 아들이 죽자 며느리 다말을 친정에 가 있으라고 보냈지만 다말은 창기의 모습으로 얼굴을 가리고 시아버지 유다를 유혹하여 임신한다. 그때 인장과 팔찌와 지팡이를 약조물로 받아 오는데 인장은 성령, 팔찌는 언약, 지팡이는 말씀을 의미한다. 다말이 임신을 하여 돌로 쳐 죽임을 당하기 직전 세 약조물을 보여 주어 목숨을 건진다.

벌써 남자들은 그곳에
심상치 않은 것이 있음을 안다
치마 속에 확실히 무언가 있음을 안다
(중략)

여자들이 감춘 바다가 있을지도 모른다
참혹하게 아름다운 갯벌이 있고
꿈꾸는 조개들이 살고 있는 바다
한번 들어가면 영원히 죽는
허무한 동굴?
놀라운 것은
그 힘은 벗었을 때 더욱 눈부시다는 것이다
  - 문정희 / 〈치마〉 부분, 《지금 장미를 따라》, pp.204~205

  남자의 욕망과 여성의 아랫도리를 신전에 받치는 대리석 기둥에 비유한다. 남자는 거미처럼, 밀교의 신도처럼 한번 경배하고 죽는다. 사랑에는 순애와 순정이 있지만, 간음, 간통, 불륜, 강간, 애욕, 윤간, 치정, 상간 등 금지된 애욕의 유형이 훨씬 더 많다. "남의 아내를 탐하지 말라"라는 십계명 중의 하나가 개인의 자유와 사생활 보호라는 명분으로 폐기된 시대다. "용감한 자가 미녀를 차지한다"는 몸의 자유도 페미니즘에 따라 일찌감치 허물어졌다. 처용은 어쩌면 성에 대한 남녀의 본능은 법이나 도덕이나 종교로도 어찌할 수 없고 오직 개인의 판단만이 해결할 수 있다는 것을 깨친 남편일지도 모른다.
  여성의 성(性)은 성(城)에 잠든 공주다. 하지만 아무도 찾아오지 않은 문 닫힌 신전은 얼마나 적막한가. 예전에는 비 오는 날의 방앗간이나 동굴이 밀회의 장소였지만 지금은 백주의 모텔이 성업한다.

3) 〈서동요〉와 국제결혼

선화공주님은
남몰래 정을 통해 두고
서동 도련님을
밤에 몰래 안고 간다네

- 〈서동요〉 전문

〈서동요〉는 신라 진평왕 때 백제 무왕이 지은 가장 오래된 4구체 향가다. 백제의 제30대 무왕의 이름은 장(璋)인데 모친이 과부가 되어 연못의 용과 정을 통하여 아들을 낳았다. 그 아들이 도량이 컸고 마(薯)를 팔아 생계를 꾸렸는데 서동이다. 신라 진평왕의 셋째 딸 선화 공주가 아름답다는 소문을 듣고 신라로 들어가 자신이 지은 동요를 부르게 하였다. 모함을 받은 공주가 궁궐에서 쫓겨나 귀양길에 오르니 왕후는 순금 한 말을 노자로 주었다. 귀양처로 가는 도중에 서동을 만나 믿음직스러워 그를 따르고 결혼했는데, 후에야 서동의 영특함을 알았다. 현대적으로 풀이하면 신라 시대에 이루어진 신분을 초월한 국제결혼이다. 이런 연애와 결혼만큼 현대 젊은이들이 원하는 만남은 없다. 그러나….

가난한 내가
아름다운 나타샤를 사랑해서
오늘밤은 푹푹 눈이 내린다

나타샤를 사랑은 하고
눈은 푹푹 내리고
나는 혼자 쓸쓸히 앉어 소주를 마신다
(중략)
나는 나타샤를 생각하고
나타샤(는)가 아니 올 리 없다
(이하 생략)

                  - 백석 / 〈나와 나타샤와 흰 당나귀〉 부분, p.14

  백석에게 나타샤는 오늘날 남자들이 바라는 이상적 여성이다. 자야라고 불렸던 여인 김영한(金英韓, 법명: 吉祥華)은 기생 신분이지만 중앙대학교 영문과를 졸업하였다. 그녀는 청년 시인 백석을 사랑하였으며 그가 죽은 후 2억을 출연하여 백석문학상을 제정하고 고급 요정 대원각(大苑閣, 당시 1천억 원을 호가)을 법정 스님에게 조건 없이 시주해 길상사(吉祥寺)를 지었다.

  원조 교제가 만연하고 성인지 감수성이 모자라 파탄에 이르는 치정이 적지 않은 오늘의 시대다. 우리 국민이 전 세계로 이민을 가면서 그들의 아이들이 외국 이성과 결혼하는 경우가 적지 않다. 배달민족이라는 순혈주의가 사라지고 '미스 김 라일락'의 비애도 꽃 이름으로만 남게 되었다. 멀지 않아 한국에 정착한 다문화 가정 자녀와 한국 젊은이가 결혼하여 혼혈 아동이 더욱 많아 미국이나 호주처럼 다인종 사회가 될 것이다. 그땐 집안 신분을 따지는 정략결혼이란 말이 사라졌으면 한다.

4) 〈도천수관음가〉와 전라도 길

　기독교가 인간의 원죄 의식이 강하다면 불교는 번뇌 의식이 많다. 전자가 사랑을, 후자가 자비를 그 해결책으로 권유한다. 관세음보살은 불교의 자비심을 대변한다. 중생들은 부처님보다도 성모 마리아처럼 관세음보살을 더 가깝게 받아들인다. 이를테면 여의륜관음의 여의주(如意珠)는 모든 뜻을 성취시키는 능력을 보여 주고, 천수관음(千手觀音)은 천 개의 손과 천 개의 눈으로 중생들의 고통을 일일이 건져 주는 자비를 나타낸다. 천(千)은 광대무변(廣大無邊)의 뜻으로 수많은 중생을 구제해야 하므로 많은 손이 필요하다. 관세음보살은 중생을 연민하기를 마치 어머니가 갓 난 자식을 보듯 하는 것이다(哀憫衆生 如赤子).

　　무릎을 곧추고 두 손을 모아
　　천수관음(天手觀音)께
　　비옵나이다.
　　천 손, 천 눈, 눈 하나 덜어
　　둘 감은 제 눈을 고쳐 주소서.
　　아, 눈 하나 끼쳐 주시면
　　자비(慈悲)도 크시리라,
　　크시리이다.

　　　　　　　　　　　　　- 〈도천수관음가〉 전문

　신라 경덕왕 때 한기리에 희명이라는 여인이 살았다. 그런데 어린 아들 희명이가 다섯 살 때 갑자기 두 눈이 멀어 분황사 천수대비 벽화 앞에서 기도를 올렸다. 무릎을 꿇고 두 손바닥을 모아 비오니 그저 "둘 다 없나니 하나만 가만히 고쳐 주소서"라고 간절히 빌었다. 천수관음보살은 감동하고 아이는 번쩍 눈을 떴다.

간절하면 이루어지지 않는 것이 없다. 눈이 멀어 무엇 하나 보이지 않는 아이, 우울증과 고립증으로 밖으로 나가지 못하는 학생, 사고로 두 다리를 잃은 가장, 천성심장판막증으로 평생 고통을 받는 여자, 주변을 돌아보면 선천적이든 후천적이든 장애우를 가진 가정이 적지 않다. 한하운에게 〈전라도 길〉은 고칠 수 없는 환자들만 있는 '소록도로 가는 길'이므로 그 부제를 붙였다.

가도 가도 붉은 황톳길
숨 막히는 더위뿐이더라.
(중략)
신을 벗으면
버드나무 밑에서 지까다비를 벗으면
발가락이 또 한 개 없다.

앞으로 남은 두 개의 발가락이 잘릴 때까지
가도 가도 천리(千里) 먼 전라도길.
- 한하운 / 〈전라도 길 - 소록도로 가는 길〉 부분, 《황톳길》, p.11

지금도 한센병은 양성이든 음성이든 접촉을 꺼린다. 선진국과 선진국민은 갖가지 질병을 앓는 환자와 가족을 돌보는 복지 지수가 얼마인가로 결정한다는데 우리나라는 아직 그 수준이 미흡하다. 시각장애인 아동을 위한 교육 시설을 짓기 위해 그들 부모가 무릎을 꿇고 인근 아파트 주민들에게 호소했지만 통하지 않았다 한다. 간절히 원하면 하늘이 알아듣고 땅이 귀담아 이루어진다 했는데 우리나라엔 귀신도 없는가. 종교 선교에 못지않게 사회 복지는 시민을 구제하는 민중 기복이다. 시민의 생활과 질병과 장애를 보살펴 주는 제도가 제 역할을 못 한다면 무슨 선진국이라고 할 것인가. 불교의 관음 사상과 기독 복음도 모두 애민의 다른 말이다.

5) 〈원왕생가〉와 하우즈 먼

달님이시여, 이제
서방 정토까지 가시려는가.
(가시거든) 무량수불 앞에
일러 사뢰옵소서.
맹세 깊으신 부처님께 우러러
두 손을 모아
왕생을 원하여 왕생을 원하여
그리워하는 사람 있다고 사뢰옵소서.
아, 이 몸 남겨 두고
마흔여덟 가지 큰 소원을 이루실까.

— 〈원왕생가(願往生歌)〉 전문

〈원왕생가(願往生歌)〉는 신라 문무왕 시절 광덕이 지은 10구체 향가다. 문무왕 시절에 서방정토(西方淨土)에 왕생(往生)할 것을 약속한 광덕(廣德)과 엄장(嚴莊)이라는 두 친구가 있었다. 광덕은 짚신을 삼아서 살았는데 아내는 분황사에서 일하는 종이었고 엄장은 농사를 짓고 살았다. 광덕이 죽자 장례를 마치고 엄장이 광덕의 아내에게 동거를 청하자 광덕의 아내는 "죽은 남편은 10여 년을 같이 살았으나 한 번도 동침하지 않고 오직 수도에만 전념하였다"라고 하였다. 엄장은 크게 뉘우치고 원효에게 쟁관법(錚觀法)을 배워 서방 정토로 갔다고 한다.

반면 서양은 같은 상황을 어떻게 표현하는가. 그들은 죽은 남편에 대한 정절보다 현실에서의 삶을 더 중하게 여긴다. 아래 시는 죽은 자와 산 자 사이의 대화로 이루어지면서 현실주의를 엿볼 수 있다.

그토록 내 곁을 떠나지 않으려 한
내 애인은 행복한가
지금도 울다 지쳐
초저녁부터 지쳐 자고 있는 건 아닌가

그냥 평안하게 누워 있네
하지만 울다 쓰러진 건 아니야
그녀는 내 곁에서 아주 흡족해하고 있어
그러니 그냥 죽어 잠이나 자게
　　　　　　- A. E. 하우스먼 / 〈내 친구들은 여전히 일하는가?〉 부분

죽은 친구는 무덤에서 아내가 어찌 사는지 궁금하다. 죽은 자의 친구는 그녀를 집에 데려와 사랑의 행복을 맛보여 준다. 산 자는 어찌하든

살아야 한다는 현실론을 강조한다. 요즈음 상대가 죽었다 하여 지조를 지키는 경우는 드물다. 열녀로서 두 낭군을 섬기지 않는 시대는 가고 살다가 마음이 틀어지면 행복을 찾아 미련 없이 떠나는 이혼과 별거의 시대가 되었다. 그러니 "살아 있을 때 잘해"라는 말도 있는가 보다.

6) 〈도솔가〉와 권력 시녀

에즈라 파운드는 《시를 어떻게 읽을 것인가》에서 시를 '민족의 안테나'라고 말했다. 이 말은 시가 개인의 사치품이 아니라는 것을 의미한다. 서양 중세에서는 권력이 예술을 보호해 주고 예술은 권력을 예찬하였다. 권력과 예술이 껍질을 벗고서 본 모습을 드러낸 것은 현대에 들어와서이지만 지금도 추악한 거래는 더욱 두터워진다.

오늘 이에 산화가를 불러
뿌리온 꽃아, 너는
곧은 마음의 명을 부리옵기에
미륵 좌주를 모셔라

- 월명사 / 〈도솔가〉 전문

경덕왕 19년 경자 4월(760년) 두 해가 나란히 나타나 불안해진 왕이 물으니 신하는 "산화 공덕을 하면 재앙이 사라질 것이다"라고 대답하였다. 국선 월명사에게 기도를 부탁하여 도솔가를 지어 불렀다. 왕이 상으로 차 달이는 기구 한 벌과 수정 염주 백여덟 개를 주었다. 하늘에

해가 둘 나타났다는 상징성은 왕을 상징하는 해와 왕의 세력에 도전하는 반대 무리의 두 해로 풀이할 수 있다. 두 해는 각각 경덕왕과 경덕왕의 어린 세자를 말한다. 경덕왕 24년으로 왕자는 8세의 나이로 왕위를 계승하지만, 뒤를 이은 혜공왕은 시해되고 태종무열왕계 왕위가 단절되는 상황이 벌어진다. 앞날의 혼돈을 미륵신앙으로 극복하고자 했다. 어쨌든 문학은 권력의 시녀라는 점은 오늘도 마찬가지이다. 꽃의 시인이라는 김춘수도 전두환의 퇴임식 만찬에서 낭송하여 헌화했다.

그리고 보십시오. 님께서 단임으로 평화적 정부이양을 실천한 일, 그것입니다.
건국 이래 가장 빛나는 기념비적 쾌거라 아니 할 수가 없습니다.
님은 선구자요, 개척자가 되었습니다.
그 자리 물러남으로 이제 님은 겨레의 빛이 되고 역사의 소금이 되소서.
님이시여, 하늘을 우러러 만수무강하소서.
  - 김춘수 / 〈님이시여, 겨레의 빛이 되고 역사의 소금이 되소서〉
   부분(형광석 객원편집위원 참조)

권력에 빌붙은 예술인들에게 무서운 것은 권력자에게 버림받는 것이다. 이것은 사형선고나 마찬가지다. 권력은 예술을 뒷받침하되 이용하거나 통제해서는 안 되며 예술도 건전한 비판 역할을 감당해야지 권력의 시녀 역할로 연명해서는 안 된다. 권력은 누군가에게 넘겨주게 되지만 작품은 시대를 넘어 영원히 기억되기 때문이다.

미당의 〈국화 옆에서〉는 1947년에 쓰였다. 미당의 시 전체를 친일

시로 매도하는 것은 문제가 있지만, 국화를 일본 천황을 칭송하는 것으로 여기면 그의 시적 행적은 의문스러워진다. 질곡의 역사일수록 시인들은 권력을 멀리하여야 한다.

7) 〈안민가〉와 경세(警世)

임금은 아비여
신하는 사랑하시는 어미여
백성은 어린 아이라 할 때
백성이 사랑을 알리라

탄식하는 뭇 백성
이를 잘 먹여 다스릴러라
이 땅을 버리고 어디로 가겠는가 하실진대
나라를 보존할 길 아노라

아, 아! 임금답게 신하답게 백성답게 한다면
나라 태평하리이다.

- 충담사(忠談師) / 〈안민가〉 전문

경덕왕(景德王) 때는 문화 융성기이지만, 백성들의 삶은 도탄에 빠졌다. 당시 백성들은 목숨을 걸고 일본으로 탈출할 정도로 비참하게 살았다. 천재지변은 끊이지 않는데 가혹하게 세금을 거두어들였고, 불국사와 같은 대형 공사에 부역으로 동원하였다. 왕의 총신들이 벼슬을 버리면서 왕의 실정을 따졌지만 소용없었다. 경덕왕은 백성들로부터 존경을 받는 충담사에게 치국 방략을 묻자 가족에 비유하며 백성을 편안히 하라는 〈안민가〉를 불렀다.

  백성을 다스리는 방략은 간단하다. 잘 먹고 잘 입도록 하면 된다. '이 땅 신라를 버리고 어디로 가겠는가, 나는 신라에서 뼈를 묻겠다'라고 하면 나라가 잘 보존된다. 경덕왕은 충담사를 왕사(王師)로 봉하였지만 거절하고 민중 속으로 들어갔다. 요새 말로 저항 시인인 셈이다.

> 멋대가리 없는 도둑들이 날뛰고 있으니
> 내 아들아 딸아 미래의 손자 손녀들아
> 그때도 세상이 뒤바뀌지 않는다면
>
> 노래 알아들을 줄 아는 도둑이 되라
> 현자 앞에 무릎 꿇을 줄 아는 도둑이 되라
> 저 신라시대 때 설쳤던 도둑의 무리처럼
>
>   - 이승하 / 〈우적가〉 부분,
> 《취하면 다 광대가 되는 법이지》, pp.108~109

  정치가 제 역할을 하지 못하면 국민은 도적이 된다. 큰 도적 따라 배워야 살아남는다. 우리가 사는 세상은 온통 '날강도 도적 떼와 비릿한 돈 냄새'가 가득한 부패의 소굴이다. 만일 임금이 제대로 정신을 차리면 그나마 나라가 일어설 희망이 있다. 지도층이 문학을 조금이라도 안다면 역사에서 무엇인가를 배운다는 말이다. 작가가 그 갱신의 문장을

토로하지 못한다면 "시집 따위는 불태우고 울어 버려야"지 한다. 시인이 무능해서가 아니라 시를 죽인 시대이기 때문이다. 당시에 왕은 선지자에게 묻고 도적들은 문학을 알았는데 지금은 이것도 저것도 아닌 맹한 세태에 이르렀다.

지금이 그때와 비슷하다. 절반의 노동자가 비정규직이고 물가와 집값이 날아오른다. 계층의 양극화, 정치에 대한 불신, 권력의 부패가 넘치는 상황에서 중요한 것은 지식인의 처신이다. 지식인의 사명은 세상에서 허덕이는 사람들을 구원하는 것이다. 충담사가 몹시도 그립다.

세상을 견인하는 밧줄은 '시를 읊조릴 줄 알고' 글을 쓰고 독서를 하는 사람이다. 지식인과 문인은 사회의 부조리에 비판의 칼날을 벼려야 한다. 향가를 사랑한 신라인처럼 글을 아끼면 아직은 실망할 시대는 아니다. 아무리 시대가 구제 불능이라고 할지라도 좋은 시대를 노래하고 부정한 시대에 대처하는 시의 의지가 필요하다.

======== 참고자료 ========

문정희. 《지금 장미를 따라》, 민음사. 2016.
백석. 《나와 나타샤와 흰 당나귀》, 다산초당, 2005.
복효근. 《마늘촛불》, 애지, 2009.
이승하. 《취하면 다 광대가 되는 법이지》, 시학, 2007.

정효구 편저. 《백석》, 문학세계사, 1996.

한하운. 《황토길》, 미래사, 1991.

형광석 객원편집위원. "시 '꽃'과 5월 광주", 《한겨레: 온》, 2023. 04. 17. https://www.hanion.co.kr/news/articleView.html?idxno=28358

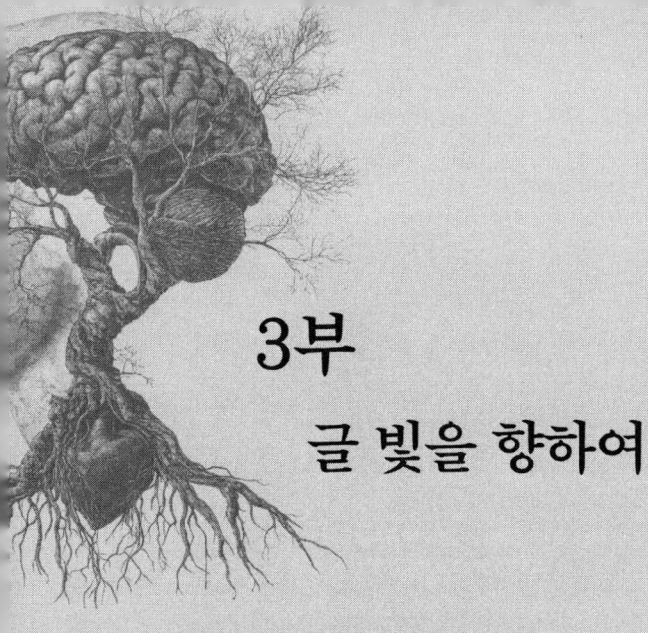

3부
글 빛을 향하여

1. 서양 인문작가들의 대화 | 2. 아메리칸 인디언 역사의 진실 | 3. 문학으로 바다와 해양으로 | 4. 호주 신화와 아보리지안 | 5. 호모 픽투스가 죽은 사회 | 6. 팬데믹 세기가 던지는 질문

작가들은 말을 신뢰하지 않는다. 말이 남용되고 변질하였기 때문이다. 침묵을 지키던 작가는 끓어오르는 감정과 번개처럼 지나가는 영감을 글로 써야 한다는 욕망으로 자신의 글을 만든다. 신이 말로 천지를 창조하였다면 작가는 글로 새롭게 창조하므로 그들이 세운 글 탑은 단 하나로 존재한다. 글을 읽는다는 것은 작가의 정신세계를 훔친다는 뜻이다. 영혼의 책을 읽으면 삶이 부활한다. 세상의 모든 사물도 글로서 거듭거듭 태어난다. 동서고금의 작가들이 글을 남기는 이유도 언젠가는 사막의 풀이 단비를 만나면 활짝 피어나듯 글 꽃으로 핀다는 꿈을 꾸기 때문일 것이다.

1. 서양 인문작가들의 대화

1) 작가, 그대를 맞이하며

문학이란 무엇일까. 문학은 우리의 삶 속에서 어떻게 존재하는가. 문학이 무엇을 준다면 과연 우리는 그것을 소유할 수 있을까. 문학이 그런 질문의 대상이라면 우리는 어떻게 문학을 만나야 하는가.

논자는 문학에 대한 질문은 인문학을 대할 때와 같다고 여긴다. 문학은 인문학적 사고와 체험을 출력한 것이다. 인간을 알고 세상을 표현하는 인문학은 문학, 철학, 심리학 역사뿐만 아니라 지질학, 인체학, 천문학 등과 미술, 음악, 무용 등 모든 영역을 포함한다. 인문학적 작가는 인간들의 삶을 위한 지도를 그려 내려는 생의 항해사이고 탐험가이다. 그의 노력으로 만들어진 책이라는 교실에서 사람들은 인생 수업을 받는다.

랭보가 말했듯이 이들 견자(見者)는 대부분 인문학자이면서 작가들이다. 로마 교황 아우구스티누스 같은 종교인, 희랍의 소크라테스 같은 철학자, 니체 같은 초인, 발자크 같은 작가, 칼 융 같은 분석심리학자, 프랑스 바슐라르 같은 과학철학자, 심지어 다윈 같은 진화론자도 상상과 언어로 자신의 분야를 이룬 '인문적 작가'라 하여도 지나치지 않다. 이들은 작가로서 글을 쓰려면 적어도 이성과 감성, 논리와 상상, 실체와 이미지, 의식과 무의식으로 이루어진 인문학에 대한 소양은 알아야 한다고 주장하였다.

작품마다 나름의 수명이 있다. 좋은 작품은 '즐감'이지만 악한 글은

'절연'당한다. 글에 대한 판정은 단 1회전으로 끝나는데 작가는 직접 그 링에 올라 자신이 훈련한 선수라는 책을 도와줄 수 없다. 일단 발간되면 끝. 그러니 글을 잘 써야 한다. 《소크라테스의 변명》과 밀턴의 《실락원》 세르반테스의 《돈키호테》처럼 목숨을 걸 필요는 없다 하더라도 성찰, 체화, 감동, 혜안, 논리, 감수성, 문장 등의 요건을 가능한 많이 갖추어야 한다. 그러니 어찌 열정과 의욕만으로 글을 프로그래밍하고 디자인하고 제작할 수 있는가. 문학은 공학이고 건축이다. 문학 창작은 "삶은 무엇인가?"라는 자기 회의와 "쓰고 쓰리라"라는 결단에서 시작하는 법, 그 갈림길에 선 자들을 위한 조그만 문학 향연이 '문학 창작을 위한 인문학적 사유'다.

2) 사람에 관하여 쓴다

문학을 압축하여 말하면 '인생 에세이'다. 사람 사는 이야기로서의 시든 소설이든 수필이든 드라마든 모두 프랑스 사상가이자 문필가인 몽테뉴가 1580년에 간행한 《수상록》인 '에세(essais)'라는 독특한 형식에 주목할 필요가 있다. 당대 귀족이면서 인문계몽주의자였던 몽테뉴는 프랑스어 '시도하다, 실험하다'라는 어원에 따라 인간의 이야기를 일상적인 문체와 정제된 사유로 풀어냈다. 핵심은 신의 이야기도, 피조물 인간에 관한 이야기가 아니라 '나의 이야기'를 써 보겠다는 시도(try)였다. 그는 고전에 의탁하되 성서 인용을 거부하고, 신성한 교리에서 분리한 인간에 대한 텍스트를 실험하여 서양 문학과 인문 사상의 기틀을 만들었다. 그 점은 튀르키예 출신의 노벨문학상 수상자 오르한

파묵이 "자신을 작가로 만든 것은 《수상록》이다"라고 말한 데서도 나타난다.

몽테뉴(1533~1592)는 자신을 작품 속 주인공으로 변신시킨 최초의 인문적 인간이다. 하느님의 종으로서 신을 이야기했던 단테나 밀턴과 달리, 고전을 깊이 있게 성찰하고 일상에서 쓰는 용어로 구사한 호모 스크리벤스였다.

독자들은 여기서 생긴 그대로의 나 자신을 자연스럽고 평범하고 아무것도 꾸미지 않은 채로의 나 자신을 보아 주기 바란다. 내가 묘사한 것은 곧 나 자신이다. 따라서 나의 온갖 결점들이 그대로 나타나 있다. 나는 되도록 숨김없이 타고난 나 자신을 그대로 내놓고 싶다. 만일 내가 아직 태초의 대자연의 법칙 아래서 살뜰한 자유를 누리며 살아가는 사람들 속에 태어날 수 있었다면, 나는 나 자신을 적나라하게 묘사할 수 있었을 것이리라. 독자들이여, 나 자신이 곧 이 책의 소재인 것이다.

- 미셸 드 몽테뉴 / 《수상록》, p.3

몽테뉴가 중시한 것은 "착하게 살 것인가?"라는 윤리적 질문이 아니라 "나는 무엇을 아는가?"이며 "사람은 실상 무엇을 하느냐?"라는 지극히 사적인 질문이었다. 그의 격언인 "우리는 각자의 시각에서 벗어날 길은 없다. 우리는 각자 자기 다리로 걷고 자신의 엉덩이로 앉는다"가 그의 인생론을 잘 보여 준다. 파스칼은 《에세》를 읽은 소감을 "이 책에서 내가 발견한 것은 몽테뉴의 것이 아니라 모두 내 안에 있는 것이다"라고 하였다. 이처럼 몽테뉴는 20년간 죽음, 삶의 순간, 진짜 나 자신을 아는 법, 자신에 대한 성찰, 삶을 위한 지식을 말하여 《에세》는 몽테뉴가 썼지만, 현대 독자의 것이 된 마술을 부렸다.

셰익스피어(1564~1616)와 세르반테스(1547~1616)도 사후 세계가 아니라 약 500년 전에 살았던 사람들의 생활을 다룬 건 우연이 아니다. 그들이 극작가와 소설가로 활동한 시기는 신·구사상이 교차한 때다. 종교적으로는 로마 교회의 권위가 마르틴 루터로부터 위협받고 경제적으로는 장원 제도가 무너지고 자본주의가 대두하였으며 일반 교육이 보급되고 신대륙 발견에 따라 인간과 현실적 행동을 중요시하였다.

셰익스피어 작품들이 지닌 모티프는 결합과 화해가 아니라 불화·좌절·계략·배신으로서 시대적 변화와 불안을 반영한 것이다. 그의 희극, 비극, 사극, 소네트 37편이 지금도 세계적으로 영향력을 떨치고 영화 연극으로 번안되고 수많은 문장이 수없이 인용되는 것은 벤 존슨(Ben Jonson)이 셰익스피어의 작품은 시대의 제약을 받지 않는다고 한 말로 입증된다. "돈을 빌리지도 빌려주지도 마라", "당신 자신을 진실하게 하라", "삶을 사는 지혜는 지금 가지고 있는 것을 즐기는 것이다"라는 현실주의와 "아름다움을 발견하고 즐겨라. 약간의 심리적 추구를 게을리 하지 마라. 그림과 음악을 사랑하고 책을 즐기고 자연의 아름다움을 만끽하는 것이 좋다"라는 인문학, "삶을 철학으로 대체하지 마라" 등은 모두 인생에 바탕을 처세를 펼친다.

꺼져요, 꺼져, 덧없는 촛불이여!!
인생이란 기껏해야 걸어 다니는 그림자일 뿐.
잠시 주어진 짧은 시간 동안
무대 위에서 뽐내고 안달하지만

그 시간이 지나면 영영 사라져 버리는

가련한 배우일 뿐.

- 윌리엄 셰익스피어 / 《맥베스》, p.310

16세기 중반과 17세기 초의 스페인을 소설로 구현한 세르반테스는 완벽한 '시대의 아들'이다. 그가 창조한 주인공 돈키호테는 '가상 세계'와 '현실 세계'를 동시에 대표하면서 당시 서양 봉건 사회의 신분제와 기독교 권위에 도전한다. 풍차에 달려들고 수도사들을 공격하고 양 떼를 대규모 군대로 착각하여 돌진하는 모험 기사 돈키호테를 통해 허위에 가득 찬 봉건 사회의 몰골을 발견할 수 있다.

그 무렵, 들판에 서 있는 3, 40개의 풍차가 눈에 띄었다. 돈키호테는 이것을 보자 종자에게 이렇게 말했다.
"운명은 우리가 가늠하기도 전에 부닥쳐 오는구나. 여보게 산초 판사, 저기 저 산더미처럼 서 있는 거인들을 좀 보게. 서른 놈, 아니 훨씬 더 될 걸세. 내 저놈들과 싸워서 한 놈도 남김없이 모조리 해치울 테다. 저기서 나오는 전리품만 해도 갑부가 될 걸세. 뿐만 아니라 저런 악한 무리를 이 땅에서 모조리 없애 버리는 것이, 정의를 위한 투쟁이며 하느님에 대한 봉사인 것이네."

- 미겔 데 세르반테스 / 《돈키호테》, p.64

이성적 합리주의자는 돈키호테의 비현실적 공상에 불만을 품고, 낭만주의자들은 때 묻지 않은 이상이 지나치다고 말하지만 그를 불굴의 의지로 인간의 꿈을 실현하려는 능동적 인물로 보는 점은 같다. 봉건 사회에서 대부분의 전쟁은 '신을 위한 인간의 전쟁'이므로 동방 정복이 목적인 십자군 전쟁을 신의 이름으로 합리화시켰다. 하지만 돈키호테는 십자군 전쟁의 진정한 목적은 신을 향한 경배보다는 영토를 확장하고 전리품으로 얻는 부의 획득으로 보았다.

아무튼, 세르반테스는 르네상스 시대의 다른 작가들처럼 문학을 정신적 용광로로 삼았고 인간에 대한 뜨거운 사랑으로 시대를 구하려는 진정한 기사를 창조했다. 그러면서 그는 귀 자른 고흐와 로댕의 〈생각하는 사람〉처럼 자신을 변신과 진화의 모습으로 조각하였다.

3) 인문 작가로의 진화 1

자아라는 존재에 대한 첫 번째 탐색은 《고백록》을 남긴 아우구스티누스(354~430)에서 시작한다. 그는 청년기 시절 공부하지 않고 극장 구경 다니고 포도 서리하고 훔치고 파계하고 종교를 배반하고 노예 출신의 여자와 동거하였다. 후일 그는 방탕한 청년기를 "밤이나 낮이나 연애하는 데 나의 젊음과 나약한 기질을 연료로 삼아 맹렬히 불탔습니다"라고 참회하였다.

그의 인생의 반전은 32세 되던 해의 늦은 여름, 밀라노의 한 정원에서 "펴서 읽어라!"라는 어린이들의 노랫소리를 들었을 때이다. 그는 펼친 곳의 "방탕과 술 취하지 말며 음란과 호색하지 말며 쟁투와 시기하지 말고"(롬 13:13)를 읽고 완전히 다른 사람으로 다시 태어났다. 기독교회에서 삼현모(三賢母) 가운데 한 명으로 손꼽힐 만큼 어머니 모니카의 기독교 영향을 받고, 33세에 세례를 받고, 37세에는 발레리우스의 간청과 시민들의 성화로 타가스테의 사제직을 맡아 40년 가까이 하느님과 교회를 섬겼고, 고독과 적막 속에 은둔하며 집필을 하고, 반달족 피난민을 구하여 침입자들은 아우구스티누스의 성당과 도서관에는 손을 대지 않았다. 끝내 열병에 걸려 3개월 만에 76세에 세상을 떠났다. 젊은 시절만 보면 누가 그가 '서양의 가장 위대한 교부'가 되리라고 예상했겠는가.

《고백록(Confessions)》은 마흔세 살이 되던 397년부터 약 4년에 걸쳐 집필되었다. 전반부(1~10권)는 성장 때의 실화를 회상과 자신의 심리를 묘사하여 인간을 이해하는 데 도움을 준다. 후반부는 시간과 창조에 관한 영적 독서로써 하느님의 창조와 구원과 안식을 아름다운 문장으로 표현하면서 삼위일체설, 원죄설, 구원설의 기초를 닦았다.

원하옵건대 나는 이러한 사람들에게 나의 참모습을 고백하려는 것입니다. 부디 그들이 나의 선행을 보고 안도의 숨을 쉬며, 나의 악행을 보고 반성하도록 하여 주옵소서. 나의 선행은 바로 주님께서 내려 주신 선물이며, 나의 마음속에 움트는 악은 나 스스로가 저지른 과오, 즉 당신의 심판 결과입니다. 그러므로 나의 선행에 대하여는 그들이 함께 기뻐하고, 나의 악행에 대하여는 함께 슬퍼하게 하여 주옵소서. 그리하여 그들의 찬송가와 탄식의 울음소리가 당신에게 들리게 하여 주옵소서.

- 아우구스티누스 /《고백록》, p.223

아우구스티누스는 자신을 사유의 대상으로 삼았다. 자신에게 일어났던 사건 속에서 자신을 발견하면서 인간의 본질을 파악했다. 그의 고백과 참회는 삶의 의미를 찾는 사람에게 용기를 주며 구원을 베풀어 준 신에게 바치는 찬양과 기도로 이루어진 《고백록》은 성경 다음으로 많이 읽히는 고백록의 효시로 여겨진다.

르네상스의 전성 시대를 거치면 두 번째 만나는 인문철학자가 데카르트(1596~1650)다. 그의 가르침은 '코기토 에르고 숨(cogito ergo sum)'으로 "나는 생각한다, 고로 존재한다"이다. 아우구스티누스의 코기토가 신의 존재를 증명하는 것이라면 데카르트의 '코기토'는 신으로부터 독립된 주체로서 "나는 생각한다"이다. '나'를 생각하는 주체로 인식한 점은 신의 피조물로 본 중세적 인간론과 다르다. '나'라는 주체는 무엇인가를 사고할 수 있다는 것으로 생각하는 '나'만큼은 의심할 수 없는 존재라는 것이다.

> 그리고 '나는 생각한다. 그러므로 나는 존재한다(cogito ergo sum).'이라는 이 진리는 회의론자들이 제기하는 지극히 황당한 모든 억측에 의해서도 흔들리지 않는 아주 확고하며 또 매우 확실한 것이라는 데 주목해서 나는 이것을 내가 추구하고 있던 철학의 제1 원리로 거리낌 없이 받아들일 수 있다고 결론을 내리게 되었다. (p.81)

그리고 내가 만약 생각하기 위해서는 존재해야만 한다는 것을 아주 명석하게 알지 못했다면, '나는 생각한다. 그러므로 나는 존재한다.'라는 명제에서 내가 진리를 말하고 있다고 확신시켜 주는 것이 전혀 없다는 사실을 깨달았고, 그 결과 나는 우리가 아주 명석하고 판명하게 생각하는 것은 모두 참이라는 것을 일반적 규칙으로 삼을 수 있다고 결론 짓게 되었다. 하지만 우리가 판명하게 생각하는

것이 무엇인지를 확인하는 데는 다소 어려움이 있다는 사실도 잊지 않았다. (p.83)

- 이종훈 / 《데카르트의 삶과 진리추구》

데카르트는 생각과 '있음'을 중시하고 육신보다 정신을 강조하였다. 몸은 정육점에나 있어야 할 살덩어리라는 인식은 인문철학의 창시자인 그리스 철학자 소크라테스의 "너 자신을 알라"에서 연유한다. 《소크라테스 변명》도 너의 환경, 가족, 인성, 능력, 국가, 무엇보다 '너의 무지함'을 알라는 대화체 토론서이다. 인문철학자들은 무릇 '앎과 모름의 경계'를 모르면 제대로 생각하는 사람이 아님을 가르친다. 앎이라는 로고스는 시민의 교양이면서 작가적 사유, 인지, 성찰, 자성(自省)과 같다. 쉽게 말하면 이렇다. '너 자신을 아는 자'는 생활인, '나를 알고 나를 생각한다'라고 여기는 사람은 책을 읽는 수준을 갖추었다. 하지만 이 두 요건으로는 글을 제대로 쓸 수 없다.

데카르트의 뒤를 이은 세 번째 인문적 조건을 제시한 독일 철학자로서 하이데거(1889~1976)가 있다. 20세기 초중반의 철학을 대변한 그의 존재론은 실존주의 형성에 직접적인 영향을 끼쳤다. 후설의 후임으로 프라이부르크 대학의 교수 자격을 받기 위해 제출한 《존재와 시간(Sein und Zeit)》는 세기의 명저로 꼽힌다. 그는 여기서 '존재'와 '존재자'와 '현존재'를 구분하여 작가가 갖추어야 할 조건을 진일보시켰다. '시간의 유한성, 불안, 배려, 일상성, 그들'을 바탕으로 한 '현존재(Dasein)'라는 주체는 당시로써는 낯선 개념이었다. 현존재는 태어나서 죽음에 이르기까지 자신의 존재를 인식하며 다른 존재를 이해하고 그들과 관계를 맺는 유일한 존재다.

현존재는 자기 자신을 항상 자기의 실존에서, 즉 자기 자신인가 또는 자기 자신이 아닌가 하는 자기 자신의 가능성에서 양해하고 있다. 이 두 가지 가능성을 현존재는 스스로 선택했거나, 혹은 현존재는 그 두 가지 가능성 속으로 빠져 있거나, 아니면 그때마다 이미 그 속에서 생장(生長)했거나 이 세 가지 중의 어느 하나이다. 실존은 그것을 포착한다고 하는 방법에 있어, 또는 그것을 놓친다고 하는 방법에 있어 그때그때의 현존재 자신에 의해서만 결정된다. 실존의 문제는 실존하는 일 자체를 통해서만 결정되어야 하는 것이다.
- 마르틴 하이데거 /《존재와 시간》, p.36

현존재로서 인간은 '나는 왜 무엇을 위해 사는가?'라는 실존을 생각한다는 점에서 특별하다. 인간은 누구나 유한하고 불안한 시간의 프레임에 매여 있다. 언제 목숨이 단절될지 모른다는 '불안'에서 벗어나지 못하지만 다른 점은 사람들에게 '배려심'을 갖는다는 것이다. 사람뿐만 아니라 세상 모든 '대상에게 마음을 써 주는 행위'는 작가가 되기 위한 필수 조건이다. 사랑, 자비, 연민, 공경 등 여러 방식으로 말할지라도 세상을 자애롭게 바라보고 생각하고 말하고 쓰는 것. 이것이 작가적 실존을 규정하는 세 번째 요건이다.

하이데거의 인생에 논란이 없지 않다. 나치에 참여한 것이 하이데거 철학 전체를 부정하는 흑역사이지만, 하이데거는 이러한 과거에 대해 어떤 자부심도, 어떤 회한도 보이지 않았다. 그는 히틀러 정권하에서 프라이부르크대학 총장직을 수락하며 그 취임 연설에서 '하일 히틀러!'

라는 구호로 연설을 마쳤을 만큼 히틀러에게 경도되었지만, 1년 만에 총통의 행적에 회의를 느끼고 스스로 총장직에서 물러났다.

그의 삶은 어찌 보면 현존재와 거리가 멀다. 스승인 후설(유대인)이 대학에서 쫓겨나는 일을 방관했고 후설의 장례식에도 참석하지 않았으며 자신의 제자가 교수직 후보로 거론되자 유대인이라고 반대했다. 하이데거가 나치를 지지한 이유는 미국식 자본주의와 소련식 공산주의가 인간을 생산의 부품으로 전락시켰고 유대인의 상업주의가 인간성을 타락시킨다고 믿었기 때문이다. 2014년 초에 출간된 일기형식인 《검은 노트(Schwarze Hefte)》는 반유태주의적 성향을 보여 유럽 철학계를 혼돈에 빠뜨렸다. 독일이 패망한 후, 프랑스군 사령부는 그의 나치 협력을 물어 공식 활동을 금지시켰고, 1951년 프라이부르크대학 강단으로 돌아왔으나, 한 학기 만에 사임하였다. 이후 1976년 심장 마비로 타계할 때까지 프라이부르크의 자택과 토트나우베르크에 지은 오두막집을 오가면서 연구와 저술 활동에 몰두하였다.

4) 인문 작가로의 진화 2

네 번째 맞이할 인문심리학자는 칼 융(1875~1961)이다. 20세기 심리학 분야의 두 거인은 지그문트 프로이트와 칼 융이다. 현대 심리학이라는 성전을 세운 프로이트의 후계자로 지목되었지만 칼 융은 분석심리학을 정립하여 스승을 능가하는 업적을 이루었다. 그의 분석심리학은 "너는 끝없이 이어지는 어떤 세계의 한 이미지야. 지금까지 생성되고 사라진 모든 신비가 너의 안에서 살고 있어. 네가 이 모든 것들을 갖고 있지 않다면, 네가 어떻게 그런 것들을 알 수 있겠어?"(《레드 북》 p.12)로 설명하여 프로이트의 '리비도 이론'에 반기를 들었다.

《레드 북》에서 융은 개인은 역사를 통해 연결된 존재이며 본질에서 양성을 가지고 태어날 뿐만 아니라 패르소나, 아니마, 아무스 등 심리적 복합체로 이루어져 있다고 설명한다.

> 남성성은 어떤가? 남자들이 완전을 이루기엔 여성성을 얼마나 많이 결여하고 있는지 당신은 아는가? 여자들이 완전을 이루기엔 남성성을 얼마나 많이 결여하고 있는지 당신은 아는가? 당신은 여자들에게서 여성성을, 남자들에게서 남성성을 찾는다. 따라서 세상엔 언제나 남자들과 여자들만 있을 뿐이다. 하지만 인간들은 어디 있는가? 남자인 당신은 여자에게서 여성성을 찾을 것이 아니라 당신 자신에게서 여성성을 찾으려 노력하고 당신 자신에게 여성성을 인정해야 한다. 당신이 처음부터 갖고 있는 그 여성성을 말이다. 그렇지만 남자다움을 운운하는 것이 당신을 즐겁게 만든다.
>
> - 칼 구스타브 융 / 《레드 북》, p.94

다섯 번째 인문사상가는 바슐라르(1884~1962)다. 프랑스 과학철학자인 그는 상상과 이미지로 이루어진 몽상의 시학을 정립하였다. 학문과 문학은 마주 볼 수 없지만 분리할 수도 없는 샴쌍둥이와 같다. 플라톤부터 하이데거까지 중시한 것은 합리주의와 로고스였다. 그들은 과학적, 이성적, 논리적인 로고스(logos)를 선하게 여기고 이성으로 설명할 수 없는 것은 거짓으로 기피하면서 이미지와 상상력을 인정하지 않았다. 이런 가운데 바슐라르는 물, 불, 공기, 흙의 4원소가 지닌 이미지의 위상을 인간 활동의 원천으로 끌어올리는 코페르니쿠스적 혁명을 이룩했다.

그의 삶은 학문적 풍요와 달리 빈곤했다. 바칼로레아에 합격했지만, 집안 형편상 우체국에서 일하며 독학으로 대학 학사 자격증을 취득했다. 결혼 후 징집 당했고 전쟁 후 만삭의 병약한 아내 로시를 떠날 수 없어 1919년 모교 중학교의 물리 화학 교사가 되었다. 부인은 출산 후 사망하고 어린 딸 수잔을 데리고 학교 수업을 했으며 어려운 형편에도 불구하고 1925년부터 디종대학에 출강하고 1927년 소르본대학에서 철학박사 학위를 취득했다. 그는 사랑하는 사람들을 잃어버렸지만 불행을 극복하는 성과를 이루었다. 그의 나이는 43세였다.

촛불을 바라보기 위해 나는 책에서 시선을 떼, 연구하는 대신에 차라리 나는 몽상한다. 그리하여 그때 시간은 고독한 밤샘의 밤에 물결친다. 시간은 지식의 의무감과 몽상의 자유, 고독한 인간의 이 너무나 자유자재한 자유 사이에 물결치는 것이다. 내가 사고와 몽상의 이러한 파동 운동을 시작하기 위해서는 촛불 아래서 밤을 새우는 사람의 이마쥬를 갖는 것만으로 충분하다. 그렇다. 이마쥬의 중심에 있는 몽상가가 그의 고독한 원인, 인생의 배신 따위 등의 거리가 먼 이야기를 내게 한다면 나는 혼란에 빠지고 말 것이다. 아아! 그런 것이라면 나 자신의 과거만으로도 나를 귀찮게 하기에 충분한 것이다.

- 가스통 바슐라르 / 《촛불의 미학》, p.87

근원적인 몽상과 상상의 세계를 파악하려면 네 개의 기본적인 물질의 속성을 파악해야 한다고 믿었다. 바슐라르는 1952년 《말》지에 발표한 에세이 〈수련 또는 여름 새벽의 경이로움〉에서 생동감이 넘치는 필치로 모네의 수련을 조용한 수면에 떠 있는 '백조의 고상한 알'과 같으며 연붉은 장밋빛 꽃봉오리를 피워 "새벽의 순간을 알린다"라고 묘사했다. 그는 《공기와 몽상들》에서는 "사랑한다는 것은 비상한다는 것이다"라고 말하고, 《대지, 그리고 의지의 몽상》에선 "대지를 접하면 마음이 편안해지고 의지가 되살아난다"라고 하였듯이 인간의 상상력을 최고치로 끌어 올렸다. 인간이 되고 작가가 되려면 시적 영혼과 이미지에 대한 몽상이라는 신비로운 교감을 가질 필요가 있다.

여섯 번째는 20세기의 철학자 비트겐슈타인이다. 그는 1차 세계대전에 참전하여 최전방 관측소에서 "세계는 사실들의 총체이지, 사물들의 총체가 아니다"라고 선언한 《논리-철학 논고》를 완성하였다. 종전 후 보여 준 엔지니어, 군인, 정원사, 스위스 초등학교 교사, 건축가, 유산 포기자, 대학교수, 은둔자, 작업 인부…… 등의 변신은 철학자라기보다는 작가에 가깝다. 나아가 유목민적 천재성으로 고답적인 기성 철학 원리와 체계와 결별한 그는 언어 문제에 집중하여 《철학적 탐구》를 출간하면서 전후기로 구분되는 사상을 이루었다. 비트겐슈타인의 중심 이론인 "우리의 언어의 한계가 우리의 세계의 한계다"라는 말은 모든 철학적 우상들을 타파하는 말이 되었다. 철학은 진리라는 과녁에서 비켜난 것에 불과하므로 철학은 '말해질 수 없는 것'이 아니라 '말할 수 있는 것'을 말해야 한다는 것이다.

여기서 우리는 철학을 하는 데 있어 저 막다른 길로 빠져들기 쉽다.

그 막다른 길에서 우리는 문제의 어려움이란, 파악하기 어려운 현상들, 너무 빨리 스쳐 가는 현재의 경험, 혹은 그와 같은 어떤 것을 우리가 기술해야 하는 데에 있다고 믿는다. 거기서 일상 언어는 우리에게 너무 거친 듯이 보이며, 우리는 마치 일상적으로 이야기하는 현상들을 다루는 것이 아니라, "쉽게 사라지는 현상들. 그리고 생겨나고 없어질 때 저 앞의 것과 비슷한 것을 발생시키는 현상들"을 다루고 있는 것 같다.

- 루드비히 비트겐슈타인 /《철학적 탐구》, p.387

비트겐슈타인은 존재, 구원 같은 거창한 담론에서 벗어나 "매일 사용되는 언어를 바탕으로 철학을 성찰하여야 한다"라는 일상 언어 철학을 정립하였다. 그의 말을 따른다면 우리가 할 일은 세계에 대한 말을 좀 더 분명하게 만드는 것이다. 케임브리지 지식인들이 그의 사상을 '정신의 경련'이라고 비판했지만 흔들리지 않고 "철학적 작업이란… 다른 무엇보다도 자기 자신에 대한 작업이다"라고 자신 있게 썼다.

5) 인간을 위한 인문

인문이란 사람을 위한 글이다. 문학, 사학, 철학만이 아니라 모든 학문이 사람을 위해 사람에 의하여 형성된 구현체이다. 비트겐슈타인은 "나의 하루는 논리학, 휘파람, 산책, 그리고 우울해지는 것"으로 지나간다고 했다. 그의 말처럼 생활하고 생각하고 배려하고 무의식을 일깨우고 상상하면 '인문적 자각'이 스며든다. 그 순수의 에너지가 작가를 '인문적 작가로서 존재'하게 하고 글도 존재케 만든다. 만일 인간을 너그럽게 목격하고 관찰한다면, 누구에게라도 동정심을 느끼지 않을 수 없다. 그것이 인문학이 지닌 본질일 것이다.

참고자료

가스통 바슐라르.《촛불의 미학》, 이가림 옮김, 문예출판사, 1975.
마르틴 하이데거.《존재와 시간》, 전양범 옮김, 시간과공간사, 1992.
미겔 데 세르반테스.《돈키호테》, 주봉노 옮김, 삼성당, 1998.
미셸 드 몽테뉴.《수상록》, 권응호 옮김, 홍신문화사, 2017.
루트비히 비트겐슈타인.《철학적 탐구》, 이승종 옮김, 아카넷, 2016.
르네 데카르트.《데카르트의 삶과 진리추구》, 이종훈 편역, 이담북스, 2012.
아우렐리우스 아우구스티누스.《고백록》, 김평옥 옮김, 범우사, 2002.
윌리엄 셰익스피어.《리어 왕 멕베스》, 이미영 옮김, 을유문화사, 2008.
칼 구스타프 융.《레드 북》, 김세영·정명진 옮김, 부글북스, 2020.

2. 아메리칸 인디언 역사의 진실

1) 신대륙의 첫 이주자

약 3만 년 전 북미 대륙에는 동식물만 살았다. 원시림이 덮인 신천지에는 향긋한 바람과 신선한 풀 냄새가 넘쳐났다. 그곳은 지구상에 존재하는 모든 지형인 강, 호수, 사막, 산맥, 고원, 늪, 초원이 고르게 분포되고 인간이 필요로 하는 먹거리가 다양하고 풍요한 지하자원을 간직한 보고였다. 아담과 이브가 에덴의 동산에서 쫓겨난 후 간절히 살고 싶은 제2의 파라다이스였다. 그 축복의 신천지를 찾아온 첫 거주자가 인종학적으로 아메리카 원주민(Native Americans)으로 부르는 인디언이다.

최근의 연구 결과에 따르면 대략 B. C. 25,000년에서 9,000년 사이의 아시아와 미 대륙은 알래스카라는 넓은 평원으로 연결되어 있었다. B. C. 8,000~5,000년 이후 빙하기가 끝나면서 지구가 따뜻해지고 계곡에 바닷물이 채워지면서 베링 해협이 생겨났다. 시베리아 북동부의 초원지대에 살던 몽골리언들은 초원 지대가 사막화하면서 새로운 터전을 찾아 베링 해협을 건넜다. 대략 12,000년 전에 전개된 동양인의 이동은 생존을 위한 험난한 행로로서 대륙 이민이라는 첫 장을 열었다.

그들은 해안과 녹지대를 따라 북미, 중미, 남미로 내려오면서 아즈텍과 잉카 문명을 건설하였다. 이들은 갈색 피부에 거칠고 톡 튀어나온 광대뼈를 지닌 건강한 전사와 윤기 나는 검은 머리와 검은 눈동자를 지닌 여자들이었다. 붉은 깃털로 신분을 나타내고 들소를 잡고 옷을 기워 입고 집을 세웠다. 땅에 경계선을 긋지 않았으며 자연 외에는 어떤 법의 강요도 없이 순진하게 살았다. 형식적인 기념물을 만들지 않는 대신에 자연 그대로 숭배하였다. 대부분의 역사학자들이 유럽인이 도착하기 전의 북아메리카 대륙은 버펄로와 사슴들이 돌아다니고 긴 활과 긴 담뱃대를 가진 미개인만 살았다고 설명했지만 미 대륙의 인디언들은 땅이 낳은 가장 고상한 민족이었다.

콜럼버스가 나타나기 전까지 인디언들은 자연 숭배자들이었다. 부싯돌과 횃불을 사용하여 덤불을 태워 숲을 개간하고 옥수수 농사를 지었다. 겨울용 저장만큼의 들소를 사냥하고, 그물로 연어를 잡았지만 수천 년 동안 물려받은 대륙을 재생 가능한 대지로 지켜 왔다. 그들은 태양, 달, 나무, 바람, 산 등에서 '위대한 영혼'의 손을 느꼈던 만유신의 신봉자였다. 대지와 인디언은 마치 몸에 알맞은 옷 같은 상생의 관계를 이루었다.

아메리칸 인디언의 역사는 인디오라는 이름을 붙여 주었던 크리스토퍼 콜럼버스로부터 시작한다. 대서양 건너편의 유럽인들은 황인종을 인디엔이나 인디언 등으로 발음했다. 콜럼버스가 처음 만난 현재의 바하마 제도에 있는 산살바도르섬의 타이노족은 그들의 풍습에 맞추어 백인들을 예를 갖추어 대접했다. 콜럼버스도 그들의 전통에 감동하여 스페인 왕에게 다음과 같은 서한을 보냈다.

섬들의 주민은 남녀 모두 나체로 생활하며, 완전히 태어났을 때의 모습 그대로입니다. 그들이 가지고 있는 것을 우리가 무심코 대하면, 싫다고 말하지 않고 오히려 그것을 이해하도록 권하여 진심을 나타내려고 친근한 정을 보여줍니다. 그 대신 이쪽이 그들에게 주는 것에는 어떤 종류의 아무리 사소한 것에도 매우 기뻐합니다. 주민은 자신들의 수장과 카스틸리아국 전체에 대해 애정과 헌신을 다하며, 우리가 필요로 하는 것을 주려고 협력해 옵니다. 섬 주민들 사이에는 어떤 종파도 없고, 우상 숭배하고 있지 않습니다. 단지 힘과 선은 하늘에 있다고 누구나 믿고 있으며….

- 프랭크 맥린 /《역사를 움직인 편지들》, p.19

콜럼버스는 인디언들의 태도를 미개하다고 여기고 이들이 우월한 유럽의 생활 방식을 따라야 한다고 생각했다. 유색인에 대한 이때의 편견은 미합중국이 건설된 이후에는 유색인에게 가한 살육과 박해, 종이 계약과 배신이 되었다. 무엇보다 백인들은 인디언 문화와 정신을 이해하지 않았으며 그들이 지닌 믿음마저 외면하였다.

2) 붉은 인종의 신화

신화는 우리가 알고 있는 이상으로 역동적인 힘을 갖는다. 인디언들은 변함없이 자연이 지닌 신비와 힘을 믿는다. 산, 강, 바위에는 우주의 영혼이 깃들어 있으며 사막의 마른 풀조차 우주에 연결된 생명체로 여긴다. 둥근 지구는 큰 북이고 갈가마귀가 울자 딱딱한 땅이 나타났고 별나라는 자손들이 머무는 땅이고 홍수는 양수가 터진 것이다. 숲속의 곰이 하늘로 올라가 북두칠성이 되고 무지개는 나바호족의 수호 여신이 그랜드 캐니언을 건넌 다리다. 인디언의 신화는 자신들을 대지의 자녀라고 설명한다.

나는 대자연의 드넓은 들판에서 태어났다! 나무들이 나의 어린 팔다리를 보호해 주었고, 푸른 하늘이 나의 머리를 덮어 주었다. 나는 대자연의 자녀 중 하나다. 나는 언제나 자연을 존경해 왔다. 자연은 나의 영광이 될 것이다. 자연의 표정도, 옷도, 이마 주위에 걸린 화환도, 계절도, 늠름한 참나무도, 상록수도 — 대지 위의 머리카락이며 고수머리 — 이 모든 것 때문에 나는 대자연을 영원히 사랑하지 않을 수 없다.

- 김욱동 /《인디언의 속삭임》, p.190

인디언들은 알래스카에서 남미 페루의 땅 끝까지 가면서 하늘과 땅과 물이 자신들과 연결된다는 사실을 발견했다. 신성한 바위 앞에서 기도하고, 강, 호수, 폭포나 산에는 영혼이 거처한다고 믿는다. 자신들의 이름을 들소, 곰, 산양, 코요테를 따서 짓고 의식주와 관련된 것은 신화로 풀어냈다. 중부 지역에는 들소를, 동부 인디언들은 곰을 이야기한다. 남서부 농경족은 옥수수로 계절을 설명하며 대평원에 살던 샤이엔족은 나무를 신성시한다.

대지는 모든 생명의 근원이자 어머니이므로 인디언 신화의 중심 소재였다. 약 310개의 인디언 종족들이 대대손손 전하는 신화는 공통적으로 태초부터 만물을 지배하는 영(靈)에서 시작한다. 네브래스카 평원에 살던 오마하족은 창세 신화에서 와콘다라는 태초의 힘이 몸으로 태어날 만한 장소를 찾아 지구에 왔지만 마른 땅이 없어 곤란하던 차에 물 한가운데서 단단한 땅이 솟고 초목이 자라는 것을 보고 땅에 내려와 살과 피를 갖게 되었다고 말한다. 이러한 생성 신화는 인디언에게 땅이 얼마나 신성한가를 설명해 준다. 후일 총을 든 백인의 출현하였을 때 나바호족들이 말한 기도문도 '대지와 삶과 나는 하나'라는 일치성을 보여 준다.

인디언들에게 대지는 궁극적으로 몸이 돌아가는 곳이다. 그들은 죽으면 영혼이 흙으로 돌아간다는 믿음을 당연시하였음은 타오스족 인디언의 시에서 살필 수 있다.

> 오늘은 죽기 좋은 날
> 모든 생명체가 나와 조화를 이루고
> 모든 소리가 내 안에서 합창을 하고
> 모든 아름다움이 내 눈 속에 녹아들고
> 모든 잡념이 내게서 멀어졌으니
> 오늘은 죽기 좋은 날
> 나를 둘러싼 저 평화로운 땅
> 마침내 순환을 마친 저 들판
> 웃음이 가득한 나의 집
> 그리고 내 곁에 둘러앉은 자식들
> 그렇다, 오늘이 아니면 언제 떠나겠는가.
> 　　　　　　　　- 류시화 역 / 〈오늘은 죽기 좋은 날〉 부분, p.75

모든 것을 대지에 의지하는 인디언들은 자연을 지키라는 서사를 엮어 후손들을 교육했다. 숲과 강과 대지와 사냥감은 소유하거나 매매할 수 없고, 짐승과 새는 필요한 만큼만 잡고 놀이로 사냥감을 죽여서는 안 된다. 모든 사람은 다른 사람의 권리와 재산을 침해하지 않아야 하며, 젊었을 때 부족을 위해 헌신한 노인들을 존경해야 한다. 이런 율법은 땅을 소유하고 점령한다는 백인들의 의식과 너무나 달랐다. 당연히 백인들이 웃으면서 내민 계약서에 담긴 계략을 몰랐고 재미 삼아 들소를 죽이는 사냥을 이해할 수 없었다. 그럼에도 봄이 오면 싹이 돋고 짐승이 첫 새끼를 낳으므로 백인도 이 땅에서 똑같이 살 권리를 가진다고 믿었다.

3) 백인의 배신의 기록

인디언이 지켜 온 공동체와 신화 체계는 16세기부터 파괴되기 시작하였다. 후발 이민자인 백인들이 가져온 총, 잔혹한 대포, 기만적인 술, 시시한 장신구, 기독교 교리들이 작당이라도 한 듯 인디언의 생존에 영향을 미쳤다. 게다가 인디언들은 백인들이 들여온 홍역, 천연두, 장티푸스라는 질병에 면역을 가지고 있지 못했다. 의도적으로 백인들은 환자들이 사용했던 담요를 인디언들에게 나누어 주었다는 기록마저 있다.

유럽에서 건너온 백인 탐험가와 답사자와 모피 장사꾼과 자영 농민과 정찰병의 눈과 나침판이 서부로 향했다. 버펄로와 인디언이 살던 곳은 대서양을 면한 식민 도시 세일럼과 보스턴 등에 정착한 백인들에게는 상상하기도 힘든 기름진 땅과 윤택한 숲이었다. 당연히 목장을 세울 땅과 일확천금의 황금을 찾으려는 서부로의 행진은 불가피했다.

애팔래치안 산악 지대에서 평화롭게 살던 황인종 인디언부터 밀려나기 시작했다. 강자에게 침략과 점령은 즐거운 스포츠였지만 약자인 인디언에게는 강제 아주와 죽음에 불과했다. 미국사를 요약할 때 흔히 사용하는 이민과 개척은 인디언들의 멸종이라는 대륙의 잔혹사였고 그들이 수호해 온 아름다운 신화를 파괴하는 결과도 가져왔다. 단적인 결과는 인디언 인구의 격감이다. 흔히 16세기 무렵 북미에는 약 천만 명이 살았다고 추정하지만 19세기 말에는 25만 명으로 줄어들었다고 계산한다. 역사적으로 보아도 백인과 인디언 사이의 관계는 충돌 갈등, 전쟁, 조약, 배신, 전쟁의 반복이었다.

얼굴 흰 자들을 향한 분노가 얼굴 붉은 사람들을 결속시켰지만 차례차례 백인들의 기마 기병대 앞에서 쓰러졌다. 인디언과 백인간의 전쟁사를 대변하는 사료로서 나바호족을 강제 이주시킨 제임스 칼텐 장군이 사실적으로 적은 기록이 있다. "민족 전체가 조상들의 땅으로부터 집단으로 이주하는 광경은 무척 애처롭다. 여러 해 동안 그토록 용맹하게 우리와 싸워 왔는데. 그들의 산과 웅대한 협곡을 영웅적으로 지켜 왔는데. 그러나 결국 그들도 우리 민족의 한없는 진보 앞에 무릎을 꿇을 수밖에 없는 운명을 맞았다."(《피와 천둥의 시대》 p.566)

백인들의 무자비한 폭력을 보여 주는 또 다른 비극은 1890년 12월에 발생한 샤이엔족의 학살이다. 크리스마스가 지난 지 나흘째 벌어진 참극은 '미국 인디언 멸망사'란 부제로 《나를 운디드니에 묻어주오 (Bury My Heart at Wounded Knee)》에 기록되어 있다. 700명의 미군이 샤이엔 마을을 기습한 현장을 샤이엔족 여자와 결혼한 윌리엄 벤트의 큰아들 로버트 벤트가 목격한 것을 다음과 같이 썼다.

남자, 여자, 어린아이 할 것 없이 무차별 살육이 눈앞에서 벌어지고 있었다. 한 구덩이에는 삼사십 명의 여자들이 모여 있었다. 그들은 여섯 살 정도 되어 보이는 어린 소녀에게 막대기에 묶은 백기를 들려 보냈다. 그 소녀는 몇 발짝도 가지 못하고 총에 맞아 죽었다. 결국 여자들도 구덩이 속에서 몰살당했고 밖에서 몸을 숨기고 있던 네댓 명의 남자들도 죽임을 당했다. 내가 본 죽은 사람은 모두 머리 가죽이 벗겨져 있었으며 한 임신한 여자는 배가 갈라져 있었는데 내가 생각하기에 태아가 옆구리에 놓여 있었다. 솔 대위는 나중에 태아가 맞다고 말했다. 인디언 전사 흰 영양의 시체는 성기가 잘려져 있었다.

- 디 브라운 / 〈샤이엔족아! 싸움이 임박했다〉,
《나를 운디드니에 묻어주오》, p.134

350명 중 살아남은 남자 4명과 여자 47명이 찢기고 피 흘리며 파인 릿지 요새의 촛불 켜진 예배당에 옮겨졌을 때 설교단 뒤 합창대석 위에는 '땅에는 평화, 사람에겐 자비를'이라는 현수막이 걸려 있었다고 한다.

서부로 밀려난 인디언들은 격분의 눈물을 흘리면 인디언 보호구역으로 끌려갔다. 거부하는 종족은 사정없이 집단학살 되었다. 오클라호마의 보호 구역으로 강제이주를 떠난 15,000명의 체로키 인디언은 1,300km 행진하는 동안 추위와 음식 부족, 병, 사고로 1/4 넘게 죽었다고 한다. 변변한 보급품도 없이 죽은 가족의 시신을 가슴에 안고 앞만 보며 걸어갔다. 과단성으로 '국왕 앤드루 1세'라 불린 7대 앤드루 잭슨 대통령이 서명하여 1830~1850년 사이에 5개 종족 60,000명을 인종 청소하듯 강제로 이주시켰다. 프랑스 철학자 알렉스 토크빌이 테니스주 멤피스에 머물고 있을 때 목격한 인디언 가족의 강제 이주 장면을 이렇게 기록했다.

지켜본 광경은 폐허와 파괴의 분위기와 다름없었다. 그것은 가슴이 찢어지는 아픔 없이는 지켜볼 수 없는 돌이킬 수 없는 마지막 작별이었다. 인디언들은 조용히 말없이 있었다. 그들 가운데 영어를 말할 수 있는 사람이 있어 차타스 가족이 왜 그들의 고향을 떠나야 하는지를 물었다. 대답은 '자유롭기 위해서'였다. 그 외에 다른 이유를 댈 수 없었다. 우리 백인들은 가장 존경받고 오래된 아메리카 국민들 중에 하나가 추방되는 것을 그냥 지켜보아야 했다.

- Alexis de Tocqueville / 《Democracy in America》

추방은 애팔래치안 산맥에서 시작되었다. 바호족, 수우족, 샤이엔족, 크로우족, 아파치족 등의 이름이 사라진 더러운 역사는 1900년까지 정치적으로 종교적으로 옹호되었다. 앤드루 잭슨 대통령은 이렇게 합리화했다. "자유와 문명과 종교의 축복을 받은 우리들이 서진(西進)하는 찬란한 길에 방해가 되는 것들을 제거하려는 방법의 하나로 숲속에 사는 야만인들에게 그들의 숲과 강과 땅을 빼앗은 것은 당연지사이다" 그 후 인디언들을 문명화한다는 이름으로 개종과 교육과 이주가 강요되었고 그 방식은 후일 호주 백인들이 아보리지안 원주민을 다루는 선례가 되었다.

4) 신화는 살아남는다

역사는 승자의 영광스러운 기록이지만 미국 개척사의 이면에는 인디언에 대한 학살과 흑인 노예라는 참담한 현실이 존재한다. 지금도 인디언은 미국을 이루는 여러 민족 중에서 문맹률과 사망률이 가장 높고 수명과 소득이 가장 낮은 상태에 머물러 있다. 2023년 인디언관리청이 발표한 자료에 의하면 아이다호주 면적에 불과한 326개의 인디언 보호 구역이 있지만, 다수의 인디언들은 도시 외곽에서 알코올 중독에서 헤어나지 못한 채 살아가고 있다. 인디언의 신화와 유산은 파괴되어 국토사무국에 따르면 약 35%의 유적이 파괴되었고 매년 고고학 자산이 1%씩 도적맞고 있다고 추정한다. 현재 존재하는 북미 지역의 부족은 570여 곳이라 한다. 지구상에서 한때 생태적 공존의식이 가장 두터웠던 인디언들의 신화도 재미있는 이야깃거리로 전락하였다. 그러나 과연 그렇게 두고 보아야 할 것인가.

역사와 달리 문학은 약자의 진실을 언젠가는 되살린다. W. C. 밴더워스의 《인디언 추장 연설문》, 찰스 만의 《1491, 콜럼버스 이전의 새로운 대륙의 발현》 등이 인디언의 문화적 유산을 재평가하고 있다. 특히 햄프톤(Hampton Sides)의 《피와 천둥: 미국 서부의 서사》는 개척시대에 멸망한 인디언의 운명을 그대로 남겨 서부 개척을 침략전쟁으로 정의하고 있다.

1980년대부터 인디언 문학의 르네상스를 맞이하였다. 원주민 작가 모너데이(N. Scott Momaday)의 소설 《여명의 집(House Made of Dawn)》이 처음으로 퓰리처상을 수상하고 2019년에는 조이 하조(Joy Harjo)가 원주민 작가로서 처음으로 미국 계관 시인이 되었다. 인간과 동물을 구별하지 않았던 신화와 전설부터 인종 차별과 전통문화의 재해석과 조상들의 용기와 살아가는 현실을 여러 각도에서 그려 내어 인디언 본래의 목소리와 생명력을 부각시킨다.

특히 초원의 어머니로서 평생을 보낸 인디언 여성의 전설을 가져와 배신과 용기와 생존을 그려 낸 벨마 월리스의 《두 늙은 여자》는 구전과 소설 양식을 합쳐 인기를 얻었다. 알래스카주 유콘강 입구에서 어머니와 장작을 패며 살았던 작가 월리스는 어린 시절에 어머니에서 딸로 수 세대를 걸쳐 전해져 오는 늙은 두 여자의 이야기를 들었다. 그것은 인디언의 풍습에 따라 버려졌지만 어떡하든 살아남아야 한다는 '역경으로의 여정'이다. 그녀는 그 구전을 책으로 발간하면서 보편적 주제를 합쳐 딸과 자매와 어머니와 노파에게 희망을 주는 인디언 문학다운 주제를 완성하였다. 삶에서 중요한 것은 일단 "무엇이든 한다"라는 의지다. 뭐라도 해 보자는 생존 투쟁기는 현대인디언 문학의 주제를 형성한다.

지금도 인디언들이 살던 지역에 백인 마을이 들어서고 비포장용 레저 차량이 드나든다. 그런 가운데 인디언 전통을 존중하는 많은 사람들이 유적지를 탐방하고 있다. 미국의 소설가이며 에세이스트인 베리 H. 로페즈는 사막 지역에 살던 퀘천족이 돌에 새긴 거대한 말을 탐사한 일을 〈말 음각석〉에 다음과 같이 적고 있다

나는 저녁 어스름이 깔릴 쯤이 되어야 기대했던 말의 모습을 제대로 감지할 수 있으리라 짐작했다. 음각석은 하늘 저 위에서 보는 것이 아니라 오랜 시간에 걸쳐 조금씩 움직이는 빛을 따라 땅을 걸어가는 사람만이 볼 수 있다. 이것이야말로 페루의 나즈카 평원에 그려진 커다란 형상처럼 진실로서 사람들은 낮 시간 동안 그 옆을 따라 걷는다. 진정 우리가 아쉬워해야만 하는 사실은 참을성을 잃어버렸다는 것이다. 나는 그 말과 그 예술가와 인디언의 역사에 존경의 목례를 표하고 떠났다.
- 베리 H. 로페즈 / 〈말 음각석〉 부분, 《미국 명수필 컬렉션》, p.218

기독 국가인 미국이 원주민에게 저지른 죄악은 지울 수 없다. 원주민의 땅과 금을 약탈하고 식량과 신앙의 자유를 찾아 아메리카에 발을 디딘 백인들에게 원주민이 잘못한 것은 이방인을 보살펴 준 것 뿐이다. 지금 백인과 인디언이 함께해야 하는 일은 인디언보호 구역을 살 만한 곳으로 발전시키고 인디안 권익을 위한 법과 규정을 정착시키고 원주민을 위한 교육과 정치 활동을 늘이는 것이다. 그렇더라도 하나님을 모르는 종족을 죽였던 과거는 신의 은혜와 축복이 아니라는 점을 자각하는 것이 필요하다. 역사의 죄는 망각할 수 없다.

═══════════ 참고자료 ═══════════

김기선. 《에스키모와 인디언 문화》, 민속원, 2003.

김욱동. 《인디언의 속삭임》, 세미콜론, 2016.

디 브라운 편저. 《나를 운디드니에 묻어주오》, 최준석 옮김, 나무심는사람, 2002.

류시화 엮음. 《민들레를 사랑하는 법》, 나무심는사람, 1994.

박양근 역. 《미국 명수필 컬렉션》, 신아출판사, 2022.

알폰소 오르티즈. 《황당하고 재미있는 인디언 신화》 1, 양순봉, 이승룡 옮김, 아프로디테, 1999.

W. C. 밴더워스. 《인디언 추장 연설문》, 김문호 옮김, 그물코, 2004.

찰스 만. 《인디언: 이야기로 읽는 인디언 역사》, 전지나 옮김, 오래된미래, 2005.

프랭크 맥린 편저. 《역사를 움직인 편지》, 김동인 옮김, 여강출판사, 2003.

햄튼 사이즈. 《피와 천둥의 시대》, 홍한별 옮김, 갈라파고스, 2009.

Alexis de Tocqueville. *Democracy in America*, Uni. of Chicago Press, 2012.

Richard Erdoes and Alfonso Ortiz. *American Indian Myths and Legends*, Pantheon Books, 1985.

Velma Wallis. *Two Old Women*, The Women's Press Ltd (UK), 2000.

3. 문학으로 바다와 해양으로

1) 바다의 인문학

　세계 4대 문명인 메소포타미아, 이집트, 인더스, 황하 문명은 모두 큰 강 유역을 중심으로 탄생하였다. 수렵과 채집을 위해 이동하던 인류가 바다를 면한 강 유역에 정착하면서 도시가 생겨났고 문명이 이룩되었다.
　문명이 발달하기 위해서는 큰 강과 바다가 필요하다. 바다는 물고기라는 식량을 제공하고 바다는 도시와 도시를 이어 주고 사람을 다른 대륙으로 이주시키는 데 필수적인 길이다. 바다 생활을 위해서는 모험 정신과 항해술과 천문학 지식이 필요하다. 나아가 바다를 중심으로 하는 인문학, 예술, 철학, 조선공학술, 항해술, 천문학 등 종합적인 지식도 이루어진다.
　바다는 사람의 생활과 항해와 연관된 상상의 세계로서 무한한 가능성을 불러일으킨다. 그리스 항해자들은 하늘을 관측하였고 바다를 소재로 한 신화를 만들었다. 항해자들은 오직 물 외에는 아무것도 없는 바다라는 '비가시적인 상황'에서 안전 항해를 위해 별자리를 연구하였다. '비가시적인 상황이 가시성을 가진' 바다 인문학이 생긴 것이다.
　바다라는 상황을 설명하는 분야가 바다 인문학이다. 바다 인문학자들은 바다를 설명하기 위해 별, 배, 물고기, 해초 등을 동원하였다. 항해자는 무한한 바다에서 자신의 길을 만들어 갔다. 하나의 물줄기를 따라가는 강과 달리 바다에는 무질서와 혼돈이 가득하여 그 불안감을 풀려는 바다 문학이 필요했다.

고대 그리스의 철학자 헤라클레이토스의 말 중에 바다와 관련된 말이 있다. 그것은 "지혜는 바다의 뱃길의 방향을 가리키는 정신을 의미한다." 그의 말처럼 육지에 살더라도 바다와 하늘을 보아야 한다는 조건은 육지와 하늘과 바다를 포용하는 철학을 중시한다는 의미로 읽혀진다.

2) 신화의 바다

물은 모든 생명의 시발점이고 근원이므로 세계 곳곳에 물이 창조 신화에 등장한다. 고대 이집트인들은 하늘과 땅 사이에 존재하는 모든 것은 태고의 거대한 물 덩어리로부터 만들어졌다고 믿었다. 이집트에는 태양신 아톰이 성스러운 바다인 눈(Nun) 위에 누워 있다는 물을 근원으로 하는 창조 신화가 있다. 뱀 모양을 한 신 네프(Kneph)는 물 항아리를 둘러 감고 그 속에 담긴 물에 숨결을 불어넣는 모습을 보여 준다.

메소포타미아와 바빌로니아 신화는 담수와 염수가 합하여 우주를 만들었다고 한다. 민물 신의 아들 마르둑이 바닷물의 신인 우주용 타이마트를 제압하고, 그 몸으로 우주를 만들었다는 신화도 있다. 유프라테스 강 입구에 있는 도시 에리두에는 '우주의 나무'가 있는데 이 나무의 뿌리에서 땅을 비옥하게 하는 물줄기가 흘러나온다. 바빌로니아의 우주 창조 신화에는 에아의 아들인 마르둑이 바닷물을 상징하는 우주용 타이마트를 무찌르고, 그 몸으로 우주를 창조하였다고 한다.

기원전 4000년 무렵 메소포타미아 지역에 살던 수메르족의 점토판에는 '길가메시의 서사시'가 적혀 있다. 여기에는 "… 인간을 대홍수로 심판하기로 결심한 신들의 결정을 우트나피시팀이라는 사람이 알게 됐다. 그는 큰 배를 만들어 금과 은을 싣고 모든 생명체의 씨앗을 싣고 가족을 태웠다" 줄거리가 노아의 홍수와 같다.

인도 신화에서는 마누(Manu)가 작은 물고기를 살려 주자 물고기가 홍수를 예고하고 배를 만들라고 말했다. 마누가 배를 만들자 대홍수가 시작됐고 물고기에 이끌려 간 배는 히말라야 꼭대기에 닿았다. 살아난 마누는 신에게 기도해 여자를 얻어 인류를 이어 나갔다.

남미 잉카 문명에서는 페루 산속에 살던 목동 형제가 등장한다. 가축으로 기르던 라마가 홍수를 예언하자 형제는 산꼭대기 동굴로 숨었다. 이어 몇 달 동안 폭우가 쏟아졌고 형제는 살아남아 물이 빠진 후 육지에 살게 되었다.

중국 쓰촨(四川) 지역에는 사이가 나쁜 신들 사이에 전쟁이 벌어지고 이 와중에 신이 준 씨앗을 틔워 큰 박을 만든 남매 복희와 여와가 박을 타고 홍수에서 살아남아 훗날 인류의 조상이 됐다는 신화가 전해진다.

그리스 신화에 나오는 포세이돈은 일반적으로 바다와 물의 신으로서 최고의 지위에 있는 신이다. 문헌학자들은 포세이돈이란 이름 자체를 땅의 군주, 땅의 남편, 땅 소유자 혹은 바다가 지구를 둘러싸고 있는 것에서 유래하는 땅 소유자로 해석한다. 기원전 10세기 제우스와 하데스 및 포세이돈 삼 형제는 우주를 지배한 거인이었던 자신들의 아버지를 포함하여 거인족(Titan)을 물리치고 제우스는 하늘을, 하데스는 땅을, 포세이돈을 바다를 각각 다스렸다.

포세이돈이 사용하는 삼지창은 작살로서 쇄도하는 폭풍과 거친 파도마루와 관련 있다. 바다에 사는 동물과 다른 모든 해신을 지배한 포세이돈의 이름은 파도가 해변에서 땅을 뒤흔드는 현상에서 유래한다. 그는 구름을 불러 모으고, 폭풍우를 일으키며 구름과 폭풍우를 가라앉힐 수도 있으므로 무사고 항해를 바라는 선원들은 포세이돈에게 제사를 지내고 한해 걸러 축제와 체육경기를 열었다.

3) 바다와 문학

　서구적인 자연관은 자연을 지배의 대상으로 여긴다. 인간이 개입할 때 자연은 유용한 그 무엇이 되므로 인간은 자연을 정복하고 이용의 대상으로 인식한다. 바다를 해안에서 내쫓고 불모의 습지를 간척하는 사업은 자연은 인간에게 유용하도록 개발한다는 의미였다. 심지어 자연을 정복하고 개조하는 것에서 인간의 자유가 시작된다고 주장한다. 피렌체의 조각가, 화가, 건축가 및 시인인 미켈란젤로는 르네상스 시대든, 고전주의 시대든, 평범하게 살든, 예술가로서 독특한 삶을 살든, 최후의 심판 날을 벗어날 수 없다는 운명을 바다를 은유하여 그의 88세의 삶을 회상한다.

　　내 기나긴 인생의 여정은 폭풍 치는 바다를 지나,
　　금방 부서질 것 같은 배에 의지해,
　　지난날의 모든 행적을 기록한 장부를 건네야 하는,
　　모든 사람이 거쳐 가는 항구에 도달했다네.
　　　　　　　　　- 미켈란젤로 부오나로티 / 〈소네트 1〉 부분

　동양의 자연관은 인간을 자연의 일부로 여기고 하늘과 땅과 바다, 나무와 짐승, 그리고 인간이 높고 낮음 없이 공존하는 데 바탕을 둔다. 자연 위에 군림하는 인간이 아니라 광대한 자연과 수평으로 서 있다고 여긴 점은 요산요수라는 동양 철학이 잘 보여 준다.

시를 쓰려거든 여름 바다처럼 하거라.
바다는 넓고 크지만 작은 진주를 키운다.
캄캄한 밤하늘에서 초승달이 자라듯
바다 속 어둠에서 동그랗게 동그랗게 성장하는 진주알.

시를 쓰려거든 여름 바다처럼 하거라.
나체를 끌어안은 군청색의 매력
삼각파도의 꼭짓점에서 비명을 지르는
파도타기 하는 아이들의 즐거움처럼
시를 쓰려거든 여름 바다처럼 하거라.

빛의 파도를 타며 생의 정점에서 비명을 지르는
시인이 되거라
여름 바다가 되거라

- 이어령 / 〈시를 쓰려거든 여름 바다처럼〉 부분,
《어느 무신론자의 기도》, p.98

4) 바다와 인간

16세기 이후 신대륙이 발견되면서 세계의 자원과 수입 통로를 통제하는 나라가 제국이 되었다. 포르투갈, 네덜란드, 스페인, 영국 그리고 오늘날의 미국 등 해양 제국들만이 세계의 패권을 장악하고 있음을 잘 보여 준다. 해양 제국 중에서만 패권국이 출현한다는 바닥에는 바다에 대한 인간의 투쟁이 깔려 있다. 모험가와 선원과 어부는 물론 해군과 해적과 해양 스포츠맨 그리고 바다 문학인까지 모두 바다를 향해 나아간다. 바다를 차지하기 위해 투쟁하는 가운데 인간은 바다와 함께 사는 법을 배웠고 문학은 바다 영웅을 내세웠다.

(1) 최초의 대양 탐험가 마젤란

"지구는 둥글다"를 항해로 입증한 항해사가 마젤란이다. 그는 1519년 9월 20일 스페인을 떠났다. 배는 5척이며 선원은 9개국에서 270명이었다. 이 함대는 남아메리카를 순항하면서 마젤란 해협을 발견하고, 12월 중순에 리우데자네이루에 닿고, 이듬해 1월 라플라타강에 도착하여 해협이 아니라 강인 것을 확인했다.

1520년 겨울 선상 반란이 일어나 진압한 후 남아메리카 연안에서 겨울을 보낸 후 다음 해 봄 마젤란은 마젤란 해협을 발견하고 잔잔한 대양에 이르렀다. 그간의 '항해 일지'에 따르면 약 110일 동안 폭풍우를 만나지 않고 4,000레구아(약 2,3000km)의 '태평(太平)스러운 바다'를 건넜다. 마젤란은 '태평스러운 바다'를 뜻하는 '엘마르 파시피코(Elmar Pasipico)'라고 명명하여 태평양(Pacific)이란 이름이 항해지도에 기록되었다.

1521년 4월 7일, 세계 일주 탐험 차 필리핀 세부에 도착하여 세부의 영주와 왕비, 주민들을 세례 받게 하여 최초의 필리핀 기독교인이 생겨났다. 1522년 3월 6일 마리아나 제도의 괌에 상륙하여 99일 만에 처음으로 신선한 음식을 맛보았다. 3월 9일 출발한 마젤란은 필리핀이라고 부르게 되는 제도를 발견한 후 2개월이 채 지나기도 전에 투아모투 군도의 푸카푸카라에 상륙하였으나 추장 라푸라푸 군사와 수중 백병전에서 살해당했다. 그의 세계 일주 탐험은 멈추었지만 부하들이 나머지 구간을 항해하였다. 생존자 18명이 마지막 남은 단 1척의 함선 빅토리아호를 이끌고 3년 만인 1522년 9월 6일에 스페인으로 귀환했다. 항해한 거리는 약 54,000km, 지구를 1.3바퀴 정도 도는 거리이다.

마젤란과 함께 항해한 그의 충성스러운 동료인 피가페타는 훗날 마젤란의 탐험 이야기를 《최초의 세계 일주》라는 책으로 출간했다

(2) 첫 바다 자연인 로빈슨 크루소

대니얼 데포(Daniel Defoe)는 1660년 런던에서 양초 도매업자의 아들로 태어났다. 아버지의 뜻에 따라 목사가 되기 위해 장로교 학교에 들어갔으나 스물세 살 때 직물상을 개업하였다. 윌리엄 3세를 지지하는 글을 발표하며 정치 평론가의 길을 걸었으며 앤 여왕이 등극하자 투옥되었지만 석방 후 주간지 《리뷰》를 간행하였다. 그 후 투옥과 석방의 과정을 되풀이하는 삶을 보냈다.

쉰아홉 살 때인 1719년에 발표한 《로빈슨 크루소》는 그의 대표작으로서 7년 늦게 출간된 조너선 스위프트의 《걸리버 여행기》와 함께 영국 2대 고전 소설로 꼽혔다. 이 책이 출간된 18세기는 산업화 이후 기술 발전의 결과로 몇몇 강대국이 식민지를 건설해 나가던 시기이다. '야만스러운 유색 인종을 잘 다스려서 문명 세계로 안내하는 것이 백인이 짊어져야 할 짐'이라는 당대의 유행어처럼 백인들의 사명감이 만연한 시기였다. 로빈슨 크루소의 항해 배경에는 영국이 해상 강국으로서

해외 식민지 확립이라는 제국주의적 시대상이 녹아 있다.

《로빈슨 크루소》는 스코틀랜드의 선원인 알렉산더 셀커크라는 사람이 남태평양 섬에서 표류하였던 실제 사건을 대니얼 디포의 상상력이 더해져 생겨난 소설이다. 유럽 중심과 백인 남성성을 강조함으로써 개인주의의 출현을 알리는 신호탄이기도 하다. 그러면서 '운 좋은 자본가 혹은 정신적 난파자'이고 강박증, 피해망상증, 나아가 과대망상증에 시달린 인물로 그려 몸과 정신이 함께 난파당한 것이 아닌가 의구심이 들 정도다. 그의 과대망상은 통나무 카누를 '군함'으로, 울타리로 막은 동굴을 '성'으로 부르는 데서도 드러난다. 야만인의 공격을 예상할 때 카누 200~300척이 몰려온다며 "노예와의 계급적 상상력도 사회적 권력이라는 구체적 형태를 갖추게 된다"라고 해석한다. 그 외 인간을 그리워하면서도 사람 발자국을 보고 도망쳤고, 도망친 흑인 원주민(프라이데이)들은 백인 자신들이 가르치고 감시해야 할 '야만인'이자 '노예'로 여기는 태도에서 드러난다.

> 섬사람들은 프라이데이의 아버지를 그에게 데리고 갔다. 그리고 야만인들에게 친절한 제안을 전하도록 하였다. 그들은 야만인들의 목숨을 살려줄 뿐 아니라, 섬에서 살아갈 수 있도록 약간의 땅까지 내어 줄 것이다.
> 하지만 야만인들이 경계선 안에서만 머무르는 것에 먼저 동의해야만 하였다. 그리고 섬사람들을 해치기 위하여 정해진 구역을 넘어서는 것도 금지되었다.
>
> — 대니얼 디포 /《로빈슨 크루소 2》, p.195

《로빈슨 크루소》의 원작이 된 작품은 《신드바드의 모험》이다. 인간의 외로움을 연결한 '로빈슨 크루소'는 당시 영국 시민에게 중요한 가치였던 고난을 이겨 내는 용기, 진취적인 개척 정신, 청교도주의적인 생활 방식을 대리하는 인물이기도 하다.

개인이 모험과 상상을 바탕으로 한 《로빈슨 크루소》는 실재 인물의 등장, 현실적인 배경, 구체적인 시간과 장소 등으로 근대 소설의 효시로 인정받는다. '무인도', '표류'라는 키워드를 들으면 '로빈슨 크루소'를 가장 먼저 떠올릴 정도로 1719년에 출간된 이후 300년이 넘는 지금까지도 오페라, 영화, 연극으로의 각색은 물론 무인도 표류를 소재로 한 2차, 3차 창작의 모티프가 되고 있다.

저널리스트, 정치가, 사업가 등으로 다채로운 삶을 살았던 대니얼 디포는 1731년 런던 시내의 하숙집에서 세상을 떠나 비국교도들의 묘지였던 번힐 언덕에 묻혔다.

(3) 미국 해양인과 백경

《모비 딕》은 1851년 10월 《고래》라는 제목으로 런던에서 출간된 후 제목을 바꾸어 11월 미국에서 출간한 허먼 멜빌의 대표작이다. 135장에 걸쳐서 700페이지나 되는 여섯 번째 장편 소설은 친밀히 교유한 문호 너새니얼 호손에게 헌정되었다. 고래의 종류, 고래 역사, 고래의 외형과 특징, 고래 고기, 고래 그림, 성경 속 구절 등 말 그대로 고래 사전이지만 당대 사회를 이해할 수 있는 충분한 역사적 가치도 넘쳐난다. D. H. 로렌스는 "바다에 관해 쓰인 책 가운데 가장 위대한 책이다. 영혼 깊은 곳으로부터 경외감을 불러일으킨다"라고 극찬하였다.

멜빌(1819~1891)은 20세에 상선 선원이 되었고 22세부터 포경선,

군함을 타면서 이때 얻은 항해 경험으로 첫 소설 《타이피》 등 여러 해양 소설을 썼다. 선장의 폭압과 고된 일에 시달렸던 멜빌은 1842년, 동료와 함께 탈주해 타히티섬을 비롯한 폴리네시아의 여러 섬을 떠돌았다. 1843년 미 해군에 입대했고 제대 후 집필을 시작하여 셰익스피어의 희곡 《오셀로》를 250번이나 베껴 쓰면서 《모비 딕》을 완성했으나 혹평만 받았다.

줄거리는 포경선 피쿼드호의 에이허브 선장과 흰 고래 사이의 대결을 다룬 거대하고도 웅장한 비극이다. 냉혈한 에이허브 선장은 다리를 잃은 복수심에 불타 선원들의 안전은 생각하지 않고 '모비딕'이라는 흰 고래를 잡는 것을 유일한 목표로 여긴다. 몇 번의 기회를 놓친 후 마지막 사흘간의 사투 끝에 피쿼드호는 침몰하고 에이허브 선장을 비롯한 모든 선원도 죽고 화자인 이슈마엘만이 살아남아 백경과 피쿼드호에 관한 이야기를 전한다.

《모비 딕》의 화자는 정해진 운명을 넘는 것이 인간의 궁극적 목표라고 말한다. 포경선에 탄 이유는 모두 특별하다. 선장은 복수만을 위해, 선원들은 각자 돈을 벌기 위해, 모비딕 사냥에 동참하기 위해, 혹은 포경선에서 인생을 다시 시작해 보려 한다. 특히 "모든 것을 파괴할 뿐 정복하지 않는 고래여, 나는 너를 향해 돌진하고 끝까지 너와 맞붙어 싸우리라. 지옥 한복판에서라도 너를 향해 작살을 던지고, 가눌 수 없는 증오를 담아 내 마지막 숨을 너에게 뱉어 주마"라는 에이허브 선장의 분노와 증오에 찬 말은 우리가 투쟁심으로 살아가야 할지, 아니면 운명이 시키는 대로 움직여야 할지 갈등을 일으킨다.

… 그 전날 그들을 동요하게 했던 위험과 간밤에 그들을 괴롭히던

긴장감, 날듯이 달아나는 목표물을 향해 두려움 없이 확고하고 맹목적으로 무모하게 돌진해 가는 그들의 사나운 배. 이런 것들로 인해 선원들의 마음은 미끄러지듯 달려 나가고 있었다. 돛을 가득 부풀게 한 바람, 그 바람이 보이지 않는 압도적인 팔로 배를 힘껏 몰아댔다. 이는 선원들을 이 추격전의 완전한 노예로 만들어 버린 보이지 않는 힘의 상징 같았다. 그들은 서른 명이 아니라 한 사람이었다.

- 허먼 멜빌 / 《모비 딕》, p.481

배에 찬 선원들은 죽는 순간까지 삶이란 모든 것에 대한 투쟁임을 증명한다. 하지만 품격 있는 인물로 그려지는 일등 항해사 스타벅이 "오오~ 이 이상 놈을 추적하여 몰아세운다는 건 신을 두려워하지 않는, 신을 모독하는 짓이요"라고 말하는 것처럼 멜빌은 합리적 사고를 주목하라고 말한다.

대표작이 인기를 얻지 못하면서 멜빌은 57세 이후 작품 활동을 접었고 72세에 죽었을 때 "어제, 조용한 주택에서 한 사람이 별세했다"라는 짧은 부고가 지방 신문 한편에 실렸다. 하지만 그는 미국에서 가장 많은 인기를 누리는 작가가 되었고 《모비 딕》은 《리어 왕》과 《폭풍의 언덕》과 함께 영문학 3대 비극으로 손꼽힌다. 고래가 물을 뿜는 장면의 묘사만 읽으면 왜 이 소설이 위대한가를 새삼 절감하게 된다.

《모비 딕》의 주인공 에이허브 선장은 미국사회를 반영한 '아메리칸 아담'의 전통을 이어받는다. 그들은 워싱턴 어빙의 립 밴 윙클, 너새니얼 호손의 딤스데일 목사, 마크 트웨인의 허클베리 핀, 헤밍웨이의 산티아고 노인, 피츠제럴드의 개츠비 등으로 불굴의 의지를 가진 견인주의와 미국의 개인주의를 대변한다. 그 점에서 단순히 포경 소설이 아니라 철학 소설로 인정받으며 미국 문학을 대표하는 고전으로 자리매김한 이유가 이해된다.

(4) 견인주의자 산티아고

"폭력과 죽음으로 가득한 현실 세계에서 의로운 투쟁을 전개한 모든 사람에게 마땅한 존경심"을 바친다. 이 구절은 헤밍웨이가 노벨문학상 수상 선정 때 발표한 구절이다. "인간은 패배하려고 태어난 게 아니야. 죽었으면 죽었지, 패배하는 법은 없어"라는 작가의 철학을 구현한 작품이 《노인과 바다》이다.

헤밍웨이는 1899년 7월 21일 미국 시카고 교외의 오크파크에서 출생하였다. 고교 시절에는 시와 단편 소설을 쓰기 시작했고 졸업 후 《Star》지(紙) 기자, 제1차 세계대전 때는 야전 병원 수송차 운전병으로 참전하고 휴전 후 1919년 귀국하였다. 전후 캐나다 《토론토 스타》지의 특파원으로 유럽 각지를 여행하며 스타인, E. 파운드 등과 친교를 맺었다. 그는 재치 있고 쾌활하고 성미가 급하지만, 호탕하고 개방적이며 자기중심적인 성격으로 극적인 일생을 살았다.

1924년 단편집 《우리들의 시대에》, 1926년 《태양은 다시 떠오른다》, 1929년 전쟁 문학 《무기여 잘 있거라》를 완성하였고 1940년에 스페인 내란을 배경으로 한 《누구를 위하여 종은 울리나》에 이어 1954년 노벨문학상을 받은 《노인과 바다》(1952)에서 인간의 불굴의 정신을 완성하였다. 간결한 문체로 그려진 주제는 전쟁이나 야생의 세계에서 나타나는 삶과 죽음, 인간 존재의 비극, 개인의 승리와 패배였다.

《노인과 바다》는 산티아고 노어부가 84일째 빈손으로 돌아왔지만 굴하지 않고 85일째 소년이 챙겨 준 정어리 미끼로 청상어를 잡았으나 상어에게 물고기의 살점을 먹혀 버려 빈손으로 들어온다는 내용이다. 가까스로 돌아온 배에 묶인 하얗게 빛나는 물고기의 등뼈를 확인하고 집에 도착하자마자 지쳐 쓰러진다. 노인은 소년에게 물고기에게 패배한 것이 아니라고 말하며 다음번 고기잡이 준비에 관하여 이야기한다. 노인은 다시 잠이 들고 아프리카 해변의 사자 꿈을 꾼다. 그가 남긴 "인간은 파괴되어 죽을 수는 있지만 패배할 수는 없어"라는 말은 인간의 위대함을 대변하는 말로 자주 인용된다.

황혼기를 맞이할지라도 극한 상황에 도전하고 모험과 정열과 긍지를 지니면서 적마저 사랑하는 포용심으로 발전하는 견인주의가 노벨문학상을 받은 이유라 하겠다.

고기가 나를 데려가는 건가, 내가 고기를 데려가는 건가? 하는 생각이 들었다. '내가 고기를 뒤에다 끌고 가고 있는 것이라면 문제될 것이 없다. 혹은 놈이 모든 위엄을 버리고 배 안에 늘어져 있다 해도 역시 문제 될 건 없지.' 그러나 고기와 배는 서로 나란히 묶인 채 같이 항해하고 있었다.
'네가 나를 끌고 가야 성이 풀리겠다면 내가 끌려가 주자. 그렇게 한다고 해서 달라지는 건 없지. 그저 내 계략이 고기의 생각보다 한 수 위라는 것뿐이다. 그리고 고기는 내게 아무런 악의도 없을 거야.' 하고 노인은 생각했다.

— 어니스트 헤밍웨이 /《노인과 바다》, p.120

삶의 중심은 결과가 아니라 과정이며 좌절과 희열에 머물지 않고 인생을 더 풍족하게 하는 것이 지혜임을 알려 준다. 84일간 빈손으로 돌아온 인생이라도 85일째도 다시 바다로 나가는 게 인생이다. '선한 싸움'이란 물질적 육체적으로는 파멸해도 정신적으로는 패배하지 않는 것임을 산티아고를 통해 읽을 수 있다.

산티아고는 "희망을 품지 않는 건 어리석은 일이야. 죄악이라고. 누가 알겠어. 오늘은 운이 따를지 말이야. 믿음을 가져야 해"라고 말하며 사자의 꿈을 꾼다. 사자는 서양에서 위대함의 상징이다. 고결한 힘이며 위엄이다. 밀림의 왕, 명예, 위대함 그런 가치를 상징하는 사자가 인생이 얼마나 고귀한가를 보여 준다.

5) 해양인문 국가로서

해양인문학은 물과 바다와 해양이 지닌 삶과 생명, 풍요와 번영을 공부하는 분야다. 육지에서 해양으로의 인식 전환이 아니라 육지와 바다의 가치를 함께 이해하고 활용하는 방법으로서 인간의 위한 해양인문학이 요청된다. '육지적 사고'를 넘어 '해양적 사고'를 지향하되 바다 중심의 인문학을 세우는 것이다.

아일랜드의 시인 윌리엄 버틀러 예이츠는 산문집 《비전》(1937)에서 "누구한테나 비밀스러운 삶의 이미지가 되는 어떤 한 장면, 어떤 한 모험, 어떤 한 그림이 있게 마련이다. 만약 평생 그것을 음미한다면 그것이 그의 영혼을 이끌 수도 있다"라고 했다. 간혹 우리는 인생이란 거친 바다에 떠 있는 작은 배 안에서 고기를 잡고 있는 어부라고 생각한다. 그렇다면 먼저 그물을 수선하지 않으면 삶이라는 바다에서 보람과 행복이라는 물고기를 잡을 수 없다.

해양인문학의 방향은 과학기술 영역이 맡았던 해양기술과학에 인간의 생활과 의식을 합쳐 철학적 관점으로 바다와 인간을 융합하는 것이다. 만일 우리가 바다에서 일어나는 어느 한 장면만이라도 기억한다면 육지 삶에서도 후퇴하지 않을 것이다.

===== 참고자료 =====

대니얼 디포. 《로빈슨 크루소》 2, 최인자 옮김, 문학세계사, 2004.
어니스트 헤밍웨이. 《노인과 바다》, 황종호 옮김, 하서출판사, 2011.
이어령. 《어느 무신론자의 기도》, 열림원, 2016.
허먼 멜빌. 《모비 딕》, 황유원 옮김, 문학동네, 2019.

4. 호주 신화와 아보리지안

1) 아보리지안의 고향

　아득하게 펼쳐진 황야 너머에는 사막이 병풍처럼 두르고 있다. 한때 세계수(世界樹)인 위그드라실처럼 솟은 열대 숲은 장엄하기 이를 데 없었지만 지금 호주의 서부는 대부분 지역에 나지막한 나무만 자란다. 그 광막한 대지에서 삼백 년 전까지 원주민 아보리지안은 융성했다. 그들은 별자리 아래에서 잠들고 다음 날 첫 햇살을 받으며 잠자리 흙을 털었다. 순흑색의 남자들은 아침 사냥을 나서고 나신의 여자들은 야생 열매를 따면서 아이들을 깨웠다. 자연에서 채취한 최소한의 먹을거리만으로 살았지만 대대로 내려오는 이야기는 더없이 풍성했다.

　지구상의 모든 종족은 신화를 지었고 과학이 번성하는 지금도 새로운 신화가 만들어지고 있다. 줄거리는 지역마다 다르지만, 발원은 하나이다. 그것은 지혜다. 아보리지안도 종족 수만큼의 많은 신화를 갖고 있지만 선조들의 꿈과 지혜를 공통으로 간직한다. 신화는 부족과 종족의 메모라빌리아다. 메모라빌리아는 제사장인 현자(賢者)가 구술한 이야기로서 그들이 어디에서 왔으며 누구인지를 알려 준다. 인도 경전 《베다》도 "신화는 모든 시간에 앞서 탄생하였다"라고 적었을 만큼 신화를 잃어버리면 번쩍이는 칼날을 가지고 있더라도 멸망을 피할 수 없다.

　백인들이 호주 대륙에 들어오기 전까지 아보리지안들은 원시적인 생활을 유지해 왔다. 백인들이 본 그들은 피부는 새까맣고 뭉툭한 이빨과 튀어나온 볼과 입술은 침팬지와 흡사하여 1차 세계대전 전까지 유럽으로 데려가 동물원에 가두고 관람을 시켰다. 지금은 보호 구역을 설정하였지만, 일부는 도시의 노숙자로 전락하여 백인 마트에서 술과 담배를 구걸한다. 어디에 살든 오늘의 아보리지안은 여전히 빈곤하고 무지하고 무기력하다.

하지만 그들의 신화는 그리스 로마 신화를 앞선다. 그들은 사막과 초원과 밀림이 어울린 대륙과 검푸른 남태평양을 지켜보면서 삶과 자연과 우주의 일체를 깨우쳐 나겠다. 독수리의 비상에 경탄하고 목을 축여 준 샘을 찾아낸 행운을 감사하면서 그 우물이 어디에 있는가를 서로 알려 주었다. 전갈만이 살아가는 사막이 왜 저주받고, 사막 바람이 일순간에 포악한 빗줄기로 바뀌는 이유도 이야기에 담았다. 바위산 구멍에 사는 거인이 누구이며, 어두운 숲속에 사는 요귀가 아이들을 납치해 간다는 가르침도 빠뜨리지 않았다. 그리고 "우리가 사랑하는 이들이 어디로 갔느냐 하면……" 하고 죽은 자를 기억하도록 가르쳤다.

우주의 생성은 신성한 믿음의 대상이 된다. 아보리지안의 한 종족인 와찬디부족은 자연을 삶의 대상으로 표현한다. 봄이 되면 고구마와 비슷한 얌이 풍부하다. 구덩이를 파고 날고기와 야생 열매를 채운 다음 덤불을 덮고 불을 피우는 모양이 마치 여성의 음부와 같다고 여겼다. 남자들은 남성의 성기를 연상시켜 주는 창을 들고 노래와 괴성을 내면서 구덩이 주위를 돌며 창을 찔러 육체적 욕망을 표현하는 춤의 축제는 밤새도록 계속된다. 밤의 축제를 처음 구경한 백인들이 이해하기 힘들었던 의식에는 두 가지 소망이 깔려 있다. 하나는 식물과 동물의 번성을 기원하는 것이며, 다른 하나는 땅을 맨발로 딛고 창을 흙구덩이에 계속 찌름으로써 땅의 에너지로 삶의 활력을 되찾으려는 것이다.

2) 바이아메와 첫 남녀

아보리지안의 창조 신화는 흙에 바탕을 둔다. 그들은 세상이 신의 정령이 만들고 무수한 동식물이 생겨났다고 믿는다. 관목 숲을 떠돌아다녔던 토템족은 인간의 탄생을 그렇게 설명하고 땅을 기고 걷고 달리는 동물들이 그들 부족의 운명을 좌우한다고 믿는다.

신화학자 A. W. Reed의 설명에 따르면 원주민들이 믿는 창조의 정령은 바이아메(baiame)다. 모든 토템이 합친 영(靈)으로서 바이아메는 '하늘로부터 아래로' '물로부터 땅으로' 생명을 이동시키고 인간의 생명을 지켜 주는 신이다. 그의 뜻에 따라 대지의 여신의 머리카락에서 꽃과 나무와 풀이 자라고 피부에서는 부드러운 풀이 피어나며 눈에서 샘물이 만들어지고 콧구멍에서 계곡이 생겨나고 어깨에서 산줄기가 형성되었다. 머리에서 고름이 생기고 눈에서 해와 달이 나오고 머리카락으로 실타래 같은 은하수가 만들어졌다고 여긴다. 원주민들이 우주의 설계사라고 믿는 바이아메는 여러 아내를 거느리고 영생을 누리며 친절하고 다정하게 지상의 모든 것을 창조하였다. 그리고 산맥과 땅과 동식물을 다스릴 남자와 여자를 창조하였다. 인간에게 "이런 것들은 너희가 먹을 양식이지만 이런 동물들은 먹어서는 아니 된다"라고 가르쳐 주었으며 구약 성경의 〈창세기〉 구절처럼 "자신이 만든 인간과 동물을 바라보며 그것이 선함"을 보았다. 모든 것이 우주의 일부이면서 전부이므로 땅 구석마다 토템이 있었다. 바이아메는 각각의 생명체를 제자리에 둔 후 인간의 곁을 떠났지만 아보리지안의 꿈은 남겨 주었다.

창조의 중심이자 원초적 힘은 이이(Yhi)라는 태양의 여신이다(A. W. Reed, 1994, pp.17~21). 위대한 대모(The Mother)인 이이는 풍성한 창조력을 가졌지만 혼에 불과하여 행동으로 생각을 보여 주어야 했다. 그녀의 곁에는 아버지 정령인 바이아메가 있었으며, 여성 창조주인 이이(Yhi)의 남성적 초자아로서 그녀가 창조한 것들을 지키고 돌보아 주었다.

바이아메는 이이의 생각을 읽으며 동물들을 차례로 만들었다. 창조의 초기는 여러 변화로 무척 소란스러웠다. 꼬리가 잘리면 빨리 달릴 수 없다는 사실을 깨닫지 못한 캥거루는 긴 꼬리를 부끄러워하였고, 물속에 사는 물고기들은 물에 갇혀 있는 것을 참지 못했고, 새들은 날개를 성가시게 여겼고, 곤충들은 몸이 더 크기를 바랐다. 그는 이런 동물들을 데리고 계속 실험을 할 수밖에 없었다.

바이아메는 육신을 갖지 못했다. 자신이 만든 아이들에게 그가 그들의 아비임을 알려 주고 싶었다. 곰곰이 생각한 후 이이는 자신의 몸을 새와 곤충과 악어와 물고기와 동물들에게 조금씩 분산시켰다. 이것은 오늘날 본능이라고 알려진 것으로 그때부터 동물들은 이것의 지배를 받게 되었다. 당연히 바이아메는 만족하지 못했다. 모든 정신과 혼과 생명을 어느 한곳에 집중시켜야 한다고 생각을 바꾼 그는 새로운 피조물을 만들기 시작했다. 그는 미세한 먼지와 티끌을 합치고 피와 근육과 연골을 살에 붙이고 뇌를 구성하는 골수를 집어넣고 연장을 다듬고 쓸 수 있는 두 손을 달고 꼿꼿이 걸을 수 있는 두 다리를 붙였다. 드디어 직립 동물인 인간이 만들어졌다. 그런 다음 모든 동물과 곤충을 큰 동굴로 불러 모아 소집한 동물들의 혼을 끄집어내 응집력이 강한 혼을 만들었다. 이로써 충동적인 정령을 다스릴 수 있는 두뇌를 가진 인간은 다른 동물보다 뛰어나게 되었다. 여타 동물들은 자신들에게 맞는 본성에 만족하면서 각각의 서식지로 흩어졌다. 동물들이 떠나간 후 인간은 정령의 몸과 정신과 미덕을 겸비함으로써 정령의 뜻을 전파할 대변인이자 창조주 아버지의 상속 장자가 되었다.

  태양의 여신인 이이의 작업은 끝이 났다. 위대한 정령의 신 이이가 떠나면서 세상은 어두워지고 비탄에 빠지게 되었다. 홍수가 대지를 황폐하게 쓸어 내면서 동물들은 산꼭대기의 동굴로 피신했다. 한참 시간이 지나 동물들이 입구로 나와 보았지만 대지는 텅 비었고 태양이 없는 하늘 아래 거대한 물결만이 소용돌이치고 있었다. 파충류인 이구아나가 살펴보러 갔다가 황급히 돌아와 "나는 달과 같이 둥글고 반짝이는 것이 동굴 밖에서 쉬고 있어"라고 일러 주었다. 이번에는 독수리가 "바루(Bahloo)는 하늘에 있어"라고 대꾸하며 나갔다가 돌아와 캥거루라고 하였다. 이구아나가 달이라고 말하고, 독수리는 캥거루처럼 생겼다고 다투면서 동물들은 혼란에 빠져 버렸다.

  할 수 없이 영리한 까마귀가 밖으로 날아갔다. 그는 아무도 자신을 손대지 못하도록 암벽의 틈 사이로 날다가 돌아와 말하기를 "저것은 새나 동물이 아니야. 우리들이 조용히 있으면 그것은 아마 가 버릴 거야"라고 겁에 질려 말했다. 생쥐가 나갔지만 그도 죽어 버렸다. 새와 동물들이 차례차례 반쯤 밝은 빛 속에 서 있는 이 낯선 인간을 보았지만 논쟁만 가열되었다. 동물들은 바이아메가 가진 혼 일부분만을 지녔기 때문에 전인격체로서의 인간을 이해할 수가 없었다.

  횟수로 잴 수 없는 컴컴한 밤이 오래 갔다. 이 낯선 동물은 어둠 가운데 서 있었다. 점점 배가 고픈 동물들이 서로를 잡아먹는 학살이 시작되었다. 몸집이 큰 동물들이 작은 동물들을 잡아먹는 먹이 사슬이 만들어지면서 동물들이 죽이는 재미에 점점 길들면서 바이아메는 슬퍼한 나머지 산을 떠났다. 때가 되어 세상에 빛을 주었을 때, 살아남은 동물들이 산 위로 올라갔다. 정상에서 그들은 정령의 모습을 보았다. 인간이자 남자였다. 동물들은 인간이 모든 피조물을 지배한다는 율법을 인정하여야 했다.

아보리지안의 남녀 창조는 하나가 아니다. 호주 서부에 사는 디에리족은 자신들이 검은 도마뱀의 후손이라 여기며 이로코이족은 거북을 그의 조상으로 삼는다. 모두 호주 대륙이 지닌 광활함과 외로움을 이겨내려는 스토리텔링에서 인간과 동식물의 창조 신화가 태어났다.

아보리지안의 조상인 그 남자는 외로웠다. 그는 자신의 몸에서 어떤 이상한 감정과 알 수 없는 욕망이 흐르는 것을 느꼈다. 이 세상을 함께 나눌 동반자가 필요하다고 생각한 그는 동물들을 차례차례로 찾아다녀도 소용이 없었다. 처음에 캥거루에게, 다음에는 뱀, 도마뱀, 새, 하늘을 나는 여우, 물고기, 뱀장어, 곤충 그리고 벌레를 찾아갔으나 그의 짝이 될 수 없었다. 동물들은 정령의 신을 사랑하기는 했지만 바이아메의 일부분만을 지녔기 때문에 그의 욕구가 무엇인지 알 수 없고 만족시켜 줄 수도 없었다.

이번에는 나무와 풀과 꽃으로 갔다. 식물들의 아름다움에 잠시 취하기는 했지만 그것들은 감각만을 자극할 뿐이었다. 와라타라는 불타는 꽃, 워터이라는 황금빛 찬란한 꽃, 유칼립투스의 향기로운 잎과 회색 껍질도 눈과 코에 순간의 기쁨을 주었을 따름이다. 신선한 향기를 깊게 들이켰지만 그의 혼은 편안하지 못했다.

저녁이 되어 그는 싹이 돋은 야카나무 가까이에서 잠이 들었다. 이상한 꿈으로 밤잠을 설치는 가운데, 그의 욕망이 만개할 시점에 다다른 듯 보였다. 다시 깨어났을 때, 태양의 여신인 이이가 평원을 가로질러 빛을 던지고 있고 그 빛은 야카나무의 커다란 꽃줄기로 맞춰져 있었다.

시간이 지나는 동안 모든 동물이 주변 평원으로 모여들었다. 하늘에는 이상하고도 신비로운 예감이 가득했다. 나무의 꽃자루가 점점 짧아지면서 모양이 둥글게 변하고 있었다. 두 팔과 두 다리가 만들어지면서 자신과 똑같은 동물로 바뀌었다. 그러나 두 팔과 두 다리는 훨씬 매끄럽고, 두 가슴은 봉긋하게 부풀어 올랐고, 조각처럼 아름다운 머리에는 매력적인 머리카락이 달려있었다.

남자의 여자였다. 첫 남자는 손을 내밀어 첫 여자를 불렀다. 그녀는 나무 밑 풀밭을 가로질러 나와 우아한 자태로 멈춰 섰다. 남자는 두 팔로 그녀를 안고 자신들을 기다리는 세상을 둘러보았다. 인간의 외로움이 끝났다는 데 만족한 동물들은 기쁨으로 춤을 추면서 그들의 집으로 돌아갔다. 여자가 마침내 성숙하여 남편인 그와 잠자리를 함께 했다. 외로움이 사라졌지만 남자에게는 의무감과 책임감이 부과되었다. 그는 그녀를 위하여 먹을거리를 사냥하고 집을 지었다. 정령의 일부인 사랑과 보살핌으로 그녀를 돌보았다. 그녀에게 새와 동물의 이름과 그들의 생활 방식을 가르쳐 주었으며 그녀도 그와 함께 일을 하고 남자의 욕구를 만족시키는 방법을 배워 나갔다.

그들을 지켜본 창조신 바이아메는 미소를 지었다. 그리고 "저 작은 것에게 나를 보았을 때, 인간의 형상으로 나 자신을 보여 주는 것이 가장 만족스럽도다"라고 자찬하였다.

3) 캥거루의 신화

아보리지안 신화에서 뱀은 중요한 피 창조물이다. 뱀 머리를 무지개로 여겨 땅에 비를 뿌리는 은혜로운 동물이라 믿고 종족의 번성과 복지를 가져다주는 수호신으로 여기기도 했다. 호주에는 여자가 남근을 상징하는 뱀을 선택하여 후손을 잉태한다는 탄생신화가 유달리 많다. 이 사례는 종족의 출생뿐만 아니라 불붙은 나무를 가져온 자가 지도자가 된다는 문화 영웅을 예찬하는 자료로 쓰인다. 서부 호주에 사는 디에라족은 자신들이 검은 도마뱀의 후손이라고 말하는데 태초의 정령인 파랄리나가 도마뱀들의 꼬리를 잘라내고 코와 눈과 입과 귀를 달아 뱀인간을 만들었다는 신화에서 유래한다. 아보리지안 종족들은 캥거루 여인이 비를 내린다는 신화를 공유한다.

호주의 상징은 캥거루다. 뒷다리가 매우 길고 근육질이 발달하여 한 걸음에 8m나 뛰며 3m 높이의 장애물을 거뜬히 뛰어넘는 점프 능력을 자랑한다. 대뇌가 작아 행동이 둔하고 발정기에는 암놈을 차지하기 위해 권투 선수처럼 서로 싸우지만 어느 동물보다 겸손하고 신사적이다. 캥거루와 연관된 많은 전설 중에서 가장 널리 알려진 것은 캥거루의 뒷다리에 관한 이야기다(A. W. Reed, 1994, pp.112~114).

캥거루가 고래라는 카누를 타고 동료 동물들과 함께 오스트레일리아에 도착하였을 때, 네 다리의 길이는 똑같았다. 호주 원산인 딩고 개처럼 네 다리로 걸었으며 숱한 세대가 흘러도 캥거루는 여전히 네 다리를 사용하여 초원을 거닐며 나뭇잎을 따 먹었다. 그런데, 육류를 즐기는 인간이라는 몹쓸 사냥꾼이 나타나 숨 막힐 정도로 재빨리 창을 던지고 네 다리를 가진 동물에 못지않게 빨리 접근하는 게 아닌가. 그게 문제였다.

어느 날 캥거루가 나무 그늘에 앉아 쉬고 있을 때, 무엇인가 은밀하게 다가오는 소리가 들렸다. 귀를 쫑긋 세우고 뒷발을 들고 살펴보니 인간이었다. 게다가 방어할 수 없는 무서운 무기를 갖고 있었다. 목숨을 건지기 위해 할 수 있는 일이라고는 도망치는 것뿐이었다. 이 무서운 짐승은 비록 위협적인 창을 들고 있지만, 다리가 두 개뿐임을 알고 자신은 네 다리를 가졌기 때문에 힘들지 않고 위험에서 벗어날 수 있다고 믿었다.

하지만 캥거루는 적의 힘을 얕보았다. 캥거루의 네 다리보다 인간의 두 다리가 더 길고 근육도 훨씬 단단하여 자신보다 빠르고 강하다는 것을 단번에 알아차렸다. 인간은 두 다리만으로 수 시간 동안 지치지 않고 달리는데 캥거루는 아무리 몸을 뻗쳐도 처음부터 떨어진 간격을 더 이상 벌릴 수가 없었다. 땅에 석양이 드리우고 어둠이 닥쳐올 무렵에야, 간신히 추적자를 떼어내고 목숨을 건질 수 있었다. 필사의 도주 끝에 온몸이 지쳐 버린 캥거루는 땅바닥에 힘없이 쓰러졌다.

잠시 시간이 지나 캥거루는 고개를 들었다. 어둠 속에서 환한 불빛이 나타났다. 쌀쌀한 밤공기를 맞은 몸을 녹이려는 인간이 피운 불이었다. 캥거루는 조심스럽게 뒤로 물러나기 위해 발을 일으켜 세웠다. 그리고 뒷발로 살금살금 걸어 인간의 불빛에서 멀어졌다. 아무 소리를 내지 않으려면 뒷다리를 세워야 하였고 이런 자세가 도망치는 데 더 편리하였다. 이내 네 다리 대신에 두 다리를 사용하는 자신이 추적자인 인간처럼 걷고 있음을 알게 되었다. 그것은 놀라운 깨침이자 환희였다. 거듭거듭 연습하면서 마침내 네 다리로 걷고 달리는 것보다 두 다리로 점프하는 것이 훨씬 빠르다는 것을 알게 되었다. 꼬리는 균형을 잡는 데 사용함으로써 두 다리를 가진 인간보다 더 멀리 도약할 수 있음도 발견하였다. 정말 경이로운 경험이었으므로 계속 그렇게 했다. 그러자 소용이 없게 된 앞발은 점점 작아지고 뒷다리는 반대로 더욱 길고 튼튼하게 되었다. 그래서 캥거루의 네 다리는 오늘까지 이런 모양으로 남게 되었다.

캥거루 이야기는 단순히 재미있는 신화가 아니다. 자연의 진화론을 설명해 주고 교만하지 말며 상대를 얕보지 말라는 교훈이 깔려 있다. 이처럼 아보리지안의 격조 높은 신화는 탈무드와 채근담(菜根譚)과 유럽 신화에 버금간다. 인간은 애당초 완벽하지 못하다. 최초의 남녀도 탄생과 멸망의 과정에서 살아남은 자들이거나 동물과의 관계에서 태어났기 때문에, 외롭고 절망에 빠졌을 때 동물의 삶에서 지혜를 구했다. 15세기의 철학자이며, 자연 과학자였던 파라켈수스는 "동물들은 모든 인간의 아버지이며 거울이며 스승이다"라고 말하지 않았는가.

4) 나링거의 별

아보리지안의 신화는 자연 현상에 대한 보편적인 상상의 사례이기도 하다. 아프리카 밀림과 아마존강 유역에 사는 원시인들이 지금도 채집인과 수렵인으로 살고 있다고 하여 그들의 문화가 유치한 것은 아니다. 마땅히 그들에게도 신화가 존재한다. 해는 거대한 아궁이에서 불타고 있고 최초의 남녀 한 쌍은 창조신이 만든 순수한 결합이며 하늘과 땅이 최초의 연인임을 그들도 믿고 있다. 사막의 집시인 아보리지안들이 재해석한 울룰루는 지상에 올라온 땅의 배꼽이었다.

아보리지안은 천성적으로 이야기꾼이자 작명가이다. 유럽 신화꾼들처럼 사막 황토로 인간이 만들어졌다는 탄생 신화부터 산과 초원이 어떻게 만들어지고 캥거루가 왜 꼬리가 길며 뱀이 어찌하여 땅을 기며

코알라가 왜 꼬리가 없으며 딩고 개가 먹이를 찾아 죽을 때까지 황야를 헤매는 이유까지 풀이했다. 그러나 신화 이야기꾼들은 행복하지 않았다. 그들은 누구보다 상상력이 뛰어나므로 쉴 틈 없이 사막과 열대림을 누비며 새와 나무와 동물에 이름을 붙어 주어야 했다. 당연히 그들의 삶은 고단하고 아내의 투정조차 외면하여야만 했다. 그들이 아보리지안 이야기꾼들이다(A. W. Reed, 1999, pp.10~11).

나링거(Ngarrindjeri)는 아보리지안 중에서 남호주 지역에 사는 나링거족 사이에서 대대로 이어 오는 전설적인 영웅이다. 나링거는 '세우다, 만들다(ngarrin)'라는 아보리지안 말에서 유래한다. 나링거는 울룰루 바위산에서 태어나 호주 대륙 구석구석을 다니며 보는 것마다 이름을 붙이고 이야기를 만들었다. 강, 산, 계곡, 절벽, 평원, 사막 그리고 새, 짐승, 풀, 나무, 심지어 땅에 기는 곤충까지 이름을 붙여 주느라 아침부터 저녁까지 쉴 틈이 없었다. 그 덕분에 삼라만상이 제 이름으로 불리기 시작했다.

그는 호주 땅 끝인 캥거루섬에 다다를 때까지 이름 짓는 일에 바빴기 때문에 두 아내는 외로움을 견디지 못했다. 자매인 두 아내는 고향으로 돌아가기를 원했지만 허락하지 않자 도망을 쳤고 화가 난 나링거는 바다를 치솟게 하여 캥거루 지역을 섬으로 만들었다. 두 자매는 갑자기 생긴 바다 물살에 빠져 헤어나지 못하고 죽어 버렸다.

홀로 된 나링거는 슬픔을 가누지 못해 방황하다가 쇼유크나무 아래 멈췄지만, 태풍과 해풍과 황야의 바람에 가지를 흔들며 큰 소리를 냈다. 그 소리는 죽은 아내들의 비명과 절규로 들렸고 귀를 막을수록 두 여자의 절규가 그를 괴롭혔다. 견디지 못한 그는 서쪽으로 계속 도망을 쳤지만 소용이 없었다. 사방은 저승에서 그를 부르는 두 아내의 목소리뿐이었다. 더 달아날 수 없음을 알았던 그는 그녀들의 절규에서 피할 수 있는 유일한 길인 죽음을 맞이하기로 했다. 저승으로 간 나링거는 하늘로 올라 은하수 중의 별 하나가 되었다.

호주의 현대 작가들은 그들의 조상인 아보리지안의 꿈과 신화를 다시 이야기한다. 학교에서는 지구의 마지막 원시 대륙을 보호하기 위해 아보리지안 전설에 담긴 상상과 스토리를 바탕으로 아동 문학을 발전시키고 있다. 이러한 운동이 남반부에 있는 '새롭고 새로운 호주'가 지닌 정체성을 일깨워 준다고 《그란다》의 주간 이안 잭은 70호에서 다음과 같이 말한다.

새롭고도 새로운 세계!
장래성과 낙관주의가 널리 퍼져 있다. 그러나 호주 문학은 두 가지 특별한 방식을 고집한다. 첫째는 자연환경에 대한 지속적인 관심이다. 둘째는 정체성 문제와 관련된 오래된 경험이다. 우리는 누구이며 우리는 무엇이 될 것인가?
- 정정호 / 《호주 현대문학의 이해》, p.17

예전이나 지금이나 아보리지안들은 나링거의 꿈이 된 별이 그들의 영혼을 지켜 준다고 말한다. 매일 어두운 밤하늘에 나타나, 모든 별이 사라진 후에도 그들에게 길을 알려 주고 그들을 지켜 준다고 믿는다. 죽으면 그들도 나링거가 지나간 황무지를 횡단하여 저승으로 간 다음 하늘로 올라가 별이 된다고 믿는다. 백인들이 호주의 자연을 핍박할 동안 그들은 지금도 하늘의 별이 되려는 꿈을 먹으며 지금도 걷는다.

그들이 작은 마을로 들어오자

반쯤 벗은 우리 무리들이 조용히 복종했다.

그들이 부족에서 남은 모두였다.

그들은 이곳, 그들의 옛 둥근 원인 보라가 있던 곳으로 왔다.

그런데 지금은 많은 백인들이 개미처럼 서둘러 돌아다닌다.

부동산 중개인의 공지문에는 '쓰레기는 여기에 버려도 돼요'라고 적혀 있다.

지금 그 쓰레기들이 옛 보라 터의 흔적을 반쯤 가렸다.

우리는 지금 여기 이 땅처럼 낯설지만, 백인 부족은 애당초 낯선 사람이다.

우리는 언제나 여기 속해 있고, 옛날 방식 그대로다.

우리는 코로보리 춤이며 보라가 그려진 땅이다.

우리는 옛 의식이며 마을 장로들의 법률을 지키고.

우리는 부족의 전설과 꿈같은 시절을 이야기한다오.

우리는 과거이며 사냥하고 웃음 놀이하며 캠프파이어 주변을 돌던 사람이야.

우리는 가펨바 언덕 위에서 빠르고 무섭게 치는 번개다.

그리고 그 뒤를 따르며 천둥 치는 사람, 참으로 시끄러운 친구.

우리는 어두운 석호를 희미하게 비추는 차분한 새벽이다.

우리는 캠프 불이 낮게 내려가면 살며시 기어들어 오는 그림자 유령이다.

우리는 자연이고 과거이며, 모든 오래된 방식이다.

그게 이제 사라지고 흩어진다.

잡초는 사라지고, 사냥과 웃음도 사라지고 있다.

독수리는 사라지고, 에뮤와 캥거루가 이 장소엔 없어졌다.

둥근 보라 링이 사라져졌다.

코로보리 춤마저 사라졌다.

그리고 우리는 지금 떠나고 있다.

　　　　- 오저루 누누칼 / 〈우리는 떠나고 있다〉 전문(번역 필자)

아보리지안들이 말없이 마을로 들어가는 이유는 천성적으로 말이 적고, 백인 사회에 들어가는 이방인으로서 거부당한 느낌이 들기 때문이다. 원주민이 살던 마을에 이주해 온 많은 백인이 조직적인 생산 활동을 하는 개미처럼 들끓고 있다. 아보리지안들은 그런 목표 의식과 사회에는 익숙하지 않으므로 백인사회는 아보리지안을 착취하고 그들의 땅을 빼앗았다. 그들은 위축되었고 백인들의 생활 쓰레기가 그들의 신성한 땅을 더럽힌 것에 두려움도 느낀다. 호주 원주민들에게 종교적 문화적 상징이었던 보라 마당은 이제는 쓸모없게 되었다. 그들의 문화가 짓밟히고 땅은 모욕당하고 배척당했다는 자체가 더욱더 고통스럽다. 실제 그들은 아무것도 할 수 없다. 오저루 누누칼이 아보리지안들은 게으르다고 비난하는 백인들에 대항하여 9행에서 17행까지 '우리'라는 호칭을 반복한 이유는 이러한 현실을 강조하기 위해서다. 이 시에 등장하는 천둥, 번개, 그림자, 유령은 자연이 지닌 강력한 힘으로 아보리지안 전설에 따르면 그들을 구원하는 힘이다. '우리는 떠나고 있다'라는 제목은 불의와 배척에도 옛 꿈과 별을 찾아 나서는 정신과 결의를 보여준다. 이 시를 읽을수록 백인들은 죄책감을 느끼게 되고, 원주민들은 분노를 느끼게 될 것이다.

오저루 누누칼(1920~1993)은 아보리지안의 한 종족인 누누칼족이 전통적으로 살던 곳에서 태어났다. 아버지 테도와 어머니 루시 사이의 6남매 중 둘째로 태어났으며 바다와 해변을 좋아했지만 학교에 가는 것은 좋아하지 않았다. 왼손잡이였기 때문에 학교에서 처벌을 받아 1933년 학교를 떠났을 때가 최악의 시기였다. 제2차 세계대전 때 호주 육군에 자원입대하여 육군 본부 통신원으로 일하기 시작하여 대령 계급에 다다랐지만, 인종 차별과 사회 불평등을 체험했다. 호주 공산당에 가입하여 백인 정책에 반대하는 운동을 펼쳤다. 1960년부터 정치 운동가와 작가로서 주목받았고, 아보리지안 권익 활동에 참여하여 그들에게 전폭적인 시민권을 부여하는 헌법 개정의 핵심 인물이 되었다. 1964년 아보리지안 여성으로서 첫 시집 《We are going》을 발간하여 오스트레일리아 최고의 도서 판매 기록을 세웠다. 평범하고 간결한 그녀의 시는 원주민에게 긍지를 전파하여 아보리지안 인권 확대에 이바지하였다. 1972년 그녀는 북부 스트라더브록섬에 저택을 마련하고 누누칼 교육문화센터를 세웠다. 흑인이든, 원주민이든 가리지 않고 아보리지안 문화와 자연의 균형을 가르쳤다.

참고자료

박양근. 〈호주 신화 이야기〉 1~5, 『수필시대』(통권 13~17), 문예운동사, 2006~2007.

정정호 편. 《호주 현대문학의 이해》, 지구문화사, 2003.

필립 프렌드. 《창조신화》, 김문호 옮김, 정신세계사, 2005.

A. W. Reed. *Aboriginal Myths, Legends*. Reed New Holland, 1999.

A. W. Reed. *Aboriginal Stories*, New Holland Pub. Pry Ltd. 1994.

Oodgeroo Noonuccal. *My People*, John Willy and Sons LNC, 2020.

5. 호모 픽투스가 죽은 사회

1) 호모 픽투스의 탄생

　인간은 이야기하는 동물이다. 인간의 삶에서 이야기는 떼려야 뗄 수 없는 생존과 생활의 요소를 이룬다. 의식주가 생존 조건일지라도 모성과 신앙에 의탁하는 인간은 입으로 말하고 귀로 이야기를 들어야 한다. 심장을 두근거리게 하는 이야기에 열광하고 이야기꾼에게 박수와 갈채를 보낸다. 어쩌다 인간이 이야기하는 동물이 되었을까. 인간이 이야기를 좋아하는 이유는 무엇일까.

　고대 부족인들은 밤이 되면 모닥불 주위에 둘러앉아 마을 연장자의 이야기에 귀를 기울였다. 밤하늘에 뜬 별 모양이 왜 다르고 해와 달이 왜 밤낮을 교대로 지키며 왜 홍수가 일어나고 화산이 붉을 토하는 광경을 보고 새롭게 다듬어 아이들에게 들려주었다. 마을 주민들은 이야기를 듣는 가운데 자신이 집단에 속해 있고 그곳을 벗어나 살 수 없음을 자연스럽게 깨달았다. 노인이 풀어 낸 이야기 속에는 공동체 의식과 생존에 필요한 지혜가 담겨 더없이 확실한 열린 교육이기도 하였다.

　사람은 자궁에서 태어나 무덤에 들어갈 때까지 듣고 말한다. 갓난아기가 출산하는 방 분위기를 상상해 보자. 산모 주변에는 아기를 받는 마을 할머니와 가족들이 부산스럽게 태어날 아기의 성별과 운명을 점치며 집안 경사의 이야기를 주고받는다. 임종 자리에서는 죽은 가족의 마지막 말을 듣기 위하여 가족들이 숨죽여 귀를 기울인다. 첫울음과 마지막 유언 사이의 시간이 이야기라는 끈으로 이어지면서 대대로 생로

병사의 인간사를 되풀이한다.

호모 픽투스(Homo Fictus). 이야기하는 사람이라는 뜻이다. 그는 살과 피만을 가진 호모 사피엔스와 달리 상대를 헤아리고 이해하려 하며 적어도 어느 한 군데는 독특하며 인간과 달리 복잡하지 않고 단순하다. 무엇보다 호모 사피엔스와 달리 호모 픽투스는 짜증스럽지 않고 쓸데없는 욕심을 갖지 않는다. 인간이라는 본질에서 보면 더 이상적인 지혜를 가진 인간이다.

지혜는 대대손손의 이야기가 모여 쌓인 경험과 생각과 사유의 강물이다. 이야기하고 듣는 사람이 없으면 지혜가 생성하고 전수될 수 없다. 실제 사람은 혼자서 독백하고, 두셋이 모여 대화를 나누고, 다수가 모이면 토론을 한다. 이야기라는 욕망과 본능이 호모 픽투스의 생존에서 얼마나 중요한가를 보여 주는 예라 할 것이다.

2) 살기 위하여 이야기하는 자

고대와 중세의 시인들은 뛰어난 이야기꾼들이었다. 그들은 민족의 건국 신화를 전파하고 민족을 위기에서 구한 영웅들의 일대기를 서사로 꾸며 마을을 돌아다니며 전했다. 상상력을 발휘하여 마치 현장에 있었듯이 재미있고 흥미진진하게 과장과 허구를 보탰지만, 실제에서 벗어난 줄거리는 아니었다. 그 이야기를 들은 주민들은 영웅의 투쟁에 경탄하고 그가 죽는 장면에서는 탄식의 눈물을 흘렸다. 지금도 아마존 촌락에서 아프리카 초원의 마사이족들은 그들의 이야기꾼들에게 사회적으로 높은 지위를 부여하고 칭송의 산물을 바친다. 왜냐하면, 호모 픽투스 이야기꾼이 그들 삶의 증인과 스승으로서의 역할을 하기 때문이다.

인간 개개인이 모두 호모 픽투스다. 살며 이야기하고, 이야기하며 산다. 이야기는 본질적으로 우리는 누구인가, 어디서 와서 어떻게 하여 지금 이 자리에 있는가, 이 모든 것이 우리에게 어떤 의미가 있는가를 말한다. 그것은 개인의 생존 실화이고 신화의 출발이다. 데카르트가 "나는 생각한다, 고로 존재한다"라고 말하였고 파우스트가 "나는 행동한다, 고로 존재한다"로 바꾸었다면 호모 픽투스로서 우리는 "나는 이야기 한다, 고로 존재한다"라고 선언한다. 그만큼 사람은 말하기를 배우지 않아도 꾸며 내지 않아도 술술 이야기를 할 수 있다.

인류는 이야기를 통하여 진화한다. 진화는 종(種)의 관점에서는 생존에 유리한 개체만 살아남아 그 유전자를 이어 가는 것이지만 생물 개체의 관점에서는 갖가지 전달 매체의 영향으로 지적, 물리적 능력이 발전하는 변화이다. 이렇듯이 이야기도 개인의 사고력과 집단의 행동력을 진화시킨다.

이야기하려면 신체 모두를 사용해야 한다. 발성 기관인 입과 혀 외에도 가슴과 손과 발은 물론, 오감이 모두 동원된다. 몸으로 행동하고 눈으로 본 것을 가슴으로 삭히고 머리로 정리하여 입으로 정보를 전달한다. 사는 한, 몸으로 말할 수밖에 없다. "죽은 자는 말이 없다"라고 흔히 말하지만, 죽은 표정과 피부는 자신에게 죽음이 어떻게 닥쳐왔는지를 생생하게 드러낸다. 사후에는 비석에 새겨진 비문으로 지나가는 행인의 발걸음을 멈추게 한다. 그리하여 육신이 진토가 되어도 이야기를 통하여 불멸의 존재로 남는 것이다.

무엇보다 인간의 뇌는 이야기를 하도록 만들어져 있다. 한마디의 말만 들어도 생략된 앞뒤의 문맥을 추론하고 일면의 이미지를 완성함으로써 이야기꾼으로서의 능력을 보여 준다. 좌뇌와 우뇌의 협동으로 이루어지는 신경 체계는 사건의 인과관계를 완성하고 싶어 하는 인간의 욕망을 충족시킨다. 그 욕망은 전봇대에 둥지를 튼 까치가 몇 마리의 새끼를 낳았느냐는 궁금증으로부터 올리브기름으로 발을 씻어 주는 행위가 성스러운 신앙 행위임을 설명하는 것까지 종족의 제의와 문화를 발달시켰다. 그 최고의 정점에 자리한 갈망이 신화와 종교임은 말할 필요가 없다.

인간의 뇌는 밤에도 이야기한다. 밤의 이야기는 다름 아닌 꿈이다. 꿈은 낮에 못다 한 이야기와 하지 못한 것들이 말하는 것이다. 현몽이든 악몽이든 꿈을 통해 미래를 미리 전달받고 지난 과거를 되살릴 수 있다. 만일 과거를 살려 내는 것이 불필요하고 미래를 미리 알고 대비할 수 있는 꿈이라는 이야기가 인간의 생존에 도움이 되지 않았다면 꿈을 부정하고 없애는 방향으로 나갔을지도 모른다.

3) 꿈과 스토리텔링

호모 픽투스는 꿈을 살려 이야기로서 더욱 정확하게 이해하는 방향으로 진화해 왔다. 고대 예언자들과 신전의 수도사들과 점술가들은 꿈이 말한다는 믿음을 지켜 온 변사(辯士)들이다. 시인과 작가처럼 글을 쓰는 사람들은 다분히 그 재능을 갖고 작품에 활용하기도 한다.

꿈의 이야기를 체계화한 사람은 우리가 알고 있다시피 지그문트 프로이트다. 그의 정신분석학은 꿈의 기능을 보다 심층적으로 분석한 현대 점술로 불릴 만하다. 그는 《꿈의 해석》에서 무엇인가 숨겨져 있는 욕망이 꿈을 통해 이야기한다고 주장한다. 의식과 무의식 사이의 갈등의 결과가 표면적인 행동인 꿈으로 표출된다는 전제 아래 꿈이 개인의 심리적 상태나 경험에 따라 어떤 의미를 지니는가를 밝혀내었다. 꿈을 해석하면 개인이 무의식적으로 무엇을 원하는지를 간파할 수 있다. 이것만큼 꿈을 호모 픽투스의 이야기 욕망으로 풀어내는 이론이 드물다.

도대체 인간은 어떻게 하여 호모 픽투스가 되었을까. 여러 가지 이유가 있겠지만 가장 두드러진 동기는 알고 알려 주고 싶다는 욕망 때문이다. 다른 하나는 개인의 욕망이 현실에서 좌절하는 가운데 겪는 슬픔과 불만과 분노를 밝혀 마음의 안정을 얻고 싶어서다. 프로이트의 이론은 논란의 여지가 있지만, 주관적이고 개인적인 표현의 욕망으로서 꿈의 말하기 기능은 결코 부인할 수 없다. 프로이트가 "꿈은 소원 성취다"라고 정리한 것도 살아 있는 한 인간은 밤낮으로 이야기 욕망을 이루려 한다는 점을 간파한 결과다. 나아가 이것만큼 인간의 실존성을 입증하는 이론도 없을 것이다.

작가는 이야기로써 실존성을 확인하고 인류의 존속을 희구하는 호모 픽투스다. 작가는 천성적으로 온몸으로 이야기를 듣고 혼신의 에너지로 이야기하기를 좋아하는 취미를 지니고 있다. 취미라고 말하지만, 사실은 호모 픽투스의 우량 유전자를 지니고 태어났다고 말할 수 있다. 그는 모든 이야깃거리가 지니고 있는 공백을 본능적으로 싫어한다. 완벽하다고 여기는 종교적 설명조차 완전하지 않다고 믿는 사람이다. 그런 가운데 자신의 말과 글로 풀이한 이야기야말로 시적 완결성을 지니고 있다고 여긴다. 오만한 착각일지 모르나 이야기의 완성을 이루는 문학적 상상력이 그를 살게 하고 계속 이야기하게 만든다. 문학적 상상은 청중과 관객을 그의 주변에 모으고 정신적 정서적 주파수를 일치시켜

지어낸 메시지를 전송하고 공유한다.

작가는 없는 이야기를 꾸며 내는 게 아니라 만물이 숨긴 이야기를 귀담아듣고 다시 들려준다. 그가 공명 상자라는 뜻이다. 푸른 바다와 좁은 강줄기가 출렁대던 푸른빛, 더 넓은 설원과 들판을 그림으로 그렸던 시절, 고향보다 더 아늑한 곳은 달리 어디에도 없다는 탄식, 대문 앞에 눈이 쌓일 때 들린 문 두드리는 소리, 물밑 바위에 깔린 나뭇잎 하나가 숨긴 사연, 병든 몸으로 부모의 산소를 찾아갔을 때 들었던 산새 울음, 죽은 아내가 남기고 간 은빛에 담긴 체취, 아이를 낳지 못하는 여인의 아기 인형, 밥알 하나를 지켜보고 있는 파리의 다리, 잎이 나기 전 고목에 먼저 핀 매화의 발칙한 향기, 날이 밝으면 죽어야 할 하루살이의 짧디짧은 목숨, 두 발을 가지런히 모으고 우는 청개구리, 겨울 맨 가지에 걸린 겨울 달의 못다 한 사랑, 암으로 고통 받던 아버지의 편안한 영정 표정 … 작가는 이 모든 것을 위한 공간을 마련하고 그것들을 되살리는 일을 시작한다. 그것은 분명 재창조다. 인간이 불행할수록 외롭고 쓸쓸할수록, 이야기가 필요한 이유이고 인간적인 호모 픽투스가 되고 싶은 이유다.

이처럼 모든 이야기는 공감을 장치한다. 인간은 이야기를 통하여 다른 사람의 마음속으로 뛰어들기를 원하며, 서로를 응시하기를 원하므로 이야기하기를 더욱 원한다. 이야기의 힘이 최선으로 발휘될 때 자신과 상대방과 차이가 안개처럼 사라진다는 진실을 맞이하고 조그만 편견조차 따뜻해지면 녹아내리는 얼음에 불과하다는 것을 깨닫는다.

작가는 그런 차이로부터 세상을 구제하고 소통 회로를 연결하는 소임을 부여받은 통신병이다. 고대뿐만 아니라 현대에서도 우리 작가들이 이야기를 통해 가장 많이 배워 나가는 이유이기도 하다. 심층적 의미에서 이것이야말로 이야기를 듣는 가장 주된 목적이다. 만일 이야기하는 작가가 지상에서 사라진다면 스토리텔링의 패러다임은 일순간에 무너지고 지금껏 쌓아 올린 문명과 문화의 탑도 쓰러질 것이다.

4) 호모 픽투스를 살려야

오늘날에는 진정한 호모 픽투스를 찾기 힘들다. 대자보, 확성기, 유튜브, SNS, 블로그, 댓글뿐만 아니라 말하는 TV와 라디오가 사방에 널렸지만, 이야기답게 이야기하는 이야기꾼은 드물다. 설마 멸종한 것은 아니겠지만 우리의 삶에 신화와 종교 같은 문학 서사를 부여해 주려는 작가는 어디 있을까. 하늘의 별을 가리키며 이야기해 주던 선사 시대의 호모 픽투스 같은 오늘의 그는 어디서 만날 수 있을까. 어린 시절 무릎을 내주며 조용히 곰과 호랑이의 전설을 전해 주던 그는 진정 가 버렸는가.

그들이 죽어 버렸더라도 후예는 있을 법하다. 찾지 못하면 자산이 그렇게 되어야 한다. 흉내의 달인이 아니라 공감과 평화를 정진시켜야 한다는 신념을 지닌 작가면 된다. 부와 명예를 안겨 주지 않아도 우리를 살게 해 주는 우리의 작가가 되면 된다. 그런데 개인적 인기를 추구하는 유명 작가나 코미디언과 달리 인간 모두가 호모 픽투스라는 믿음을 지닌 작가는 아직 저 멀리 있다.

만일 이들이 어딘가 있다면 그들을 찾아야 한다. 왜냐하면, 진정한 호모 픽투스가 존재하지 않는 세상은 갈등과 대립이 있을 뿐이기 때문이다. 어린아이들은 항상 말썽을 피울 것이고 어른들은 날마다 위험한 감정 조작에 골몰할 것이다. 어영부영하다가 모두가 아름답고 정의로운 창의성을 잊어버리기 십상일 것이다. 무엇보다 이야기꾼 중의 이야기꾼인 책마저 죽어 버릴 것이다. 이야기는 단순한 오락이나 소일이 아니라 지혜의 원천이므로 그렇게 되는 것이다.

인간은 끊임없이 이야기하는 존재다. 삶의 질을 높이기 위한 연장으로 이야기를 사용하는 유일한 동물이다. 비록 이야기가 오래전부터 축복이라기보다는 저주라고 말하는 사람들이 있지만, 인간을 존재케 하는 유일한 마법임은 부정할 수 없다. 영국 영장류 학자 로빈 던바르가 스토리텔링은 뇌를 자극하여 집단 연대감을 강화한다고 말한 것처럼 많은 작가들은 조 살라스의 저서 제목인 '우리는 모두 이야기에서 태어났다'라는 말을 신뢰한다. 서양의 《아더왕 전설》부터 아라비아의 《천일야화》와 중국의 '4대 기서'에 이르기까지 위대하다고 일컫는 모든 텍스트는 우리의 생각이 미치지 못하는 무엇인가를 말한다. 그것을 찾기 위하여 떠나는 작가가 진정한 호모 픽투스다.

인간의 언어는 너무나 제한적이므로 우리가 말하려는 것을 완전하게 표현할 수 없다. 그렇더라도 지금 이 땅에서 빈부와 귀천을 따지지 않고 누구나 누릴 수 있는 기쁨은 지상의 미와 천상의 미를 합친 이야기뿐이다. 작가는 그것을 위하여 세상의 삼라만상 하나하나를 한 권의 책으로 읽어야 한다.

다시 이야기하기 위해서.

참고자료

지그문트 프로이트. 《꿈의 해석》, 김인순 옮김, 열린책들, 2003.

조 살라스. 《우리는 모두 이야기에서 태어났다》, 허혜경 옮김, 글항아리, 2019.

6. 팬데믹 세기가 던지는 질문

1) 위난의 시대와 문학

오늘날 인류는 지금까지 겪어 보지 못한 이상하고도 이해하기 어려운 상황에 부닥쳐 있다. 세계대전을 두 차례나 치르고 페스트와 소아마비 등 갖가지 질병을 퇴치하고 인터넷이라는 현대판 바벨탑을 완성하여 화려하고 장엄한 AI 문명을 이루었지만 손발이 포박된 채 어쩔 줄을 모르는 신세에 접어들었다. 요즘만큼 지구상의 모든 인종이 멀고도 먼 다른 구석에서 벌어지는 사건에 직접 영향을 받는 적이 없었다. 설상가상, 보이지 않는 바이러스는 인간의 몸을 숙주 삼아 이기심과 오만을 비웃으며 새로운 변종으로 번식한다. 보이지 않는 인터넷망이 우리의 삶을 매순간 얽어매고 있다. 이런 지구적 상황에서 벗어날 방주는 어디 있을까.

방주는 신이 자신이 창조한 세상 만물을 멸하려 할 때 노아에게 계시한 구원의 배이다. 역설적으로 인간이 위기에 처하여도 벗어날 수단이 있다는 예가 된다. 만일 그 방주가 문학이라면 문학의 형체는 무엇일까. 삶 속에 문학이 존재해야 한다면 생물학적 생존이 급급한 이 시기에 언어적 담론은 과연 필요하며 어떤 모습일까. 작가가 창작하고 소유하고 독자가 누리는 것이 가능하다면 이런 질문들은 무엇을 뜻할까.

지금까지 흘러온 역사와 인간과 문학 간의 상관성을 살펴보면 이런 질문이 없었던 적이 없었다. 그 질문은 인문철학의 방향으로서 시대를 거슬러 올라가면 스핑크스가 던진 수수께끼가 인간 존재에 대한 첫 질문이 된다. "네 발과 두 발과 세 발의 변신"이라는 은유는 신체적 생물학적 변화가 아니라 존재의 변신에 대한 질의응답이었다. 오이디푸스가 목숨을 걸고 '인간'이라고 답하기까지 많은 사람이 희생된 것도 사실이다.

하지만 그 후의 인간들은 자신이 누구인가 생각하기를 게을리하였다. 그들의 나태와 무지를 참다못해 철학자들이 직설법 질문을 시작하였다. 그리스 철인 소크라테스가 희랍 청년들에게 "너 자신을 알라"라는 가르침을 내린 후 데카르트는 "나는 생각한다"를, 니체는 "신은 죽었다"로, 칸트는 "행복의 원칙은 일과 사랑과 희망이다"로 당대의 사람들을 일깨우려 하였다. 마틴 루터도 1527년 〈치명적 흑사병으로부터 도망칠 수 있는 것인가?〉라는 팸플릿을 발간하여 나와 이웃 간의 감염을 예방할 것을 주문하였다. 이들은 황당한 미신과 중세 암흑기와 낭만적 감상주의가 팽배한 고비 때마다 나타나 인간을 새롭게 바라볼 것을 강조하였다.

현대의 대중가요도 이전에 문학이 담당하던 존재의 문제를 다루고 있다. 2016년 노벨문학상은 대중 가수 밥 딜런에게 돌아갔다. 시대적 저항을 새로운 시적 표현으로 창조해 낸 공적을 인정한 것이다. 대중가요 〈테스형!〉도 인간의 무력감을 호소하면서 '아무도 아무 것을 모른다'라는 긴박한 질문을 던지고 있다. 이들이 전하는 내용을 모으면 작가들에게 "인간을 생각하고 인간을 읽으라"라고 타이르는 요청임을 알 수 있다. 시든 산문이든 문학은 언제나 당면한 시대에 대처해야 한다는 요청의 산물이라는 것이다.

2) 문학이라는 해법

문학은 위난(危難)에 직면할수록 새롭게 태어나고 능동적으로 변한다. 로마 황제 마르쿠스 아울렐리우스의 《명상록》이 철학적 탐구와 내면 고백을 결합하였고 영국소설가 리터드슨이 쓴 소설 《파멜라》가 인간을 위한 인문주의를 열었다면 카뮈의 《이방인》은 인간 실존에 대한 문제를, 카프카의 《변신》은 자아 붕괴의 시대를 보여 준다. 이들이 생산한 문학은 시대의 위기를 정확하게 인지하고 독자와 작가가 만나지 않는 비대면이라는 불리한 조건에서도 교감과 공감의 대면을 이룬 새로운 방식이었다. 코로나와 AI가 일으킨 변화는 한둘이 아니다. 비접촉, 재택근무, 마스크와 모바일 폰 등 외적 자구책 외에도 새로운 지배자 앞에서 인간이 어떻게 살아남아야 하느냐는 근원적 문제를 던진다.

존재에 앞서 생존이 시급한 오늘의 시대는 수렵 채취의 원시 시대를 연상시켜 준다. 혼자 사냥하고 떨어져 먹고 혈거에 거주하는 가운데 소외와 고독과 단절의 고통을 겪고 있다. 자신 외에 가족과 친구조차 멀리 한다. 나는 누구이며 그들은 무엇인가라는 이분법 논증으로 인하여 서로는 서로에게 확진자가 아니면 잠재적 병균으로 여기는 심리적 기저 질환자가 되어 버렸다. 백신의 발명으로 21세기 코로나가 사라지고 더 첨단적인 도구가 도구와 수명연장 약이 개발되어도 죽음과 질환의 트라우마에서 벗어나지 못한다. 빙하기, 중세기와 같은 암흑 세기에 적응하여 살아남은 인류처럼 조건 반사적 인간만이 살아남는 시기가 요즈음이다.

현존하는 모든 것이 변한다. 정치뿐만 아니라 경제, 사회, 스포츠, 관광, 의학 등 모든 영역이 상상 이상의 변화를 겪고 있다. 문화 예술도 그

파장에서 예외가 아니다. 대면을 중시하는 영화, 연극, 무용, 음악 같은 무대 예술과 전시 공연은 현대식 안방 테크노에게 관객을 빼앗기도 있다. 살아남는 매체라면 개인용 스마트폰과 티브이를 통한 비대면 영상물이겠지만 고립에 따른 인간의 고독을 충분히 해소시켜 주지 못한다.

그런데 문학은 애초부터 비대면 양식이었다. 문학이 생산한 책은 비대면의 단절감을 대면의 소통성으로 바꾸는 빼어난 수단이었다. 인류가 위기에 봉착할 때마다 해결사 노릇을 한 것은 사람이 쓴 책이었고 이 사실은 세계문학이 증명해 준다. 도서관을 신전으로 여긴 보르헤스가 발표한 《만리장성과 책들》은 책의 존재가 시대에 따라 어떤 철학성을 갖는가를 다룬 인문학서다. 한때 IT 전자를 신봉하던 사람들이 "문학은 죽었다"라고 선언하였지만 역설적으로 지구적 위기를 맞이할 때마다 화려하게 부활하는 전기를 마련하였다.

오늘날 문학과 문학인이 취할 방도를 알려 준 사람이 아주 가까이에 있다. 조선 후기의 문인 이옥(李鈺, 1760~1815)이 쓴 〈이언(俚諺)〉은 오늘날에도 적용할 만한 현대성을 지닌 평론이다. 그는 "내 작품은 내가 지은 것이 아니다…. 지은 자에게 이를 짓게끔 만든 사람이 지은 것"이라 하면서 그것이 '천지 만물'이라 하였다. 이런 까닭에 시인은 '천지 만물의 통역관이고 천지 만물을 그려 내는 화가'다. 글을 쓰게 하는 주인이 천지 만물이고 작가는 오직 통역관이고 울림통이라는 말은 문학의 본질을 뚫어 낸다. 문학은 인문학과 생태학, 즉 휴머니타스와 에코롤지의 합성체라는 뜻을 가진다. 작가는 인간이면서 탈인간이어야 하고, 적대적인 바이러스조차 경시하지 않는 소통력과 공존의식을 가져야 한다. 사스도 벼룩도 부인할 수 없는 천지 만물의 일원으로 받아들여야 한다. 그렇게 하려면 인간으로서, 작가로서 상당한 고통과 변화가 필요하다. 글의 내용과 형식에 대해서도 선도적인 혜안을 갖추어 자신의 영육이 만물의 소리통이 되게 해야 한다. 그 신내림이 감각적 인식력이다.

3) 호모 사피엔스에서 현존재로

오늘의 작가는 이전의 작가와 모습부터 다르다. 근대 시대의 작가 초상을 그리려면 낡은 타자기, 커피 잔, 구겨진 원고지, 안경, 담배가 필수적이었다. 헤밍웨이와 칠레 시인 네루다의 기념관에도 그들의 안경과 타자기를 전시되고 있음을 보았다. 낡은 타자기가 세상을 풀어내듯이 타자기는 'type writer', 즉 타이핑하는 작가로서 인공지능 작가의 원조격이다.

오늘의 인간 작가상도 다르다. 머리에는 전자회로를, 가슴에는 PC 스크린을, 손에는 마우스를 쥔 사이보그에 가깝다. 안경에 헤드셋까지 썼다. 영국 역사학자 E. H. 카는 1961년, 케임브리지대학 강연에서 "역사는 과거와 현재의 끊임없는 대화"라고 하여 스핑크스의 질문과 오이디푸스의 현명한 대답을 떠올려 줬다. 어쩌면 스핑크스는 역사는 인간 존재라는 점을 알려 준 점에서 누구보다 먼저 인간을 생각하고 해석하고 가르치려 한 초기의 작가이기도 하다. 현대 작가도 따지고 보면 자신을 포함한 천지 만물의 존재성을 묻고 답할 수밖에 없다. 차이라면 질문의 정답을 찾지 못하면 작가는 스스로 '죽임'을 당한다는 것이다.

오늘날의 문학이 중세 문학이나 근대 문학과 다른 점이 있다면 존재에 대한 진지함의 유무다. 중세 문학은 온통 신에 대한 찬양과 숭배로 가득 차 있었다. 근대에는 문명과 이성에 대한 아부가 아니면 근거 없는 외골수 비방이었다. 현대 문학도 별반 다르지 않음은 "읽을 게 없다"라는 독자들의 불평에서 드러난다. 인간은 문학이 지닌 본질적 속성인 '비대면 속의 대면'을 인정하고 그런 관계 맺기를 원하지만 작가는 그 본질적 요구마저 제대로 응하지 못하고 있는 것이 지금의 현실이다.

호모 사피엔스가 위기에 처한 코로나 세기에 작가가 인간을 위해 수행하여야 할 성찰은 무엇일까. 그것이 포스트 인문학적 사유이다. 이것은 포스트모더니즘이 모더니즘을 벗어나면서 모더니즘을 계승하는 방식과 같다. 모든 존재에 대한 일련의 사유는 휴머니타스라는 인문학적 인식에서 시작한다. "나는 생각한다, 고로 나는 존재한다(cogito, ergo sum)"라는 인식을 존중하면서도 그것에서 벗어나야 한다(脫과 超). 스핑크스가 말한 '인간', 소크라테스가 말한 '너' 몽테뉴가 말한 '나'를 통괄하고 인간이나 자연적 존재가 평등하다는 생명 중심적 평등으로 향하는 성찰이 그것이다. 이것은 자아와 타자를 존재로 끌어들이고, 인간을 인간답게 소생시키고 '5인 이하 혹은 2미터 이상'이라는 배타성을 해결할 '생태 인문학'을 구현할 수 있다.

흥미롭게도 이옥이 펼친 천지만물론은 독일 철학자 하이데거가 그의 《존재와 시간(Sein und Zeit)》에서 설명한 현존재의 개념과 상당히 유사하다. 데카르트는 "오직 신의 뜻으로"라는 중세 철학에 종지부를 찍은 업적을 이루었지만 '생각함'이 없는 '생각'은 무익하다는 점을 놓쳐 버렸다. 그런데 그의 뒤를 이은 하이데거는 존재는 과학이 아니라 인문학적 통찰의 대상이라는 이론을 내세웠다. 그는 '존재자'와 '현존재'의 차이를 제시하고 존재와 시간의 관계를 새롭게 풀어내었다.

그가 생각한 시간은 "일상으로부터 떨어져 나온 유한하고 고독하고 불안이 가득 찬 세계"다. 그것은 인간은 그곳에 '있다'의 있음은 '생각함으로 있다'라는 데카르트의 기준과 다르다. 하이데거의 시간의식에 세계대전 이후의 혼란스러운 유럽 상황에 절망한 사람들은 큰 관심을 가졌다. 당시의 인간은 불안의 시간 속에서 살아갈 뿐, 상황에 따라 달라지는 '있음'의 상태였다. 그때의 인간이나, 불안하고 동떨어지고 당혹스러운 지금의 인간이나 다름이 없다. 문장의 주어 자리에 놓이는 것은 '인간'에 한정되지 않음을 인간이 놓치고 있다. 인간을 두고 '네 다리, 두 다리, 세 다리'로 걷는 동물에 불과하다는 스핑크스의 수수께끼와 인간은 죽음의 시간 속에 '있다'라는 하이데거의 지적을 합치면 오늘이라는 시대의 문장 주어는 인간이 아니라 백신과 전자두뇌임을 알고 충격을 받는다. 이처럼 인간은 언제나 제3의 물질에 불과할 따름이다.

하이데거가 말한 현존재는 철학적 사유를 극대화하여 인간이 살아갈 수 있는 방식을 모색한다. 그는 자신이 무엇인지를 스스로 묻고 답을 찾아낸다. 시간 내에서 살고 언젠가는 죽지만 죽음이 두려워하지 않고 회피하지 않는 대신에 적극적으로 살아간다. 그는 죽음을 끝이 아니라 극단적 가능성으로 인식하므로 좌절하고 죽음을 받아들이면서 주변 존재자에게 배려의 마음을 갖는다. 배려란 '대상에게 불편함이 없도록 마음을 써 주는 행위'로서 그 대상은 인간뿐만 아니라 사물과 도구 등 천지 만물을 포함한다.

오늘의 시대에서는 유해한 바이러스이든 유익한 백신이든 모두 존재자를 현장화한다. 소매 끝이 스쳐야 인연이고 포옹을 당연시하던 낭만적 몸과 말이 사라지고 지금은 손가락이 액정을 살짝 스치는 가벼운 터치만 남았다. 경험이 관념보다 우위에 있다. 오래도록 '참을 수 없는 존재의 가벼움'을 비토 했지만 긴장과 스트레스가 작은 행복을 번창시키고 있음을 절감한다. 손톱보다 작은 칩 안에 모든 지식을 담고 리모컨으로 아라비안나이트의 문을 열고, 구글 맵으로 길을 찾아가는 유목인이 되면서 모든 지구인이 '선악 공유 1촌'이라는 것도 절감한다. 이런 세기적 변화는 당연히 작가적 변신을 요구한다.

4) 주변인의 의무

작가는 예로부터 시대의 중심이면서 주변인으로 현대 작가를 호모 나랜스라고 부른다. 호모 나랜스는 앎을 공유하고 인식력과 표현력을 함께 지닌 디지털 시대의 이야기꾼을 지칭한다. 그는 죽음이 두려워 일상을 연명하는 게 아니라 알기 어려운 본질을 찾아 시대의 담화를 지키는 현존재다. 때로는 종교와 정치가 숨긴 비밀의 비리를 끄집어내어 화를 당하기도 하지만 담론의 주체라는 역할은 신화시대부터 현대 디지털 시대까지 변하지 않고 있다.

작가는 존재자로서 살고 현존재로서 글을 쓸 수밖에 없다. 오늘날만큼 인류가 위기에 처한 적이 없고 무기력한 적이 없다는 사실 하나만으로도 작가적 사명을 지닐 필요가 있다.

문학으로서 방주는 무엇일까. 노아의 방주가 신이 내린 배려의 상징이라면 21세기를 헤쳐 나갈 방주는 인간 스스로 만들어야 한다. 노아가 모든 생명체의 짝과 선악까지 방주에 실었다면, 문학이라는 오늘의 방주에서 코로나와 백신까지 동등한 존재자로 함께 탄다. 이 사실은 인간 중심의 선악론이 사라진다는 미래의 비전을 시사한다. 그렇다면 모든 존재는 선악을 함께 지닌다는 점을 키잡이로서 문학인이 지녀야 할 사유일 것이다.

그렇게 하기 위해서는 스핑크스적 질문과 이옥이 말한 천지 만물론을 거듭 숙고할 필요가 있다. 스크린과 전자회로와 마우스를 다루는 기능이 아니라 배려와 감수성으로 만물의 고통에 공명하는 것이 필요하다.

중국인으로서 프랑스로 귀화한 노벨문학상 수상 작가 가오싱젠은 2011 서울 국제문학 포럼에서 다음과 같이 말했다. "한 작가의 글은 가슴 깊은 곳에서 나오는 울림, 말하지 않거나 쓰지 않으면 안 된다는 깊은 마음속 내면의 요구에서 나오는 것이기 때문에 정신의 빈곤을 채워 주는 것은 오로지 문학이다." 그렇다. 가장 절망적이고 위태로운 밑바닥에서도 꿈꿀 자유가 있으니 인간이다. 그래서 지금만큼 '작가적'이 '존재적'이라는 말임을 절감하는 세기가 없다.

=== 참고자료 ===

채운. 《글쓰기와 반시대성, 이옥을 읽는다》, 북드리망, 2013.

호르헤 루이스 보르헤스. 《만리장성과 책들》, 정원경 옮김, 열린책들, 2008.

4부
사랑으로 글을 쓰고

1. 정운(丁芸)의 시문과 순정 | 2. 나혜석의 서울과 파리 | 3. 박목월이 사랑한 여인상 |
4. 이중섭 엽서화와 가족애 | 5. 뱀과 미인도의 천경자

사랑엔 국경이 없다. 빈부와 나이도, 인종과 감정의 차이도, 정상과 비정상의 구별도 없다. 사랑만큼 평등하고 맹목적인 소유가 없다. 그러면서 모든 사랑은 세기적인 이야기를 가진다. 신이 내린 운명이든 자신들의 선택이든, 모든 사랑은 식초처럼 쓰리고 설탕처럼 달콤하다. 모든 사랑은 미완성 교향곡이다. 애모의 순간에 사람들은 시인이 되지만 작가들은 평범하고 때로는 비열한 인간이 되기도 한다. 먹고 사랑하고 잠자고 눈물을 쏟아내는 평범한 사람에 불과함을 인정한다. 그래도 글자를, 문장을, 문학만은 배신할 수 없다.

그리고 말한다. 사랑하였으므로 인간이 되고 다시 작가가 되었노라.

1. 정운(丁芸)의 시문과 순정

1) 파도와 탑의 밀어

작가들은 종종 작품으로 심중의 비밀을 전달한다. 시 한 편이 사랑의 고백서이고 시조 한 수가 비탄의 노래가 되기도 한다. 다른 사람이 알지 못하는, 오직 한 사람만이 아는 비어(祕語)를 작품 속에 담아 은밀한 코드로 전달한다. 그들은 감정을 가진 사람이므로 그냥 좋아하고, 보통 이상의 감성을 가진 작가이므로 그들만이 통하는 밀어를 주고받는 특별한 사랑을 한다.

한국 문단에는 적지 않은 사랑의 비사(祕史)가 있다. 그중에서 여러 작품을 통해 전해지고 있는 것은 청마 유치환과 정운 이영도의 정과 한의 이야기다. 두 사람은 속정과 불연(不緣)을 여러 작품을 통해 토로하였다. 대표적인 구절인 청마의 "파도야 어쩌란 말이냐"(〈그리움〉 부분)가 방백 같은 질문이라면 정운의 "애모(愛慕)는 사리(舍利)로 맺혀 푸른 돌로 굳어라"(〈탑 Ⅱ〉 부분)는 독백 같은 응답이 된다. '바다의 파도'와 '들판의 푸른 돌'은 함께할 수 없으므로 더욱 심금이 저리는 연시의 구절로 읊어진다.

청마 유치환의 〈그리움〉은 어찌하지 못하는 사랑을 노래하고, 정운 이영도의 〈탑〉은 흔들리지 않으려는 단심을 전한다. 두 시와 사랑은 따로 존재한다. 그러나 두 연인이 시와 시조로 마음을 전하는 작가임을 안다면 인생의 무대 위에서 이루지 못한 인연을 저주하듯, 호소하듯 함께 노래하는 무대 위의 배역 같다는 생각이 든다. 파도는 돌을 때리고 돌은 사리로 맺겠다는 푸른 정한을 어찌 남의 애모라 할 것인가.

2) 유호리의 길 잃은 사슴

사랑의 화살을 맞으면 자연을 보는 눈이 예민해진다. 자연의 모든 움직임과 색조가 그의 마음을 대변하는 것 같아 자연을 통하여 사랑을 이야기한다. 영국의 시인 윌리엄 워즈워스는 수선화로, 로버트 브라우닝은 장미로, 미국의 에밀리 디킨슨의 백합은 물론, 한국의 시조 시인 황진이는 달밤으로, 부안 기생 매창은 희디흰 배꽃으로, 김소월은 진달래로 사랑의 기쁨과 아픔을 노래했다. 누구든 사랑하면 바보가 되고 시인이 된다. 만일 이루어지기 어려운 사랑이 있다면 어찌 사람의 말과 글로 표현할 수 있는가. 오직 자연의 언어만이 활활 불타는 가슴을 표현할 수 있을 것이다. 청마와 정운은 푸른 파도와 푸른 돌로 그들의 밀애를 나눈다. 꽃, 새, 별, 달 등 모든 자연이 영원한 생명을 갖고 있음을 인지한 시인이자 수필가가 정운(丁芸) 이영도(李永道)다.

이영도는 1916년 10월 22일 감나무로 유명한 경북 청도군 청도면 내호리에서 1남 2녀 중 막내로 태어났다. 아버지 이종수는 일제 말기 선산 군수였고 시조 시인 이호우는 그녀의 오빠다. 비교적 유복한 유년시절을 보내고 밀양초등학교를 졸업하였다. 오빠가 약속했던 동경 유학과 베이징대학 유학을 포기한 채 조부모의 간곡한 부탁에 순종하여 집안에서 공부를 했다. 총기가 넘쳤던 이영도에게 베이징대학은 오래도록 아쉬움과 미련으로 남았다. 일정강점기 시절이라 1937년 대구의 부호 박기주(朴基澍)와 결혼하여 외딸 진아를 낳았다. 1944년 부친이 사망하고 1945년 남편이 병사한 비극은 역설적으로 문학과 사랑을 향한 돛을 펼치는 계기가 된다.

이영도의 학력은 초교 졸업이 전부이다. 그런데도 중등학교와 대학에서 교편을 잡을 수 있었던 것은 총명함과 의명학당에서 쌓은 내공과 뛰어난 자수 실력 덕분이었다. 1945년부터 대구여자보통학교를 시작으로 통영여고, 부산 남성여고, 마산성지여고, 부산여자대학의 교단에 섰고 3년 간 부산어린이집 관장으로 지냈다. 통영여고 교사 시절에 당시 국어 교사로 근무하던 청마를 알면서 그녀의 연사(戀事)는 세인의 입에 오르내리는 숙명을 맞이한다.

1945년 12월 《죽순》에 〈제야〉를 발표함으로써 문인의 길로 들어섰다. 1954년 청마로부터 시화를 받은 시조집 《청저집》, 1958년 수필집 《춘근집》을 발간하면서 부산 동래에 '애일당(愛日堂)'이라는 거처를 마련했다. 1966년 수필집 《비둘기 내리는 뜨락》, 1971년 수필집 《인생의 길목에서》, 1975년 수필집 《애정은 기도처럼》을 발간하였다. 청마가 죽은 후 서울로 이주하여 살다가 1976년 3월 뇌일혈로 사망하였고 유택은 청도에 있는 선산 어목산(魚目山)에 마련되었다. 사후, 유작 수필집 《나의 그리움은 오직 푸르고 깊은 것》, 유작 시조집 《언약》이 발간되었고 '정운문학상'이 제정되었다.

집안은 대대로 불교를 믿었고 밀양 유림이었던 증조부는 망국의 한을 달래기 위해서 용각산 정상에 '대운암'이라는 암자를 짓고 속세를 등졌다. 조부는 고향에 의명학당이라는 사립학교를 세워 동네 아이들을 가르쳤다. 군수였던 아버지가 기생과 동거하면서 젊은 어머니는 평생 염불로 한을 다독이다 90세를 넘겨 세상을 떠났다. 유천의 자연과 집안 내력을 그려 낸 수필 〈조부님〉에서 향수를 "대운암의 밤, 고요와 새벽 기운, 독경 소리에 묻어 풍기던 향냄새와 계곡 물소리"로 적었다. 이영도도 산과 자연이 그녀의 성품을 길러 주었다고 회상한다.

나아가 물려받은 단아하고 검소한 자세와 정원 가꾸기는 우아한 시인의 이미지를 갖게 하였다. 1966년 '눌원문화상'을 수상할 당시의 공적 사항을 보면 '꽃무리회'와 '달무리회'란 어머니회를 창설하여 절미운동으로 불우 이웃 돕기를 하면서 여성 교양운동에 힘썼다. 내 집 앞 내가 쓸기 운동과 꽃모종과 꽃가지 나누기를 하면서 애일당 담장 아래에 꽃길을 만들었다. 이영도가 회장이었던 '꽃무리회'는 부산시에 등록된 최초의 여성 단체로서 청도 유천이 새마을운동의 발상지라는 점은 매우 의미가 깊다.

어디에 살든 이영도는 고향의 비파강과 용각산과 느티나무와 버들숲을 기억했다. 강변 자갈밭에서 울리는 빨랫방망이 소리와 봄볕에 광목을 말리며 들었던 할머니의 고담과 불경 이야기를 〈선영〉에 담았다. 그 외 "온 마을 사람들이 서로에게 성의를 기울이던" 인심을 〈비파강 물빛〉, 〈느티나무 그 운(韻)〉 등에서 "산자수명(山紫水明)한 예술적 정취 속에 인간적인 행복을 지니고 살아간다"라고 적었다. 늦가을이면 붉은 감잎(柿葉紙)으로 연인에게 편지를 쓰는 꿈을 꾸기도 했을 것이다. 하지만 그 성숙한 감성도 결혼하면서 잠시 이별하여야 했다.

천성적으로 허약한 남편이 일찍 죽은 후 대구에 홀로 살 때 그녀는 바싹 마른 겨울 갈대였다. 조지훈이 보내 준 "허공(虛空)에 던져진 것이 나만이 아니어라 / 하늘에 달이 그렇거니 / 무수한 별들이 다 그렇거니"라는 구절이 담긴 한 편의 시 〈묘망〉으로 아픔을 달랬다. 〈선영〉과 〈비파강 물빛〉이 보여 준 풍요로운 자연 묘사와 대비된 터에 폐결핵에 걸려 마산에서 요양할 당시, 청마가 편지에서 앓지 말라고 누누이 타이를 만큼 "한 마리의 짐승보다도 의지할 데 없어라"라고 〈환일(患日)〉에서 자탄하였다.

이영도의 문학적 성과는 문인이 바라는 문운이었지만, 애일당과 청마와의 연정으로 그녀를 기억하는 사람들이 더 많은 것도 사실이다. 성장기에는 청도 유천, 결혼 후에는 대구, 남편이 죽은 후에는 충무, 마산, 부산, 청마가 죽은 후에는 서울로 거처를 옮기는 동안, 곡절의 파도는 그치지 않았다. 복잡한 집안과 실패한 결혼과 폐병과 이룰 수 없는 사랑에 이어 애일당의 아픈 시절도 여류 작가가 짊어져야 할 숙명이었다.

3) 사랑하였으므로 행복한 애일당

부산시 동래구 장전동 장림주택 7호. 지금은 흔적도 없는 애일당에 정착한 이영도는 시간이 나면 금강공원 차밭골과 계곡을 산책했다. 그곳에 남다른 애정을 보였던 것은 애일당 풍경이 고향 내호리와 닮았기 때문이라고 《춘근집》에서 말한다. 1,000부를 자비 출판하여 번 돈 100만 원으로 동래 차밭골 인근에 마련한 애일당은 당시 문인들이 원근을 마다하고 한 번은 초대받고 싶어 하는 곳이 되었다.

그녀의 애일당은 청마를 만날 수 있는 아지트이기도 했다. 이영도가 충무여고로 직장을 옮겼을 때 당시 국어 선생 유치환, 작곡가 윤이상, 화가 전혁림 등이 재직하여 문화 여고란 별칭을 얻은 시절에 두 사람의 만남이 시작되었다. 청마는 이영도가 고성여고에 수예 강사로 근무할 때 토요일마다 고성을 찾았고, 이영도가 부산에 있을 때는 2년 동안 매주 그녀를 찾아갔다고 술회한다.

청마는 1947년부터 거의 하루도 빠짐없이 정운에게 편지와 시를 보냈다. 청마의 시 〈그리움〉은 "물같이 까딱 않는" 정운에게 바친 대표적인 사랑의 절규다. 그러나 유교적 규범으로 무장한 그녀는 마음의 빗장을 걸어 잠그고 틈을 주지 않았다.

이영도는 많은 별명을 가졌다. 어린 시절 조부모의 애정을 흠뻑 받는 '아양 단지', 충무여고 교사 시절에는 '야시'와 '초록 치마'였다. 애일당 시절에는 '찬물단지', '바늘'로 불렸을 만큼 냉정함을 유지했다. 여름이면 옥색 모시 적삼을 즐겨 입었고 겨울에는 진보라, 검정 한복을 입었으며 머리는 동백기름을 발라 땋아서 뒤로 말아 올렸다. 부산 금정산 계곡의 맑은 물을 길어 머리를 감고 한복도 손수 마름질해서 입었다. 새벽 5시면 결벽증에 가까울 정도로 꼬박꼬박 일어나 매화, 도화, 동백, 석류, 목련 등으로 꽃동산을 꾸몄으며 거실에는 난국의 화분을 두었다. 내방하는 손님에게는 매실주를 내어놓고 문학과 인생을 품격 있게 논했다. 그렇게 얻은 별명이 '조선의 여인'이다. 하지만 정염이란 쉽게 눌러지는 게 아니다. 오죽하면 "나도 사람인데"라고 했을까.

《춘근집》과 《비둘기 내리는 뜨락》이라는 수필집에는 다빈치 코드처럼 비밀스러워 쉬 해독하기 어려운 소재가 곳곳에 숨어 있다. 백여 종이 넘는 화초를 지켜보는 〈창가에 앉아〉와 달리, 〈봄을 앓다〉는 아플 수밖에 없는 봄날을 그려 낸다. 봄이면 앓았던 허약한 그녀에게 봄은 엘리엇의 《황무지》처럼 불모의 시간이었다. 그녀의 병은 "차마 약도 쓸 수 없는 조심스러움에 홀로 슬픈 자랑으로 봄을 앓는"(《춘근집》 p.13) 계절병 아닌 계절병이었다.

"마지막 기항지"라 여긴 동래의 애일당은 청마와의 연분을 호젓하게 나누는 곳인 만큼 하루도 쉬지 않고 꽃을 가꾸었다. 그녀는 감기를 앓는 중에도 차가운 비를 맞으며 수목을 손질했다. 청마는 그런 이영도의 모습을 자줏빛 수선화를 보듯이 못내 안쓰러워했다.

> 그날 신들린 듯 매화나무를 옮겨 전지를 하던 환자의 모습을 어처구니없는 듯 물끄러미 바라보고 있던 문병객인 M씨가 내 작업을 만류하던 말씀이 "정운은 아무래도 정신보다 육신을 담을 거처를 장식하기 위하여 정신의 집인 육신을 그렇게 혹사할 수 있느냐……."
> 그 뒤로부터는 늘 '정신의 집인 육신'을 내세워 M씨는 나에게 건강관리를 충고해 마지않았으며 나 역시 너무도 절실한 그의 설득을 수긍하기로 하였다.
>
> — 이영도 / 〈매화〉, 《머나먼 사념의 길목》, p.33

청마는 이영도를 '운'이라 불렀고 자신을 '마(馬)'라 불렀다. 이영도는 청마를 지칭할 때 M이란 머리글자를 사용하였다. 청마가 죽은 후에는 'M' 대신에 '그'로 지칭한다. 이름조차 떳떳하게 부르지 못하는 지극한 사랑은 무엇으로 표현되는가. 부를 이름을 잃은 사랑, 가슴을 훔칠 수 없는 사랑, 그것이 비련(祕戀)이나 사련(邪戀)일 때며 호칭은 매화, 달, 사슴 등으로 나타난다.

청마와 정향의 드러낼 수 없는 사랑의 통로는 문학이었다. 그들은 "당신이 어찌하여 나와 같은 세상에 있게 됩니까"라는 편지와 "오면 민망하고 아니 오면 서글프고"라는 시를 주고받음으로써 쌓이는 그리움을 풀어냈다. 어쩌면 그들은 문학적 소양이 있어 뜨거운 연정을 남다르게 느꼈을지도 모른다.

그녀가 태어난 청도는 미나리로 유명하다. 첫 수필집 《춘근집(春芹集)》은 '봄 미나리'라는 뜻이다. 겨울 내내 기력을 잃은 임에게 싱싱하고 빳빳한 미나리를 대접하여 가운을 돋우어 주려는 여인의 마음씨가 맛스럽게 제목에 담겨 있다.

봄미나리 살찐 맛을 님에게 드리고저
겨울날 따스한 볕을 님에게 조여가져
님께야 무엇이 없으랴마는 내 못 잊어 하노라.
- 작가 미상 / 〈봄 미나리〉, 《청구영언》

청도 출신인 그녀도 청마에 대한 속정을 신토불이 미나리로 요리한 건 아닐까 싶다. 그렇게 하지 못한 그들의 사랑은 시조 〈절규〉에서 "애모도 절한 차라리 푸른 분노"라고 부를 만큼 숨어 앓는 열병이 되었다. 20년을 이어 온 서신 교환 중에서 청마의 편지 200여 통을 추려 《사랑했으므로 행복하였네라》라는 서간집이 출간된 것은 잘 알려진 사실이다.

청마의 서간집은 이룰 수 없는 연정을 숨 막히게 고백한 것으로 '당신의 마(馬)'가 '사랑한 운(芸)'에게 바치는 세월과 목숨 그 자체다. 후세 사람들이 청마와 정운의 사랑을 이해한 것도 그들이 남긴 주옥 같은 연서 덕분이라 할 수 있다. 청마는 거듭하여 "우리의 진실이 명하는 대로 순직(順直)하게 사랑하며 갑시다"(p.100)라고 온갖 문장으로 풀어 냈지만 정운은 청마가 불의의 사고사를 당한 후 비로소 사랑의 문을 열었다.

동서고금의 문학적 사랑은 주로 유성이나 별로 나타낸다. 《로미오와

줄리엣》의 사랑이 "star-crossed love"로 표현하듯이 애일당 여주인은 "유성이 지는 순간, 그 별을 향해 비는 원은 이루어진다는 전설"을 〈유성(流星)〉에서 고백한다.

> 일찍이 나는 사랑하는 이와 더불어 흐르는 별똥을 향해 아픈 기억을 나누어 왔다. 우리들의 목숨이 같은 날, 같은 시각에 죽어서 멀고도 창창한 영겁의 길을 동반할 수 있기를 빌었던 것이다.
> 그러나 뜻하지 않은 죽음으로 하며 본의 아닌 배신을 그는 저질렀고 남은 나는 함께 우러르던 그날의 성좌를 버릇처럼 우러러 섰다.
> - 이영도 / 〈유성〉 부분, 《그리운 이 있어 내 마음 밝아라》, p.238

마음속에 품은 간절한 원은 전설이 된다. 불시에 세상을 떠난 청마에 대한 원망은 경건한 신앙과 전설로 승화되면서 밤하늘의 별로 마음을 나누었던 야래화 같았다. 빵 한 조각을 향한 굶주림보다, 물 한 모금이 애타는 눈길보다 가슴마저 쉬게 하는 것이 사랑의 결핍이다. 하지만 그 사모곡을 짓는 시인의 펜은 목소리와 달리 쉬지 않는다.

4) 애산(哀散)은 흐르지 않고

두 사람의 편지 사랑은 청마의 갑작스러운 죽음으로 끝난다. 후일 이영도는 청마가 만취한 채 자신에게 꼭 의논할 일이 있어 찾아가겠노라고 전화를 하였지만 거절하여 사고가 났다고 자신을 탓하였다. 평소라면 서운함으로 그칠 수 있는 전화 한 통이라도 운명이 장난치면 연인의 목숨줄을 자르기도 한다. 한동안 침묵할 수밖에 없던 그녀는 청마가 죽은 한 달 후 대구 시인인 석우 이윤수 선생에게 속마음을 비통하게 고백하였다.

> 석우 선생님.
> 글월 받고 저는 한없이 울었습니다. … 20년의 열애를 겪어 보지 못한 사람은, 그 열애를 행위하지 못하고 오직 희구로써 목마른 세월을 겪어보지 못한 사람은, 애정을 신앙에까지 승화시켜보지 못한 사람은 지금의 저의 심정을 어찌 알아주겠습니까? …
> 인간의 애산(哀散)은 아랑곳없이 세월은 물같이 흐르는 것, 말일로 청마가 간 지 한 달! 돋는 움, 트는 싹! 어느 하나 그분과 무관한 것이 없고, 어느 사물 어느 자연에 그분의 체취가 묻어 있지 않은 것이 없어, 차라리 모든 것을 '보지 않는 죽음'으로 두는 것이 좋을 것 아닌가 싶어집니다.
> 선생님! 청마의 애정에 질질 끌리는 먼먼 세월 속에 제가 얼마나 청마를 사랑하고 있었음을 그가 가버린 오늘에야 깨달을 수 있구면요. 이럴 줄 알았던들 좀 더 흐뭇하게 애정할 수 있었을 텐데……. 오직 남은 세월을 어찌 감당할 것인가가 제게 남은 형벌 같습니다.
> (1967년 3월 11일 정운)
>
>   - 조형경 /《이영도 평전》pp.114~115

이영도는 편지에서 청마에 대한 한 치도 숨김없이 심정을 '행위하지 못한 열애'였다고 고백한다. 마치 만년설 밑에서 끓고 있는 마그마와 같다고 할까. 그녀에게 사랑은 시조처럼 "내 목숨의 기도"였다. 박재삼 시인은 이영도의 유고 시조집 《언약》의 발문에서 '애모(哀慕)와 회한(悔恨)이라는 정서를 통한 민족 정서의 재현(再現)'이라고 평하였지만 파란만장한 생애와 결코 무관치 않다 하겠다.

이영도의 수필은 유교와 한국적 서정과 기독교 정신으로 이루어진다. 당시 여류 수필이 생활을 소재로 미문(美文)에 치중했다면 이영도의 수필은 일상생활에 깔린 한국적 정한을 살려 산문의 격을 지켜 낸다. 시조의 고풍스러운 멋과 수필의 다정다감을 접목한 문풍(文風)이랄까. 귀족풍의 문체를 좋아한 이영도는 속멋을 지닌 인간적인 소재를 선호하였다.

이영도는 평생 홀로 산 여류 시인이다. 병든 남편과의 결혼 생활은 기껏 8년이었고 20년 이어진 밀애의 대상인 청마는 다른 여자의 남편이었다. 집이 있었지만 온전한 가정이 없고, 솥이 있으나 함께 밥을 먹을 가족이 없었다. 유일한 혈육인 진아는 미국으로 유학을 떠났으니 과연 누구를 위해 밥을 짓고 싶었을까.

이 쌀로 밥을 지어 누구를 대접하려는 것인가? … 언제나 조석으로 쌀을 일 때마다 나는 이 밥을 지어 누구를 대접할 것인가 하고 끝없는 생각을 되풀이하는 버릇이 있다.
어른들 구미에 맞도록 반찬을 준비하고, 하루의 노력에 지쳐 돌아오는 남편을 위하여 계절의 향취를 돕는 식탁을 꾸미고, 부엌을 기웃거리며 침을 삼키는 어린 것들의 영양을 헤아려 요리를 한다는 것은 얼마나 즐겁고도 보람 있는 노동이겠는가?

- 이영도 / 〈쌀을 일면서〉, 《춘근집》, p.74

밥을 함께 먹는 사람들을 가족이라 부르지만 연인은 밥을 차려 주는 대상이다. 행복이란 정말 단순하다. 한 상에 같이 숟가락 놓고 한 이불 속에 발을 넣는 것이다. 이영도는 걷잡을 수 없는 가슴 탓에 이런 소망도 품었을 것이다. 죽어야 저승에서 함께할 수 있다면 그 연인도 그런 마음으로 죽을 수 있을까. "죽어도 좋아" 시인은 그런 말을 함부로 하지 못해 참 서글프다.

5) 회억과 진혼

청마와 이영도의 사랑에서 '회억'이란 단어를 뺄 수 없다. 그들은 파도로 뜨거운 감정을 식히고, 애일당 다향으로 떨어진 마음을 붙이고, 사별의 아픔을 유성으로 노래하였다. 만물이 생동하는 봄에 차라리 감정 없는 나무이기를 원하였다. 남편이 죽고 홀로인 이영도에게 서울대학교 모 교수의 중매가 들어왔을 때 울면서 "사모님, 난 돌이 아닙니다. 나무가 아닙니다. 감정을 가진 여잡니다. 청마가 저리 적극적으로 나오니 뿌리가 흔들립니다. 양심이 허락지 않습니다"(《이영도 평전》 p.179)라고 울며 답하였다 한다.

3년 만에 청마에게 마음을 연 이영도. 20년 동안 금기의 사랑을 키운 이영도. 유치환에게서 받은 편지를 한 통도 버리지 않고 모아 둔 이영도…. 인스턴트 사랑이 판치는 현대에서 이들의 사랑은 흉볼 수 없는 불멸의 가치를 지닌다. 이영도는 연극의 장(章) 같은 형식으로 자신의 그와의 비운을 은유적 사실로 기록하였다. '법열(法悅)의 장'을 시작으로 애린(愛隣), 무상(無常), 애상(哀傷), 은총(恩寵), 진혼(鎭魂), 열원

(熱願), 절규(絶叫), 애환(哀歡), 회억(回憶)에 이어 '체념(諦念)의 장'으로 "두 그루 나무처럼 말을 잃고 바라만 섰던 그와 나의 가슴"(《머나먼 사념의 길목》 p.206)을 살려 내었다.

청마는 환갑을 한 해 앞둔 쉰아홉 살 1967년 2월 13일, 부산 동구 좌천동 앞길에서 교통사고를 당해 숨을 거뒀다. 이호우는 쉰아홉 살을 겨우 넘긴 1970년 1월 6일 뇌출혈로 쓰러져 깨어나지 못했다. 이영도 또한 환갑을 앞둔 1976년 쉰아홉 살에 뇌일혈로 쓰러져 세상을 떠났다.

"사랑하는 이여!
여기 내 곁에 오라."

"그리운 이여! 내
당신 곁에 왔나이다. 영원히……"

- 이영도 / 〈회억(回憶)의 장(章)〉, 부분
《그리운 이 있어 내 마음 밝아라》, p.219

대화 같은 짧은 구절을 읽을 때면 생전에 헤어졌던 연인이 저승문을 열고 들어갈 때, 그곳에서 기다리고 있던 연인이 손을 내미는 장면을 상상한다. '이제 왔어요. 따뜻하게 맞아 주세요.' 누가 이들에게 돌을 던질 것인가.

이호우는 누이동생을 지극히 아꼈다. 오빠로서 청마와의 연정을 오래도록 지켜본 심정이 오죽하였을까. 이영도의 삶과 혼을 위로하듯, 뼈가 저리도록 슬픈 인생과 사랑을 묵묵히 지켜본 듯 이호우는 〈묘비명〉이라는 시조 한 편을 생전에 미리 남겼다. 그 종장은 "누구도 이러니저

러니 아예 말하지 말라"로써 알 수 없으나 알 수 있는 한 사람의 안식을 위해 썼다.

참고자료

김천택.《시여 청구영언》, 계명대학교출판부, 2009.

유치환.《청마시초》, 청색지사, 1939.

양주동.《增訂 古歌硏究》, 일조각, 1968.

이영도.《애정은 기도처럼》, 범우사, 1987.

이영도.《그리운 이 있어 내 마음 밝아라》, 문학세계사, 1986.

이영도 편집.《사랑했으므로 행복하였네라》, 중앙출판공사, 1974.

이영도.《머나먼 사념의 길목》, 중앙출판공사, 1971.

이영도·이호우.《비가 오고 바람이 붑니다》, 중앙출판공사, 1968.

이영도.《춘근집(春芹集)》, 청구출판사, 1958.

이영도.《청저집(靑苧集)》, 문예사, 1954.

이호우.《휴화산(休火山)》, 중앙출판사, 1968.

조현경.《이영도 평전》, 영학출판사, 1984.

2. 나혜석의 서울과 파리

1) 화가와 노라

경희도 사람이다. 그다음에는 여자다. 그러면 여자라는 것보다 먼저 사람이다. 또 조선 사회의 여자보다 먼저 우주 안 전 인류의 여성이다. 이철원 김 부인의 딸보다 먼저 하느님의 딸이다. 여하튼 두말할 것 없이 사람의 형상이다. 그 형상은 잠깐 들씌운 가죽뿐 아니라 내장의 구조도 확실히 금수가 아니라 사람이다. 오냐, 사람이다. 사람으로 보이지 않는 험한 길을 찾지 않으면 누구더러 찾으라 하리! 산정에 올라서서 내려다보는 것도 사람이 할 것이다. 오냐, 이 팔은 무엇하자는 팔이고 이 다리는 어디 쓰자는 다리냐?
경희는 두 팔을 번쩍 들었다. 두 다리로 껑충 뛰었다.

- 나혜석 / 〈경희〉, 『여자계』

1918년 3월 동경여자유학생친목회 잡지 『여자계(女子界)』 2호에 발표한 단편 〈경희〉에서 화자가 자신을 소개하는 구절이다. 이 구절은 여주인공 경희를 통해 조선을 떠난 나비가 되어 미국과 동경과 만주와 파리를 누볐던 자유주의자 나혜석의 일생을 요약해 준다. 일제 강점기와 개화 시대와 자유 대한민국에 걸쳐 살았던 그녀는 조선의 아녀자로 머무를 수 없었다. 불나방이 되더라도 화가이자 수필가, 시인, 조각가, 여성 사회운동가라야 했다.
1896년 4월 28일 경기도 수원시에서 시흥군 군수로 지낸 나기정

(羅基貞)의 5남매 가운데 둘째 딸로 태어났다. 아명(兒名)은 나아지(羅兒只), 아호는 정월(晶月)이다. 기억력이 좋고 총명한 그녀는 삼일여학교에 입학하면서 '명순'으로 불렸고 진명여학교에 편입하면서 스스로 '혜석'으로 개명했다. 이러한 자료보다는 "나는 싫어, 내 과거와 현재와 미래를 다 알고 있는 조선이 싫어. 조선 사람이 싫어"라는 그녀의 한마디가 정체성을 더 잘 설명해 준다.

그녀의 해외 편력은 일본 유학에서 시작한다. 1913년 둘째 오빠 경석의 권유로 동경여자미술전문학교 유화과(油畫科)에 재학하면서 다양한 분야를 익혔다. 우수한 성적과 달변으로 이광수, 염상섭, 신익희, 주요한, 김성수 등과 교류하였다. 1914년 『학지광(學之光)』에 현모양처와 부덕(婦德)을 비난하는 글을 쓰고 〈이상적 부인〉을 쓰면서 동경 유학생들의 화젯거리가 되었다.

한국 인물사에서 볼 때 나혜석은 한국에 유화의 위상을 정착시킨 최초의 여성 화가이자 전업화가다. 1921년 3월 유화 70점으로 조선 미술사에서는 최초로 경성일보(京城日報) 전시장인 내청각(지금의 코리아 헤럴드 자리)에서 유화전을 가져 장안을 떠들썩하게 했다. 인산인해를 이루었으며 그림 한 점에 3백 원(당시 한 달 평균 월급 20원 정도)에 팔리는 기록을 세웠다. 첫날부터 "여자가 전람회를 다 열다니! 천지개벽 이후 처음 있는 일이구먼"이라고 입을 모아 신기해했다.

그녀가 1921년 2월 26일자 《동아일보》에 쓴 〈회화와 조선 여자〉라는 글은 그녀의 사상을 잘 나타낸 것이다.

조선 여자는 결코 그림을 배우지 않으려 하니까 그렇지 일단 배우고자 할진대 반드시 외국 여자의 능히 따르지 못할 득점이 있는 실례를 나는 어느 고등 정도 학교에서 도화를 교수하는 동안에 발견하였습니다. 그러할 뿐 아니라 학생들에게 그림에 대한 자미(味)있는 이야기나 혹은 자기가 스케치하러 나갔을 때 감상을 말할 때에는 일반학생들은 매우 재미있게 듣는 것을 보았습니다. 그러하니까 아주 우리의 여러 가지 변형이 조선 여자로 하여금 그림에 대한 흥미를 줄 만한 기회와 편의(便宜)를 가로막고 있으니까 그렇지 만일 앞으로라도 일반여자에게 그림에 대한 취미를 고취할 만한 운동이 일어나기만 하면 반드시 여류화가가 배출될 줄로 믿습니다. 그리하여 비록 자기는 힘이 부치고 재조는 변변치 못하나 수히 단독 전람회를 열고 아무쪼록 일반 부인께서 많이 와서 구경하여 주도록 하여 볼까 합니다.

- 나혜석 / 〈회화와 조선 여자〉,《동아일보》, 1921. 2. 26.

그녀는 나아가 이광수와 염상섭 등의 소설에 표지를 그려 주었고 신문 삽화도 그렸다. 유화 외에도 데생, 판화, 목각화, 석각화, 조각, 신문 삽화, 책의 삽화 등 다양한 작품을 남겼다. 일상 풍경을 세밀하게 묘사하고 누드화도 그렸다. 정태적 인물상보다는 일하는 사람을 다루는 등 현실을 강조했다. 4월에 열린 제1회 서화협회전(協)인 근대 전시회에 유화를 출품했으며 고려미술회(高麗美術會) 멤버로 활동했다. 문필 활동도 적극적이어서 『개벽』,《동아일보》, 『조선문단(朝鮮文壇)』 등에 단편 소설, 계몽 산문 등을 발표하였다.

활발한 예술 활동에도 불구하고 나혜석은 언제나 고독한 여인이었다. 자신과 조선 사회에 대한 끝없는 회의가 그녀를 괴롭혔다. 부부란 무엇이며 여자의 삶이란 어떤 것이며 무엇이 옳게 사는 것인가? 예술과 인생에 대한 물음은 항상 위험을 동반한다. 생각은 그렇더라도 행동이 따르지 않으면 현실에서 문제가 되지 않지만, 행동이 앞서고 이론이 뒤따르면 사달이 나기 쉽다. 사회적 이론이 아니라 개인적 변명이 되기 때문이다. 하물며 그녀가 살고 있는 곳은 앞뒤가 막힌 조선 남자들의 세상이 아닌가. 하나의 돌파구가 필요한 그녀는 '양행(洋行)'이라는 서양으로의 길을 택했다.

"나는 가겠다."
"어디로?"
"파리로."
"무엇하러?"
"공부하러."

- 나혜석 / 〈신생활에 들면서〉, 《백만송이 장미》, p.302

조선이 싫어 파리로 간 그녀는 공부가 아니라 자신을 찾으려 했다. 무엇으로 자신을 찾는가. 예술이나 학문이 아니라 결과적으로 사랑이었다. 여성에게 사랑은 역사라고 하듯이 해일이나 토네이도처럼 여자의 모든 것을 쓸어 버린다. 주변의 모든 것은 불필요한 악이고 사랑이 약속하는 모든 것은 아름다움으로 미화된다. 사랑의 묘약을 마시면 무덤 하나 없이 구천을 떠돌게 될 줄 짐작이나 할까. 예술가라면 구천마저 사랑을 얻은 혹독한 대가라고 감수할지도 모른다.

2) 사랑과 배신의 파리

　개화기의 신여성으로서 나혜석은 적잖은 스캔들의 주인공이었다. 동경에서 공부하는 동안 나혜석은 청년 화가 사토우 야타(佐藤彌太)와 만났다. 회고에 의하면 사토우 야타는 그녀에게 "당신더러 일본 사람이 되라고 말하지 않겠습니다. 제가 조선 사람이 되겠어요"라며 피스톨을 내밀었다고 한다. 그는 『시라카바(白樺)』잡지에 'R子에게'라는 제목으로 고백문을 실었지만 나혜석은 그의 청을 거절했다.
　일본 체류 중 오빠 나경석의 친구인 게이오의숙 학생 최승구를 만나 연애하게 된다. 시인인 최승구는 일찍 부모를 여의고 결핵을 앓았고 본처가 있었다. 최승구의 숙부는 "첩을 들이는 것은 괜찮으나 이혼은 안 된다"라며 허락하지 않았다. 나혜석은 1916년 2월경 최승구가 위독하다는 연락을 받고 그를 찾아갔다. 최승구가 25세에 폐병과 결핵의 합병증으로 죽자 나혜석은 한동안 정신을 차리지 못했다. 첫사랑의 열병이었다.
　김우영은 나혜석을 만나기 3년 전 아내와 사별했다. 그는 도쿄와 국내를 오가며 10살이나 적은 나혜석에게 구애를 시작했지만 그녀의 관심은 결혼보다 '여성'이 되는 것이었다. 1920년 봄, 정신여학교 미술교사직을 사직한 그녀는 청혼을 받아들이되 지금도 회자되는 4개 조항을 내세웠다. '평생 지금처럼 사랑해 줄 것, 그림 그리는 것을 방해하지 말 것, 시어머니와 전실 딸과는 별거하게 해 줄 것, 최승구의 묘지에 비석을 세워 줄 것'이었고 김우영이 이 조건을 수락한 후, 그들은 신혼여행 장소를 최승구의 묘지로 잡았다.
　1921년 남편 김우영이 안동현(安東縣, 현재 단동) 부영사로 부임했을 때까지 그녀의 삶은 순탄했다. 외교관 부인으로서의 작품 활동을 했으며 안동부인회를 조직하여 독립투사들에게 무기를 제공하는 데 외교관의 부인이라는 특권을 이용하는 애국심도 발휘했다. 탄로 나서 남편의 입장이 위태로워지기도 했지만 조선의 여성으로서 재능과 실력과 사상에서 손색이 없었다. 그런데 9월 공무차 파리와 구라파 여러 나라를 순방하면서 나혜석의 운명을 바꾸는 시간이 일순간에 닥쳐왔다. 나혜석은 오래전부터 선진국들의 예술과 풍물을 익혀 낙후한 조선에 개화 바람을 일으켜야겠다고 작정했다. 그런데 아이들과 70 고령의 어머니가 있어 망설이는 자유인과 여류 화가에게 파리는 예술과 낭만의 도시로 비쳤다. 여성 최초로 일본에서 서양화를 공부했으니 어느 모로 보나 운명이 선사한 특권이었다. 그만큼 허영이나 방종도 자연스러웠다.

　나혜석이 파리에서 최린을 만난 것은 우연일까 필연일까. '조선 최초로 구미 여행에 오른 여성'인 나혜석과 전 매신 사장(前 每申社長) 최린은 파리의 정취를 즐길 만한 소양과 지위를 가지고 있었다. 여행자의 자유로움을 풀어 주는 센강과 화려한 살롱과 가스등이 깜박이는 파리의 거리는 동질감을 주었고 감정과 대화마저 상통했다. 연정은 눈이 없어 무분별하다. 우연과 필연이 합친 연정의 마지막도 당사자들이 만든다. 김우영이 친형제처럼 가까웠던 최린에게 베를린으로 떠나면서 나혜석을 돌봐 달라는 부탁이 그것이다. 조선 사회의 체통과 체면을 던진 그들은 "나는 공을 사랑합니다. 그러나 내 남편과 이혼은 아니하렵니다"라는 말과 "과연 당신의 할 말이요. 나는 그 말에 만족하오"라는 답을 교환하면서 두 사람은 유럽 궁중 로맨스 같은 연애에 빠져들었고 당연히 로맨스의 주인공이 되었다(〈이혼고백서〉, 『삼천리』, 1934년 8~9월). 1928년 11월 20일 저녁, 나혜석의 숙소인 셀렉트호텔로 최린이 들어왔으나 그는 돌아가지 않았다. 서로에게 매료되어 나혜석은 파리 유학생 사회에 최린의 작은댁이란 소문의 당사자가 되었다.

몽마르트 언덕부터 센강 미라보 다리까지 예술의 향취와 사랑의 체취가 물씬 풍기는 곳이 파리다. 예술의 꿈과 사랑의 자유에 몰입된 나혜석은 오래전부터 바라던 서구 방식을 실천하고 싶었다. 최린은 예술가 기질을 가졌고 말 잘하고 글 잘 쓰며 서도와 묵화에도 상당한 소양이 있었다. 최린에게서 본 것은 애인 최승구의 모습이었으므로 파리에서 상당히 감정적일 수밖에 없었다. 두 사람이 만나는 과정은 〈이혼고백서〉에 자세히 언급되어 있듯이 나혜석은 파리에서의 불륜을 황홀한 열정과 동일시하였고 진보된 여성이 되는 과정이라고 생각하였다. 최린도 나혜석을 '나에게 부여한 여신'이라 경탄하였고 그녀도 자신의 열정과 '예술적 기분'으로 옹호하였다.

그녀에게 파리는 모든 것이 신천지였다. 거리 풍경이며 예술가 사람들이 사는 모습이며 심지어 호텔 시설도 별천지였다. 무엇보다 조선의 아낙네가 아니라 세계 일주를 하고 파리 사교계의 귀부인이 된 것이 자랑스러웠다.

구미 만유기 1년 8개월간의 나의 생활은 이러하였다. 단발을 하고 양복을 입고 빵이나 차를 먹고 침대에서 자고 스케치 박스를 들고 연구소(아카데미)를 다니고, 책상에서 프랑스말 단자(單子, 단어)를 외우고, 때로는 사랑의 꿈도 꾸어 보고 장차 그림 대가(大家)가 될 공상도 해 보았다. 흥 나면 춤도 추어 보고 시간 있으면 연극장에도 갔다. 왕 전하와 각국 대신의 연회석상에도 참가해 보고 혁명가도 찾아보고, 여자 참정권론자도 만나 보았다. 프랑스 가정의 가족도 되어 보았다. 그 기분은 여성이요, 학생이요, 처녀로서이었다. 실상 조선 여성으로는 누리지 못할 경제상으로나 기분상 아무 장애 되는 일이 하나도 없었다.

- 나혜석 / 〈아아, 자유의 파리가 그리워〉, 『삼천리』, 1932. 1.

정신애가 없는 분방한 탐욕은 언젠가 파탄의 재만 남는다. 그것을 알더라도 수용하지 못했던 나혜석은 귀국하면서 불륜이 무엇인가를 절감한다. 자신은 여전히 자유여성론자였지만 남편과 사회는 비정하였다. 그 와중에도 애인 최린에게 도움을 청하면 무슨 요구든 협조하여 주리라 믿었다. 남편이 모든 진상을 알고 이혼을 진행할 무렵, 나혜석은 최린에게 "나는 남편과 자식, 체면과 명예를 던져 버렸고 심지어 예술마저 포기"하였지만 "당신이 항상 같이 있어 인생을 포기할 수 없었다"라고 정월(晶月)의 이름으로 편지를 보내고 답장을 간절히 기다렸지만, 만나 주기는커녕 회답조차 하지 않았다. 파리에서는 유부녀와 밀회를 했지만 조선에서는 남편과 집안에서 내쫓긴 여자와 열정을 재연출할 용기가 없었다. 망신당하고 싶지 않은 남자의 이기심이 여성의 열정을 무참히 깨부순 것이다.

3) 날개 없는 추락

나혜석은 자유를 얻었지만 자신을 나락으로 떨군 것은 자기 방임이다. 일찍이 그녀는 〈정조〉란 수필에서 "정조는 도덕도 법률도 아무 것도 아니요 오직 취미다. 밥 먹고 싶을 때 밥 먹고, 떡 먹고 싶을 때 떡 먹는 거와 같이 임의용지(任意用志)로 할 것이요, 결코 마음의 구속을 받을 것이 아니다"라고 썼다. 그녀는 자유와 연애를 위해 모든 것을 희생할 수 있다고 여겼지만, 열녀문에 이름을 올리려는 가문의 칼날에 얼마나 많은 여자들이 쓰러졌는가. 아직도 그것이 현재 진행 중인 나라에서 그녀의 정조론은 단지 웃음거리밖에 되지 못하였다. 모파상이 "남성에게 사랑은 한 페이지 일기일 뿐이나 여성에게는 생애의 역사"라고 했을 만큼 유럽에서도 쉬쉬하며 사귀는 형편이었다.

  나혜석은 확실히 유혹을 받았고 그것에 확실한 호기심을 가졌다. 유혹만큼 즐거운 매력이 없지만 불안이 항상 따라다닌다. 진보주의적 인생에게 유혹은 사상적 반응을 일으켜 때로는 이후에 다가오는 고통을 눈치 채지 못한다.

  겨울에 얼어붙은 개천 물을 보라.
  그 더럽게 흐르던 물이 어떻게 이렇게 희게 아름답게 얼어붙는가. 이것은 확실히 그 본체는 순정과 미를 잃지 않았던 것이다. 이 점으로 보아 진보해가는 사람을 생각하게 된다. 이러한 사람에게는 떨어진 물이 더러우면 더러울수록 떨어진 유혹의 길이 깊으면 깊어질수록 더 심각한 더 복잡한 현실을 엿보는 고로 이 의미로 보아 이러한 사람은 미혹에 처하면 처할수록 외면으로 비록 고통스러울지언정 내막은 풍부한 감정으로 살 수 있는 것이다. 그리고 세상 범사로 긍정해버리고 만다.

- 나혜석 / 〈유혹〉,《백만송이 장미》, pp.305~306

  그녀는 급격하게 추락하였다. 각국 대신들과 사교를 하던 귀부인이 남의 집 방구석에 웅크리는 신세가 되고 여객선 1등석과 연극 특등석이 사라져 버렸다. 쾌활하고 총기가 넘치던 화가가 바보가 되었다. 눈총 주는 사람들을 목격하면서 "누구에게든지 호감을 주던 내가 이제는 사람 만나기가 겁이 나고 사람이 싫다"라고 고백하게 되었다.

김우영은 "내 평생을 당신에게 맡기오"라는 나혜석이 최린에게 보냈다는 편지 사건을 듣고 격분하여 바로 다른 여자와 재혼을 했다. 이때 나혜석은 두 가지 놀라운 행동을 취한다. 하나는 1934년 잡지 『삼천리』에 공개 발표한 〈이혼고백서〉다. "조선 남성들 보시오. 조선의 남성이란 인간들은 참으로 이상하외다. 자기는 정조 관념이 없으면서 처에게나 일반 여성에게 정조를 요구하고 또 정조를 빼앗으려 합니다"라고 비난하며 "세상의 모든 조소, 힐책을 감수하면서 이 십자가를 등에 지고 묵묵히 나아가려 합니다", "여자도 사람이외다!"를 외친 〈이혼고백서〉는 결혼과 이혼에 대한 자신의 생각을 옹호하고 여자만의 정조를 요구하는 조선 남자들의 위선을 비판한다. 다른 하나는, 생활비 지원 약속을 지키지 않은 최린을 상대로 1934년 9월 20일 '최린을 상대로 한 제소장'에서 위자료 1만 2천 원을 청구하는 소송이다. 그 소장에서 그녀는 "원고는 부득이 ××를 허락하고 이래 피고의 유혹에 끌리어 수십 회 정조를 ××당하였다"라고 적었다. 최린은 파장을 잠재우기 위해 거금을 쥐어 주고 소송을 취하하도록 했다.

오늘날 〈이혼고백서〉와 '제소장'은 참으로 의미심장하다. "내 몸이 불꽃으로 타올라 한 줌 재가 될지언정 언젠가 먼 훗날 나의 피와 외침이 이 땅에 뿌려져 우리 후손 여성들은 좀 더 인간다운 삶을 살면서 내 이름을 기억할 것이다"라는 구절이 최근의 간통죄 폐지를 예언하듯 그녀는 홀로 싸웠다. 1935년 〈신생활에 들면서〉에서는 "사 남매 아이들아,

어미를 원망치 말고, 사회 제도와 도덕과 법률과 인습을 원망하라. 네 어미는 과도기에 선각자로 그 운명의 줄에 희생된 자였느니라"라고 전하며 "네 에미의 묘를 찾아 꽃 한 송이 꽂아다오"라고 부탁했다.

나혜석은 심경을 이렇게 적었다. "이혼 사건 이후 나는 조선에 있지 못할 사람으로 자타가 공인하는 바이었고 4, 5년간 있는 동안에도 실상 고통스러웠나니, 제1, 사회상으로 배척을 받을 뿐 아니라 나의 이력이 고급인 관계상 그림을 팔아먹기 어렵고 취직하기 어려워 생활 안정이 잡히지 못하였고 제2, 형제 친척이 가까이 있어 나를 보기 싫어하고, 불쌍히 여기고, 애처로이 생각하는 것이요. 제3, 친우 지인(知人)들이 내 행동을 유심히 보고 내 태도를 눈여겨보는 것이다"라고 부연하였다. 그러면서 "이보다 내 살을 긁어내는 고통은 종종 우편배달부가 전해 주는 딸아들의 편지"라고 말했다. 자식마저 만나지 못하는 처지에 '과거의 공적(功績)이 공(空)이 되었으니 따라다니는 과거를 껴안고 공(空)에서 생(生)의 목록'을 시작해야 하는 그녀의 신세는 참으로 한탄스러웠을 것이다.

나혜석은 입센의 단편 〈인형의 집〉을 무척 좋아했다. 노라가 바로 자신이라 여겼기 때문이다. 그녀는 길들여진 여자이기에 앞서 인격을 지닌 사람이 되려 하였고 그렇게 되지 못한 노라의 불행을 자신의 것이라 여겼다.

나는 사람이라네.
남편의 아내 되기 전에
자녀의 어미 되기 전에
아버지의 딸이 되기 전에

첫째로 사람이라네.

나는 사람이로세.

　　　　- 나혜석 / 〈노라〉 부분,《달 뜨고 별 지면 울고 싶어라》, p.213

노라를 놓아라

최후로 순수하게

엄밀히 막아 논

장벽에서

견고히 닫혔던 문을 열고

노라를 놓아 주게

　- 나혜석 / 〈인형의 집〉부분,《달 뜨고 별 지면 울고 싶어라》, p.219

4) 다시 파리를 꿈꾸었지만

"그림과 글을 통해 '나는 나혜석이다'" 그녀의 말처럼 나혜석은 우리나라 최초의 여성 서양화가, 최초의 여성 일본 유학생, 최초의 이혼녀, 최초의 유럽 여행 여성을 글과 그림으로 표현하였다. 1921년의 첫 개인전 후 최린과의 스캔들에도 불구하고 전업 작가로서 여자와 남자, 노인과 젊은이와 어린 아기, 유화와 판화, 조각, 세밀하게 묘사한 작품부터 형태만 갖춘 추상화에 이르기까지 일정한 주제와 소재에 얽매이지 않고 다양한 작품을 그렸다. 하지만 불행의 연속인지, 1932년, 금강산에 머물렀을 때 화재로 애지중지하던 작품 30~40여 점이 타 버린 충격으로 파킨슨씨병에 걸렸다. 수전증에 입까지 돌아가 온전히 걸을 수 없었고, 언어 소통에도 어려웠다. 1935년의 마지막 전시회까지 그린 작품이 800여 점 이상이라 하지만 대부분 한국 전쟁에서 유실되었고, 고작 10분의 1 정도가 남아 있다고 한다. 염상섭과 박종화 등은 그녀의 그림이 제대로 평가받지 못하였다며 아쉬워했고 미술평론가 이구열은 "나혜석은 한 시대의 두드러진 존재였지만 최린과의 파격적인 스캔들만 부각됐다"라며 안타까워하였다. 친구인 스님 일엽은 "진흙 속에 핀 꽃 나혜석을 말한다"라는 글을 남겨 그녀를 추모했다.

나혜석은 근대여성문학사의 서막을 장식한 문학가이기도 했다. 외교관 부인이며 세계 여러 나라를 여행하고 조선 사회에서는 이해하기 어려운 사상을 지녔으니 원고 청탁이 이어지는 것은 당연했다. 사회사상가와 여권운동가로서 칼럼을 기고하고 〈조선독립〉과 〈선전, 비평〉 외에도 《경희》, 《정순》 등 소설을 썼다. 1921년에는 잡지 『백조(白潮)』의 동인이 되었고 3·1운동을 지원하다 5개월간의 옥고를 치르기도 했다.

나혜석의 문학은 존재란 어떻게 이루어지는가를 묻는다. "여자도 사람이다"라는 말은 나혜석에게는 사람이 되려면 예술가가 되어야 한다는 의미였다. 사랑과 문학과 미술 읽기가 가능한 파리에서 그녀는 사랑을 예술 행위라고 여겼는지도 모른다. 나혜석은 자전 소설 《경희》와 시 〈광〉을 화폭에 옮기는 등 글의 제목과 일치하는 그림 11점을 그리면서 페미니즘 문학이 언젠가는 성 자유를 선언할 것이라고 믿었다. 유족과 관련된 기록에 따르면 그녀는 죽기 직전까지 글을 썼고 원고 높이가 '적어도 50센티미터'나 되었다는데, 그녀는 그곳에 무엇을 자전적 일기처럼 썼을까. 아쉽게도 다락에 쌓여 있다가 6·25 난리 통에 모두 없어지고 말았다.

나라는 해방되었지만 그녀의 삶은 그렇지 못하였다. 작품 활동은 거의 중단되고 폭언과 조롱은 심해졌다. 마지막 전시회를 통해 파리행 경비를 마련하려 하였으나 실패로 끝났다. 김우영이 경찰까지 동원하여 자녀들을 만나지 못하게 하는 가운데 정신 이상이 심하여 이후 행방이 갈수록 묘연해졌다. 사회의 냉대와 신경 쇠약 증세와 탕녀의 악평에 시달리던 그녀는 김일엽이 있는 수덕사에, 시가가 있는 대전에, 인왕산 청운양로원에, 경성보육원 농장에 모습을 잠시 드러냈으나 끝내 〈해인사의 풍광〉이라는 마지막 글을 남기고 눈보라 치는 12월 겨울에 마침내 쓰러졌다. 베르디의 〈라 트라비아타〉에서 연인들은 사랑을 이루기 위해 〈파리를 떠나서〉라는 아리아를 불렀지만 나혜석은 "파리에 살러 가지 말고 죽으러 가자"라고 절규했다.

나는 어느 날 산보를 하다가 움집 하나를 발견하였다. 나는 일부러 거적을 열고 그 안을 들여다보았다. 그리고 돌아서서 일어설 때 내 입에서는 이런 말이 새었다.
"너희는 나보다 행복스럽다. 이런 움집이라도 가졌으니."
(중략)
이렇게 생각하고 보니 다시 생각이 탁 막힌다.
가자, 파리로 살러 가지 말고 죽으러 가자. 나를 죽인 곳은 파리다. 나를 정말 여성으로 만들어준 곳도 파리다.
나는 파리에 가서 죽으련다.

- 나혜석 / 〈어디로 갈까〉 부분,《백만 송이 장미》, p.320

1948년 12월 '관보'에 "나혜석, 주소 미상 53세, 병사, 사망일 12월 10일"이라는 짧은 광고가 실렸다. 여러 차례의 행방불명이 있던 터라 아무도 그녀가 어디에 있는지 알려 하지 않았다. 다만 1948년 12월 10일 서울 용산구 원효로의 시립자제원에서 무연고 시신으로 처리되어 묘소가 경기도 화성군 봉담면의 어느 야산이라고 알려졌다. 묘소가 불명확하니 자식들이 꽃을 바치려면 파리로 가야 할지도 모른다.

복권은 1974년 회고전이 열리면서 시작되어 이구열의 《나혜석》 평전, 1977년 극작가 연극인 차범석 씨가 나혜석의 삶을 극화한 〈화조(火鳥)〉로 이어진다. 그녀의 다양한 실체인 작가, 페미니스트 화가, 자유주의자는 인정되어 2000년 2월에 문공부는 그녀를 문화인물로 선정하였다. 하지만 그녀는 무엇으로 후세에 남기를 원했을까.

나혜석은 〈내 일생〉에서 "나는 열여덟 살 때부터 20년간 별별 것을 다 겪었다."라고 말했다. 그 몸부림은 조선 여자와 달리 자신을 찾는 것이 행복이라 믿은 데서 시작했다.

우리 조선여자는 확실히 옛부터 오늘까지 나를 잊고 살아왔다. 아무 한 가지도 그 스스로 노력해 본 일이 없었고 스스로 구해본 일이 없었으며 그 혼자 번민해 본 일이 없었고 제 것으로 얻은 것이 아무 것도 없었다. 가이 없다. 나를 잊고 사는 것, 이것이야말로 처량한 일이 아닌가. 왜 우리는 자기 내심에 숨어있는 무한한 능력을 자각 못했고 그 능력의 발현(發現)을 시험하여 보려 들지 아니하였든고!

- 나혜석 / 〈나를 잊지 않는 행복〉 부분,
《가자 죽으러, 빠리로 가자》, p.129

나를 찾아 파리로 간 나혜석의 삶과 죽음은 우리에게 숱한 질문을 던진다. "펄펄 날던 저 제비 / 참혹한 사람의 손에 / 두 쭉지 두 다리 /

모두 상하였네. / 다시 살아나려고 / 발버둥치고 허덕이다 / 끝끝내 못 이기고 / 그만 척 늘어졌네. / 그러나……."

 나혜석이 '그러나' 뒤에 남겨 둔 말은 무엇일까. 그녀의 삶에 대한 찬반을 떠나 후세인들은 과연 '그녀처럼 용감할 수 있을까? 그녀처럼 자유로울 수 있을까?' 이 질문은 낙인처럼, 훈장처럼 항상 붙어 다닐 것이다.

참고자료

나혜석. 《가자 죽으러, 빠리로 가자》, 오상사, 1982.

나혜석. 〈경희〉,『여자계』, 1918.

나혜석. 《나혜석, 글 쓰는 여자의 탄생》, 장영은 엮음, 민음사, 2018.

나혜석. 《백만송이 장미》, 오상출판가, 1988.

나혜석. 〈신생활에 들면서〉,『삼천리』, 1935.

나혜석. 〈이혼고백서〉,『삼천리』 9월호, 1934. 08.

나혜석. 〈아아, 자유의 파리가 그리워〉,『삼천리』, 1932. 01.

나혜석. 〈회화와 조선여자〉,《동아일보》, 1921. 02. 26.

이상현 편저.《달 뜨고 별 지면 울고 싶어라》, 도서출판 국문, 1981.

위키백과. '나혜석', https://ko.wikipedia.org/wiki/%EB%82%98%ED%98%9C%EC%84%9D

한국학중앙연구원. '나혜석', 한국민족문화대백과사전, https://100.daum.net/encyclopedia/view/14XXE0011547

3. 박목월이 사랑한 여인상

1) 달빛에 뜬 목선

 한 작가의 삶과 문학을 이해하고 평가하는 방법은 그가 발표한 작품과 그것에 관한 비평을 함께 살펴보는 것이다. 시와 소설은 상상과 허구가 가미되어 작가의 일생을 이해하기에는 적절하지 않다. 보완책으로 자서전과 전기와 평전을 병행하지만 이것도 충분치 않다. 있는 그대로의 삶과 그것에 대한 자신의 생각을 솔직하게 담은 텍스트가 필요하다. 그것이 자전 수필이다.
 진실의 기록장(記錄帳)으로서 수필은 작가가 자신의 목소리로 자신의 감정과 삶과 문학을 이야기하는 통로이므로 가족과 고향, 자연과 사회, 문학과 신앙, 사랑과 우정은 물론, 은밀한 감정까지 기록한다. 시인이나 소설가를 제대로 이해하려면 전기적, 문헌적 가치를 지니는 수필과 일기와 편지를 살피는 게 도움이 된다. 시와 소설만으로는 작가를 구석구석 이해할 수 없다는 뜻이다.
 박목월(1915(혹은 1916)~1978)의 본명은 영종(泳鐘)으로 1939년 정재용 추천으로 시인이 되었다. 1946년 조지훈, 박두진과 함께《청록집》을 발간한 후,《산도화》,《난, 기타》,《청담》,《경상도와 가랑잎》,《무순》외에 동시집《산새알 물새알》과 수필집을 여러 권 발표하였다. 한국시인협회 회장으로 지냈고 한양대 문리대학장 재직 중 1978년 3월 아침 산책 후 고혈압으로 영면하여 용인 모란공원에 안장되었다. (이 약력은 박목월 탄생 100주년을 기념하여 태학사에서 발간하고 정민이 엮은 수필선집 《달과 고무신》(2015)에 소개된 이력을 재정리한 것이다.)

　박목월의 작가적 태동은 그의 수필 〈문학적 자서전〉에 나타나 있다. 경남 고성에서 태어나 서라벌 도읍지 경주에서 4~12세, 20~22세, 26~28세까지 살았던 그는 "두 가지 사실을 말하고 싶다"라고 하였다. 하나는 조국을 잃어버린 땅에서 자랐다는 것이며, 다른 하나는 유서 깊은 지방에서 성장하였다는 것이다. 경주가 박영종을 시인이자 수필가로 만든 배경이라는 것이다. 고성에서 6개월밖에 살지 못하고 소년기와 사춘기 시절을 경주에서 성장했기 때문에 경주를 출생지로 여기기도 한다. 졸업한 계성중학교를 '영혼의 요람'으로 부르며 문학 전통을 제공받았다고 회고한다. 실제 그곳에서 처음으로 동시를 썼고 그때 얻은 '시인'이라는 별명이 평생의 관사가 되었다.

　박목월의 시 세계를 구성하는 자전적 아이콘은 경주와 달과 고독과 사랑이다. 경주는 문학에 필요한 고독과 영감을 가져다주어 〈달빛에 목선(木船) 가듯〉에서 "친구도 여인도 다방도 없는 경주에서 인생의 개화기"를 맞이했다고 적었다. 경주는 낮에는 주판알을 튕기고 밤이면 시를 썼던 '천애(天涯)의 유배지(流配地)'였다.

　박목월의 삶에서 달을 뺄 수 없다. 목월(木月)이라는 호는 수주(樹州) 변영로의 '수(樹)' 자에서 '나무 목(木)' 자를 따고, 소월(素月)에서 '월(月)' 자를 따서 지었다고 전해질 정도로 시적 영감 자체였다. "소년 시절을 달빛 속에서 자랐다"라는 회상처럼 달과 직결되어 있다. "구름에 달 가듯" 살려 하였고 고무신을 잃었던 추억을 담은 〈달과 고무신〉에서 신라 왕릉과 탑에 비치는 달을 회상의 대상으로 그려 냈다. 더욱이 김동리와 문학적 차이로 인하여 헤어진 그해 5월의 달은 고독한 시인이 되게 한 결정적인 요인이었다.

고독한 자만이 고독으로 충만해지는 황홀감을 짐작할 수 있을 것이다. 문득 달빛에 목선 가듯이라는 시구가 입술에 떠오르게 된 것이다. 달빛만이 출렁거리는 망망대해(茫茫大海)에 끝없이 떠가는 목선 한 척. 그 작은 섬 하나. 그 고독한 존재, 고독의 경건한 세계를 깨닫게 된 것이다. 이 신비로운 체험은 오래오래 가슴에 남았다.

- 박목월 /《달빛에 목선(木船) 가듯》, p.240

그에게 고독은 외로운 감정(loneliness)이 아니라 영적 고독(solitide)으로서 한 번도 체험한 일이 없는 충만의 세계였다. 그의 고독이 "참으로 조용하고 편안하고 끝없이 넓고 깊은 세계이므로 고독을 회피하지 말라"(〈고독이라는 병〉)라는 점에서 릴케의 고독과 일치한다. "고독의 시련이 인간의 존재를 더욱 넓고 깊게 하고 자신만의 특수한 것을 성장, 심화시킨다"라고 〈고독, 그 불안한 서곡〉에서 밝히기도 하였다.

박목월의 고독 처방은 나이에 따라 변한다. 청년기에는 사랑으로, 중년기에는 문학으로, 생애 후반기에는 독실한 기독교인답게 신앙적으로 승화된다. 시적 갈증을 "길은 실낱같다"라고 묘사한 〈길처럼〉으로 『문장(文章)』지에서 추천을 받아 시인으로 데뷔한 후 떠난 동해안 방랑은 그에게 중요한 모험으로 작용한다. 평생의 화두 '달빛에 목선 가듯'을 얻은 것도 그때였다.

2) 모정에서 연정으로

사랑은 박목월의 삶을 이어 주는 생의 에너지였다. 그는 어머니의 전폭적인 모정으로 성장하고 여인들의 애심으로 성숙하고 아내의 헌신으로 안정을 얻은 다복한 작가다. 고독이 그를 시인으로 만들었다면 "사랑은 인간의 마지막 시련"이라는 릴케의 말처럼 사랑으로 수필가가 되었다.

박목월의 수필과 시는 사랑이 그의 문학을 일으킨 증거임을 보여 준다. 릴케적 애정은 톨스토이의 인간애로 발전시킨 수필 〈달빛에 목선(木船) 가듯〉에서 찾을 수 있다. 여기서 그는 "인간에게 가장 소중한 것이 사랑이고 가장 소중한 사업은 사랑하는 일이다"라고 하였다. 삶의 의욕이 없을 때든, 고독으로 고립되었을 때든 사랑을 소중히 여겼다. "나는 사랑이 없는 인생을 생각할 수 없다. 미가 없는 인생을 생각할 수 없는 것처럼 사랑하는 것을 하나도 가질 수 없는 인생은 생각할 수 없다"라고 수필 〈소중한 것〉에서 말하고, 〈사랑〉에서는 "사랑은 마주(魔酒)와 같다"라고 하였으며, 〈사랑의 목적〉에서는 "연애란 상대방을 신성한 것으로 여기는 것"이라 하였다. 〈실연에 대하여〉에서는 "20대 초반에 처음으로 사랑을 경험하였다"라고 고백한다. 에세이집 《밤에 쓴 인생론》의 첫 작품으로 〈에로스의 불길〉을 배치하였다. 이런 일관된 글쓰기를 살펴보면 그는 사랑의 아름다움을 전파하는 유미주의자로 보이기도 한다.

박목월의 산문 세계는 매우 넓다. 생전에 시인으로 주로 활동하여 산문을 병행하는 딜레마를 '쓰디쓴 약'에 비유하였지만 수필집 《보라빛 소묘(素描)》, 《밤에 쓴 인생론》, 《구름에 달 가듯이》를 연달아 상재하였고 생전에 편찬한 열 권 '박목월 자선집(自選集)' 중 여덟 권이 수필집이다. 자연, 고향, 사랑, 가족 이야기를 진솔하게 펼쳐 내면서 시와 산문으로 여성, 행복 등 인생론적인 주제를 서서 문체로 그려 냈다.

박목월의 사랑의 시발점은 어머니로, 동시 〈얼룩송아지〉는 어머니에 대한 헌사다. 1967년에 발간된 시집 《어머니》의 말미에 게재된 10장으로 이루어진 〈어머니에게 드리는 글월〉은 장편 헌사로서 수록된 74편의 토대라 하겠다. "어머니, 지난겨울은 어머니만 생각하며 보냈습니다"라는 구절은 작가의 지극한 사랑을 고스란히 보여 준다. 어머니의 존재를 처음 깨달은 때는 "아버지도 어머니도 외출하신 빈집"(〈어두워 드는 뜰〉)이라고 밝히고, "오냐오냐 내 새끼야"라는 실제 음성은 어머니의 존재를 현재화한다. 그에게 어머니는 기도와 기다림과 헌신의 표상이므로 다른 여성을 사랑한다면 어머니로부터 순조로운 수로가 열린 때라고 제5장에서 설명한다. 이처럼 그에게 어머니는 여성 찬양의 출발이고 사랑의 시원일 뿐만 아니라 모든 여성을 모성애의 화신으로 여길 정도로 사랑의 영도(領導)로 자리한다.

박목월의 첫사랑은 M이라는 동갑 소녀였다. 수필 〈M으로 시작되는 이름에게〉는 자신을 '그'라는 3인칭으로 표기하면서 그 과정을 그려 낸다. 초등학교 2학년 때 이웃집 M 양과 4학년 때까지 사귀고, 그녀가 15세에 결혼하면서 헤어졌지만, 소년기 내내 사모하였다. 엽서에 굵직한 연필로 쓴 사랑의 첫 편지로 문장(文章)에 눈을 뜨고 감성적인 시를 쓴 계기가 된다. 오죽하면 6학년 때 경주 앞산에 올라 그녀와 결혼하게 해 달라는 새벽 기도까지 했을까. 중학 졸업 후 K읍에 근무를 지망한 것도 그녀 때문이다. K읍 거리에서 우연히 만났지만 그것이 마지막이었다. 그의 첫사랑은 박목월이 결혼한 후에도 마음속 깊이 순정으로 각인된다. 『문장』지에 추천받은 처녀작 중에서 "슬픔의 씨를 뿌려 놓고 가 버린 가시내는 영영 오지를 않고……"라고 읊은 〈가시내사 가시내사 가시내사〉는 M 양을 추억하는 시로, 다른 여성을 사랑하여도 모두

M에 대한 그리움에서 시작한다고 했다. "그 후로 그가 깊이 사귄 모든 여인의 어느 일면이 그녀와 닮은 사실을 고백하지 않을 수 없다. 눈이라든가 웃는 모습이라든가 얼굴 생김새라든가 그녀는 그에게 여성에 대한 원형적(原型的)인 바탕이 되었으며 그녀의 모습을 통해서만 여인을 느끼고 발견할 수 있었던 것이다."(《M으로 시작되는 이름에서》)

사춘기 시절의 연정과 우정을 밝힌 수필에 〈사춘기의 연정〉이 있다. 중학교 2학년 때 오륙 세나 나이가 더 많은 석(石) 씨라는 연상의 여성에 대한 짝사랑을 매일 일기장에 적었다. 그녀에게 '박 선생'으로 불러 주기를 요청하여 학교 시절의 별명이 되었고 그녀가 넓은 구두를 신었을 때 여성의 품위를 지키지 않는다고 화를 내기도 했다. 박목월의 마음을 알지 못한 그녀가 '맑게 갠 수요일 정오'에 교회에서 치른 혼례식을 지켜본 후 실연의 아픔으로 친구 김 군과 늦도록 거리를 방황하다가 "그날 저녁에는 김 군이 나의 하숙방에 함께 자 주었다"라고 회상한다. 연정의 실연을 달래기 위해 농구부에 들었고 경북 대표 선수로 서울 경기에 참가했다. 그럼으로써 사춘기를 벗어나 명랑하고 활발한 청년기로 접어들었다.

3) H 양을 위한 아가(雅歌)

박목월의 삶과 사랑을 이야기할 때 반드시 거론되는 것은 39세 때 1954년 가을 이화여대생 H 양과 제주도로 도피한 사건이다. 부인 유익순 여사가 찾아간 후 두 사람이 헤어지고 그녀에게 〈이별의 노래〉라는 시를 지어 주었다는 비화를 남긴 연애다. 제주도라는 낯선 섬, 국문과 교수이자 시인, 젊은 여대생, 남편의 바람기를 너그러이 지켜본 아내로 이루어진 4개월의 도피와 귀가, 돈봉투와 옷가지, 작별의 시 한 편은 불륜을 드라마로 반전시켜 청마와 이영도의 사랑에 버금가는 연사(戀事)가 되었다. 이형기의 《박목월》 평전이 그의 도피를 비교적 객관적으로 설명하지만 두 사람의 만남과 작별을 살피려면 수필만큼 사실적인 자료가 없다.

〈달빛에 목선(木船) 가듯〉은 박목월의 격정과 혼동을 보여 주는 장수필이다. 그는 30대 후반 6·25 사변을 맞이하여 종군 시인으로 활동했지만 심적으로 방황했다. 자연스럽게 H로 불리는 여대생을 사귀게 되는데 그 만남을 "인간의 마지막 시련—사랑에 눈이 뜨면서 자신에게도 〈아가(雅歌)〉의 세계가 왔다"라고 적었다. 그녀를 "밤마다 나타난 인어공주, 생명의 광채, 장엄한 낙조"로 찬미하고 "나는 당신을 잉태했습니다… 무성한 당신의 모발 / 그 풍족한 여유 / 청결한 당신의 피부 / 그 청아한 유혹 …"으로 이어지는 시 〈아가(雅歌)〉를 완성하였다.

중년의 기혼자 시인이 사랑의 벼락을 제대로 맞았다. 솔로몬왕의 〈아가(雅歌)〉는 솔로몬왕이 그의 연인을 신앙적으로 찬미하는 갖가지 표현으로 이루어진 최고의 헌사다. 어린 시절부터 독실한 기독교 신자이고 고교생 시인으로 이성에 일찍이 눈을 떴던 중년의 대학교수에게 찾아온 사랑을 그는 어쩌지 못했다. 그게 아니라 한 쌍의 남녀가 벌이는 애정, 정열, 욕망, 기쁨 등의 감정에 도취된 그냥 남자였다.

박목월이 제주도에서 그녀와 보낸 4개월 밀월기를 적은 수필은 없다. 그러나 그녀와 헤어진 후의 좌절감과 몇 차례 만난 사연은 일기처럼 수필에 기록하였다. 〈실연에 대하여〉에서 박목월은 '우리'로 지칭하고 "부디 몸조심하십시오. 하느님께서 우리를 측은하게 여겨 주실 거예요."라는 그녀의 마지막 인사를 기억하며 헤어진 후 거의 한 달 가까이 눈을 붙이지 못하고 죽을 기력조차 상실했던 비애를 토로하였다. 두 사람의 연줄은 죽음조차 끊어 내지 못하는 심줄이었다. 〈실연에 대하여〉의 중반부에서는 그들의 관계를 잘 알고 있는 S 여사로부터 "그녀의 안부를 듣게 되자 무심결에 흐르는 눈물"을 금할 수 없었다는 절절함도 고스란히 적고 있다.

후반부에는 그녀와 헤어진 수년 후 우연히 눈 내리는 서울 길거리에서 다시 만났다가 말없이 헤어졌을 때 손목시계가 멈추었다는 것을 발견한 후 눈물의 회오를 쓴 시가 〈눈물의 Fairy〉이다. "… 사랑하느냐고. / 지금도 눈물 어린 / 눈이 바람에 휩쓸린다. / 연한 잎새가 펴나는 그 편으로 일어 오는 / 그 이름, 눈물의 페어리"로 불렀을 정도로 제주도 4개월 밀월이 끝났지만 인연은 끝이 아니었다. 그 회한과 연민과 갈등을 담아낸 것에 〈기러기 울어예는…〉이 있다.

〈기러기 울어예는…〉은 박목월의 사랑이 소재이지만 장르의 실험으로 해석할 만한 사소설 같은 사적 단편이다. "사랑이란?", "전설로 본 사랑의 본질", "하늘빛 갑사치마의 여인", "축배 넘치는 병실", "엄청난 운명", "기러기 울어예는…"이라는 6장으로 이루어진다. 동심과 사춘기 순정을 거친 그는 30대 후반에 벼락같은 열정을 맞이하였다. 사랑은 "인간의 마지막 시련이며, 우리의 모든 생활은 그것을 위한 준비에 불과합니다"라는 릴케의 말로 시작하고 경상도 문경 새재에서 전해 오는 선비와 낭자의 기다림과 만남을 재(灰)로 표현하면서 "사랑이란 시련 속에서 감정이 완전 연소되는 슬픈 이미지"로 풀어낸다. 화자가 '나'임을 밝히는 가운데 하늘빛 갑사 치마저고리를 입고 사무실로 찾아온 첫 대면과 병을 앓는 그녀를 길에서 우연히 만나 나눈 짧으나 극적인 "살아 계셨군요"라는 대화, '하룻밤만이라고 병실을 지켜 달라는 부탁'을 거절하지 못하여 그녀의 머리맡에서 보낸 봄날의 철야, 마지막을 예감하고 그녀의 집으로 찾아간 가을 달빛 저녁, 다음 날 그의 시계가 오후 5시 30분에 또 멈춘 가운데 "기러기 울어예는 / 하늘 구만리 / 바람이 서늘 불어, 가을은 깊었네 / 아아 너도 가고 나도 가야지…"라는 '이별의 노래'는 아리아와 다름없었다. 어찌 보면 자신의 사랑을 문학적 소재로 삼아 시, 소설, 수필, 전기를 합친 새로운 장르를 실험했다고 말할 수 있다.

4) 폭설과 달빛으로 맞이하는 이별

"내가 그녀를 방문한 것은 눈이 내리는 날이었다. 백발이 되면 죽기 전에 한 번쯤 만나보고, 이승을 하직하려니 하고 젊은 날에 마음속으로 다짐하던 그녀를 찾아가게 된 것이다."

- 박목월 / 〈종말의 의미〉,《밤에 쓴 인생론》, p.50

〈종말의 의미〉에 실린 내용으로 보면 박목월이 H 양과의 마지막 작별을 위해 집으로 찾아간 것은 분명하다. 그때의 기록으로 〈담담한 방문〉과 앞서 소개한 〈기러기 울어예는…〉이 있다. 전자는 단편 소설의 분량으로 꽃 화병 하나 놓인 응접실과 동양식 작별을 고하는 두 남녀와 석별 후 집을 나설 때 펑펑 내리는 오후 눈발과 시 〈방문〉으로 짜인다. "「안녕!」 나는 비로소 그녀를 향하여 한 가닥의 여한(餘恨)도 없는 〈결별의 손〉을 치켜 든 것이다"로 엔딩한다. 후자는 바람과 보름달빛에 풍겨 오는 향기, "내세를 믿으세요"라는 그녀의 질문, 시 〈이별의 노래〉이며 마무리는 "다음 날 오후 5시 30분, 갑자기 내 시계가 멎어버렸다"로 짜여 있다.

두 스토리는 사건과 등장인물이 일하지만 배경은 다르다. 어쩌면 박목월은 마지막이라고 여긴 작별을 두 번 하였을지도 모른다. 아니면 마지막 작별의 아픔을 살려 줄 적절한 분위기로 모순이지만 보름달과 눈발을 모두 놓칠 수 없다고 여겼을지도 모른다.

> 끝으로 이 이야기는 물론 어느 시인이 그려 올린 가상적인 하나의 이미지에 불과한 것이라 생각해도 좋고, 사실이라 믿어도 좋다. 다만 창조자(시인이든 소설가든)는 상상적 허구적인 세계와 실제의 세계 사이에 사는 사람이며, 사실인 듯 거짓을 말할 수도 있고, 거짓인 듯 사실을 말할 수도 있을 것이다.
> - 박목월 /《그대와 차 한 잔을 나누며》, p.292

백발 노신사와 죽음을 앞둔 H 여인과의 '동양식 하직'은 이승의 마지막 잔불이다. 죽음을 가까이 두고 제주도를 떠올릴 수밖에 없었던 그들에게 마지막 작별은 거사임에 틀림없다. 눈발이 인생의 발자국을 가려 주든, 달빛이 그들을 환하게 비추든 사랑의 눈물과 한숨에 숨 막힌다. 그 속에서 시인 박목월은 "나의 슬픔은 그 이별이 끝난 뒤부터 시작되었다"라는 고백을 남겨 숱한 연인들이 헤어지는 순간을 지금도 대변한다.

그녀와 헤어진 후 박목월은 아내가 기다리는 집으로 직행하지 못하고 효자동에서 두 달 숨은 듯 하숙 생활을 했다. 〈달빛에 목선(木船) 가듯〉은 그때의 처지를 고스란히 고백한 수필이며 시 〈뻐꾹새〉에서는 "사람과 사람 사이의 인연도 안개다"라고 읊었고 시 〈효자동〉에서는 마태복음 5장과 사랑의 세계를 타이르는 고린도전서 13장을 읽으며 자신을 달랬다. "마음이 가난한 자는 복이 있나니 그 말씀과 그 위로. 그런 밤일수록 눈물이 베개를 적시고 한밤중에 줄기찬 비가 왔다."(《밤에 쓴 인생론》 p.321)라며 눈물로 건너온 30대의 격류를 회상조로 적었다.

박목월의 시와 수필에는 사랑의 여러 대상이 나타나지만 'H, 그 여인'만큼 그의 삶과 문학과 죽음의 순간까지 영향을 미친 사람이 없다. 인내심이 강했던 부인 유익순 여사가 오죽하면 여성의 촉으로 혹독한 시련이 될 것이라 확신했을까.

> 그러나 꼭 한 번 남편이 삼십 대 말기에 여성 문제로 나는 혹독한 시련을 겪었습니다. 나는 처음부터 이것이 얼마나 중대한 문제인가를 깨닫고 있었습니다. 그래서 당황하지 않고 침착하게 치러야 한다는 것을 스스로 다짐했습니다. 남편이 감정적으로 한동안 설레지만 종국에는 가정으로 돌아오리라는 것도 알고 있었습니다. 그래서 그와 정면으로 맞서지 않고 다만, 하나님만 의지해서 참고 기다렸습니다. 그 후 모든 물결이 잠들고 남편이 환한 얼굴로 돌아왔을 때 나는 새삼스럽게 가정의 힘이라는 것을 깨달았습니다.
> - 박목월 / 〈아내의 변(辯)〉,《밤에 쓴 인생론》, p.119

가정으로 돌아온 박목월은 이후 냉정하게 자신을 세웠고 문학과 학문에 전념하였다. 아내와 자식이 있는 가정에 충실하였고 가족이 함께 살 집도 새로 지었다. "남편이 사회에 나돌아 다니더라도 그의 뒤에는 항상 고무줄을 달고 다니는 것입니다"라는 유 여사의 말처럼 "충실하고 알뜰하고 신앙심 깊고 남편을 머리처럼 섬긴" 아내를 〈기나긴 여로의 동반자〉로 여겼다. 그러면서 박목월은 평생 한 번뿐이었던 사랑의 홍역이 남긴 반점(斑點)을 시와 수필의 행간에 심었다. 그리고 "구만리 기러기 울어예는 뜻을 내사 알겠네"라고 혼잣말을 하였다.

5) 목선을 실은 달밤이면

박목월의 문학적 서정성은 정지용이 "북한에 소월이가 있다면 남한에는 목월이가 있다"라는 말로 요약된다. 나아가 1978년에 삼중당에서 발간된 '박목월 자선집' 10권 중 8책이 산문집일 정도로 수필가로서 박목월을 이해하지 못하면 시인으로서 그의 문학도 말하기 어렵다. 〈나의 문학청년시절〉은 청년기 시인의 경주 시절을, 〈내가 걷는 하나의 길〉은 학문과 문학을 겸하는 생활을, 〈성공에 대하여〉에서는 "삶의 핵심 속에 시를 쓰려는 의욕과 정열과 꿈을 박아 넣고" 살았다고 회상한다. 〈교직 조끼〉는 평생 산문적인 세계와 시적 세계라는 이질적(異質的)인 두 세계를 날마다 짠다는 생활을, 별세하기 2년 전에 쓴 〈나무를 나무로 볼 수 있는 나이의 의미〉는 시인의 길이 축복이었음을 회고한다. 이런 창작의 충만감과 공허감을 작가의 분신인 만년필로 나타냈다.

겨우 끝맺음
넘버를 매긴다.
마흔 다섯 장의
산문 (흩날리는 글발)

이천 원에 이백 원이 부족한

초췌한 나의 분신들

아내는 앓고……

지쳐 쓰러진 만년필의

너무나 엄숙한

와신(身)

- 박목월 / 〈심야의 커피〉 부분

집필이 끝난 새벽에 지쳐 늘어진 만년필의 와신(臥身)으로 자신을 위로한다. "만년필이 주어진 것은 잡문을 쓰기 위한 것이 아닐 테지만, 그렇다 하여 나는 시(詩)만으로 나의 의무를 감당할 수 없었다"라고 고백할 만큼 시가 그의 문학을 표현한다면 수필은 그의 삶의 기록장이다. 박목월은 62세인 1978년 3월 24일 새벽 산책에서 돌아온 후 지병인 고혈압으로 영면하였다. 구름에 달 가듯이 자연스럽고 달빛에 목선 가듯 때로는 출렁거리며 아름답게 떠난 나그네였다.

평생 그가 지녔던 문학적 화두는 듣는 귀였다. "누구나 / 인간은 / 반쯤 다른 세계에 / 귀를 모으고 산다. / 멸(滅)한 것의 아른한 음성(音聲). 그 발자국 소리를, / 그리고 / 세상은 환한 사월(四月) 상순(上旬)"(〈사월 상순〉 부분)과 "백발이 서리치는 지금에 겨우 나는 고독의 음성을 들을 수 있는 귀가 열린 것이다"라는 고백에도 나타나 있다.

박목월이 귀를 열어 마지막까지 다시 듣고 싶었던 소리는 뭘까. 사랑의 시인이자 수필가였으니 그는 제주도의 파도 소리, '방문' 날에 들었던 찻잔 놓는 소리, 함박눈 내리는 소리, 효자동 하숙집의 뻐꾸기 소리도 분명 포함될 것이다.

참고자료

박동규·박목월.《아버지와 아들》, 대산출판사, 2007.

박목월.《달과 고무신》, 정민 엮음, 태학사, 2015.

박목월.《달빛에 木船 가듯》, 어문각, 1986.

박목월.《그대와 차 한잔을 나누며》, 자유문학사, 1985.

박목월.《밤에 쓴 人生論》, 삼중당, 1984.

박목월.《내 영혼의 숲에 내리는 별빛》, 문학세계사, 1979.

박목월.《어머니》, 삼중당, 1967.

이형기 편저.《박목월 평전·시선집-자하산 청노루》, 문학세계사, 1986.

정창범.《달빛 되어 떠난 청노루 나그네》, 문지사, 2020.

4. 이중섭 엽서화와 가족애

1) 길 없는 길을 찾아

　소달구지가 가족을 태우고 간다. 앞장선 아버지는 구름을 날리고 아내는 아프리카 여인처럼 투실한 젖가슴을 내밀었다. 두둥실 신이 난 아이들은 비둘기를 날리고 앞발을 내디딘 황소는 웃음기 가득한 얼굴에 발걸음도 힘이 넘친다. 삐거덕거리는 달구지 소리가 경쾌하고 온 가족이 함께 부르는 노래는 달콤한 멜로디로 들린다. 행복한 가족 나들이를 떠나는 모습이 피난이고, 여행이고, 하루 나들이로 보이지만, 실은 아내와 자식이 일본으로 떠난 이 년여 후, 1954년에 그린 〈길 떠나는 가족〉임을 알게 되면 자꾸만 눈시울이 촉촉해진다.

　이중섭은 일본에 있는 가족에게 다시 간다는 생각을 하면 즐거우면서 슬펐다. 전쟁과 생이별, 가난, 외로움이 뒤엉킨 시대의 진창을 허우적거리면서도 그를 살게 하고 그림을 그리게 한 유일한 끈은 가족이었다. 함께 살기를 바라던 갈망을 그는 소달구지를 탄 가족에 담았다.

　가족은 쉼터이면서 단단한 울타리다. 이중섭의 그림은 '길', '떠남', '가족'이라는 세 단어로 이루어져 있다. 4명의 사람과 소와 우마차가 너울거리는 끈으로 이어진 그림을 보면 문득 스페인의 바르셀로나에 지금도 세워지고 있는 엄청난 규모의 성가족성당이 떠오른다. 안토니 가우디가 설계한 이 성당은 예수와 마리아와 요셉에게 헌정한 건축물로 가족의 신성함을 반영한다. 초라한 소달구지와 장엄한 대리석 건축물을 어찌 비교할까만 가족 이미지를 모두 곡선으로 표현했다는 점은 알아야 한다.

일제 강점기에 태어난 이중섭 화가는 일본 여자와 결혼하고 해방을 맞았으나 죽을 때까지 고향 평원, 평양, 원산, 도쿄, 원산, 부산, 제주, 통영, 서울을 거쳐 망우리까지 유성처럼 헤매며 떠돌았다. 그가 바랐던 것은 유랑이 아니라 정주할 가정이었지만 시대는 거친 벌판이었다.

〈길 떠나는 가족〉은 29×64.5cm 종이에 유화로 그린 그의 대표작이다. 그의 천재적인 재능과 가족애를 합친 〈길 떠나는 가족〉에는 유화 두 점과 수채화 한 점이 있을 정도로 소 그림만큼이나 갖가지 이야기를 담고 있다. 수채화 밑에는 가족에게 보내는 편지가 적혀 있다.

> 태현 군, 우리 태현이 잘 지내지요. 학교 친구들도 다들 건강하지요? 아빠는 건강하게 전시회 준비를 하고 있어요. 아빠가 오늘 엄마, 태성이, 태현이가 소달구지를 타고 … 아빠는 앞에서 소를 끌면서 … 따스한 남쪽 나라로 함께 가는 그림을 그렸어요. 소 위에는 구름이 떠 있네요. 그럼 건강히 잘 지내요.
>
> 아빠 ㅈㅜㅇㅅㅓㅂ
> - 이중섭 /《이중섭 편지》, p.196

처자식을 잠시 만난 후 다시 방문할 준비를 하던 1954년에 그렸으니 소달구지 그림은 애절한 편지 자체였다. 돈이 없어 화선지를 살 수 없으면 담뱃갑 안 포장지인 은지(銀紙)도 마다하지 않을 만큼 가족의 행복을 위해서라면 뭐든 할 각오가 되어 있었다. 엽서에 글을 쓰고 그림을 그린 엽서를 한 장밖에 보내지 못하면 그렇게 미안하게 여겼다. 마흔 살에 초현실주의적 재능을 마감했지만 가족에게 보낸 은지화와 엽서화 덕분에 그는 오늘날까지도 "슥삭슥삭, 또 그려서 보내 줄 테니

기다려 주세요"라는 목소리가 지금도 들릴 정도로 쉼 없는 영감과 정감으로 그림을 그린 화가다.

2) 생애를 받쳐 준 소

이중섭의 초기 생애는 비교적 순탄했다. 1916년 부유한 농가에서 유복자로 태어나 8세 때 평양 이문리에 있던 외가에 머무르며 종로공립보통학교를 다녔다. 졸업 후 평안북도 정주의 오산학교에 입학한 그때부터 반항심이 자라기 시작했다. 18세에 학교 건물을 새로 짓기 위해 오산학교 교실을 불태웠다는 소문이 있으며 국어말살정책에 반발해 한글 자모로 구성 그림을 시도했다고 한다. 게다가 향토의 소재로 소를 택하고 10년간 틈나는 대로 소를 관찰하였다.

오산학교에서 예일대학교 미술과를 졸업한 수재 임용련 선생에게 미술 지도를 받으면서 화가로서의 인생이 시작되었다. 졸업 앨범에 한반도를 그려 소동을 일으킨 그는 1937년 일본으로 미술 유학을 떠나 분카학원(文化學院) 미술과에 입학하여 20세기 모더니즘을 공부했다. 구상, 김환기, 문학수 등과 사귀었고 야마모토 마사코라는 일본인 여성과 사랑에 빠졌다. 독립전과 자유전에 그림을 출품하였으며 1940년에는 미술창작가협회전(자유전의 개칭) 수상, 1943년에는 태양상(太陽賞)을 수상한 후, 프랑스 유학을 가고 싶었으나 태평양 전쟁으로 가지 못하였다. 1943년 8월 이중섭은 조선으로 돌아왔다. 이중섭이 귀향한 후 야마모토 마사코는 1945년 4월에 사랑을 찾아 천신만고 끝에 원산에 와 결혼하고 이남덕이라 이름을 얻었다. 해방을 맞아 1946년에는 원산사

범학교에 미술 교사로 잠시 근무하면서 벽화 제작을 해 주고 받은 돈으로 구입한 불상을 늘 몸에 지니고 다녔다. 공산 치하에서 북조선미술동맹에 가입하는 고초를 겪다가 월남했지만 전시의 생활은 늘 곤궁하였다. 종군화가를 마치고 1953년에는 통영에서 40점의 작품으로 다방 개인전을 열었다. 이듬해 박생광의 초대로 잠시 진주에서 작품 활동을 하고 대한미협전에 출품하였고 투병하면서도 1955년에는 미도파 화랑과 대구의 미국공보원에서 개인전을 가졌다.

이중섭의 그림 소재로는 가족 외에 소, 닭, 어린이(童子), 게 등이 많다. 이들 소재는 동화적이면서 자전적(自傳的)인 요소를 지닌다. 작품의 특징은 유채화, 연필화, 수채화, 잉크화 등 재료가 다양하고 책 표지, 시험지 조각, 장판지, 엽서, 은박지 등 가리지 않았다는 것이다. 담배 속지에 그린 은지화는 그의 독창적이고 실험적인 기법을 대표한다.

은지화는 고려청자의 상감기법과 장식적인 효과에서 독보적이었다. 엽서에 그린 수묵화의 '번지기 기법'과 강인한 선은 고구려 벽화와 비슷하다. 자유분방하고 강렬한 선묘는 독특한 생명감을 지닌 구성으로 자신의 미적 감정을 발산했다. 이런 화풍이 생성하는 율동감과 생동감은 소 그림과 가족 그림에서 잘 나타난다.

이중섭의 소는 투박한 화풍을 대표한다. '나는 누구인가'라는 철학적 질문과 자신을 의미하는 소 그림은 25점으로 〈흰 소〉, 〈황소〉, 〈떠받으려는 소〉, 〈싸우는 소〉, 〈덤벼드는 소〉가 대표작에 속한다. 일제의 압박에서도 우직하게 살아가는 민중과 개인적으로는 잃어버린 고향을 상징한다. 빨강, 파랑, 노랑과 같은 선명한 색과 한쪽 눈과 두 발만 보이는 모습은 소의 근육을 강조하여 역동성과 운동성을 강조한다.

《이중섭 평전》에 시인 고은은 "이중섭이 일생 동안 본 소는 우시장의 장꾼들이 본 소보다 많았을 것"이라고 썼다. 그가 원산에 살던 시절 어느 집 소를 몇날 며칠 동안 지켜보다 소도둑으로 몰리기도 하였다. 소를 많이 그린 현대 화가로서 파블로 피카소가 있고 소설에 소를 자주 등장시킨 작가는 헤밍웨이가 있다. 뉴욕 맨해튼 월스트리트 증권거래소 앞에는 미끈하고 거대한 황금색 황소가 월가(街)의 비공식적 마스코트로 서 있다.

이중섭의 소는 1951년 제주도 서귀포 이중섭의 방에 붙어 있었고 서한집 《그릴 수 없는 사랑의 빛깔까지도》에 실린 시 〈소의 말〉이 대변해 준다. 소의 숨결은 "높고 뚜렷하고 참되다." 그것의 삶은 "외롭고 서글프고 그리운 것"이지만 "맑게 두 눈 열고 / 가슴 환히 / 헤치다"라고 한 순수성이 그것이다.

소의 심상은 고스란히 화가의 시절 삶을 대변한다. 이중섭은 6·25 때 전쟁에 휘말린 소가 남쪽으로 떠나는 모습을, 그가 슬프고 외로우면 가족을 실은 소달구지를, 고통을 받으면 싸우는 소를 선택하였다. 이중섭 삶의 대리인으로서 소는 쉼 없이 사실적인 애환을 몽환적으로 풀어낸다. 특히 1953년에 그린 〈황소〉는 붉은 노을을 배경으로 고개를 한껏 들고 검은 눈망울을 번뜩이며, 골격을 꿈틀거리며 울부짖는 모습이다. 바라다볼수록 고통이 폭발하며 우리를 뛰쳐나올 것만 같다. 당시의 이중섭의 그 자체임을 알 수 있다.

3) 아고리와 남덕의 부부애

아내 마사코는 그녀의 집안이 두 사람의 결혼을 반대했었다고 알려져 있으나 훗날 그런 적이 없다고 밝혔다. 그녀의 아버지는 애지중지하던 막내딸의 의견을 존중해 이중섭과의 결혼을 허락하였고, 딸의 결혼식을 보지 못하는 것을 안타까워했다. 친정아버지가 돌아가면서 딸이 궁핍한 생활에서 벗어나도록 유산을 남겨 온 가족이 함께 일본으로 가려고 하였으나 이중섭은 여권이 없어 가지 못하였다.

6·25 전쟁이 발발하여 정부가 짠 일정에 따라 이중섭과 그의 가족은 서귀포로 옮겨 가야 했다. 제주항에서 서귀포까지 "여비가 없어 맨 나중에 3일 동안 눈 속을 걸어서 도착했다"(《이중섭 평전》 p.259)라고 할 만큼 고난의 피난이었다. 마을 이장 부부 집의 한 평도 안 되는 곁방을 배정받으면서 네 식구의 궁핍이 시작되었다. 정부 배급과 이웃이 나누어 주는 음식과 바다에서 잡은 게와 해초로 생계를 간신히 꾸렸지만 그래도 함께 있을 수 있었던 즐거운 시절이었다. 그때의 행복은 후일 엽서와 편지와 은박지에서 고스란히 되살아난다. 이중섭은 오랜 노력과 구상의 도움으로 일주일 동안만 머물고 귀국한다는 조건이 붙은 선원보증서를 받아 1953년 7월, 일본으로 건너갔다. 아내와 아이들이 떠난 지 꼬박 1년 만의 일이었다. 귀국한 후, 일본에서 입고 온 베이지색 양복을 자랑하면서도 일본산에는 나무가 너무 빽빽하여 답답했다라고 밝혀 마음이 편치 않았음을 짐작할 수 있다.

이중섭은 부산 영주동 판잣집을 거쳐 통영으로 갔다. 통영 바다는 서귀포 바다였고 그곳에는 다시 건너고 싶은 현해탄 바다가 있었다. "불을 땔 수 없는 사방 아홉 자의 냉방은 혼자 자는 사람에겐 더 차가워질 뿐 조금도 따뜻한 밤은 없었소"라고 탄식했지만 "사랑하는 아내와 자식들의 생활 안정과 대향의 예술 완성을 위하여 오직 최선을 다할 작정이니 나의 귀엽고 참된, 내 마음의 주인 남덕 군, 대향을 굳게 믿고 마음 편하게 밝고 힘찬 장차의 일만을 생각하면서 매일매일 행복하게 지내 주시오"라는 포부를 엽서에 실어 보냈다.

일본에서 자라는 아이들이 외롭지 않도록 발가벗은 채 즐겁게 뛰어노는 아이들을 많이 그렸다. 원을 그리며 놀거나 둥글게 춤추는 동작을 그리고 복숭아나 게 등 장수와 복을 뜻하는 사물을 배치했다. 자신의 가족은 성스럽고 서로 손을 마주잡고 올바른 눈으로 서로를 똑바로 바라보자는 소망이었다. 그는 자신들이 '굳건한 인간성을 바탕으로 맺어진 부부와 가족'이므로 아내에게 "돈 때문에 너무 걱정하다가 소중한 맘을 흐리게 하지 않게끔 노력해요"라고 부탁하며 "진정한 인간성의 일치야말로 세상에서 가장 소중한 것"이라는 믿음을 전달했다. 이중섭의 그림과 편지는 모두 '우리 부부는 가난 따위가 절대로 흔들어 놓을 수 없을 만큼 뜨겁게 사랑하는 행복한 가족'이라는 공통 주제를 갖는다.

이중섭의 편지는 1952년 무렵부터 생을 마감한 1956년경까지 계속된다. 모두 일본어로 쓰였지만 절절한 그리움과 애틋한 사랑을 만국어라 할 그림으로 채웠다. 하루도 가족을 생각하지 않은 날이 없을 만큼 그는 아내에게 "사흘에 한 통씩 반드시 편지 보내 줘요"라고 부탁하였고 때로는 "3일에 한 번 편지를 보내는데 우표 살 돈이 없다는 게 말이나 되오?"라고 짜증을 부렸다. 편지를 받으면 몇 번이고 읽고 또 읽었다. 그림과 글이 어우러진 엽서 편지를 쓸 때 "연애편지라도 쓰는 것처럼 편지를 쓰다가 몇 번씩 찢어 버리고, 꼭 그림을 곁들였다. 봉투를 쓸 때는 굵은 펜으로 글씨를 마음에 들 때까지 다듬었다"라고 친구 박고석은 "중섭의 정성이 가관이었다"라고 했다. 그리고 "유달리 턱이 기니까 턱을 뜻하는 '아고'를 앞에 붙여 '아고리'"라고 불렀다(《이중섭 평전》 p.102).

"자기가 가장 사랑하는 소중한 아내를, 진심으로 모든 걸 바쳐 사랑할 수 없는 사람은 결코 훌륭한 일을 할 수 없소. 독신으로 제작하는 사람도 있지만, 아고리(이중섭)는 그런 타입의 화공은 아니오. 자신을 올바르게 보고 있소. 예술은 무한한 애정의 표현이오. 참된 애정의 표현이오. 참된 애정에 충만함으로써 비로소 마음이 맑아지는 것이오. 마음의 거울이 맑아야 비로소 우주의 모든 것이 올바르게 마음에 비치는 것 아니겠소?"

1954년 12월 연말 서울
- 이중섭 /《이중섭의 편지와 그림들》, p.128

나의 사랑하는 소중한 아고리.
마음에 맺힌 긴 편지 두 통 함께 보았습니다. 당신의 힘찬 애정을 전신에 느껴, 남덕은 마냥 기뻐서 가슴이 가득했습니다. 이렇게까지 사랑을 받는 나는 온 세계의 누구보다도 가장 행복합니다. 이것만 있으면 아무것도 두려울 것이 없습니다. 충분합니다. 아무것도 바라지 않습니다. … 어리석은 남덕은 지금 이렇게 헤어지고 나서야 비로소 저 자신이 얼마나 당신을 필요로 하는지, 얼마나 깊이 깊이 전신전령(全身全靈)을 다해서 당신을 사랑하고 있는가를 절실히 깨달았답니다.

- 이중섭 /《지울 수 없는 사랑의 빛깔까지도》, pp.127~128

〈가족을 그리는 화가〉는 이중섭이 아들에게 보낸 편지에 동봉한 그림이다. 더위를 피하려고 팬티만 입은 채 그림을 그리는 이중섭의 오른편에는 수십 점의 닭 그림이 포개져 있고 뒤쪽 벽면에는 소가 걸려 있고, 방바닥에는 편지 봉투가 여기저기 놓여 있는데 겉에는 '야마모토 마사코' 또는 '태현 태성'이라고 적혀 있다. 방바닥에 놓인 펜은 그림붓보다 훨씬 크게 그려져 있는데 가족에게 편지를 쓰는 펜이 그림을 그리는 붓보다 더 소중하다는 의미다. 그 그림은 아내 남덕에게 보낸 편지의 스토리와 같다.

'… 끝없이 훌륭하고… 끝없이 다정하고… 나만의 아름답고 상냥한 천사여… 더욱더 힘을 내서 더욱더 건강하게 지내줘요. 화공 이중섭은 반드시 가장 사랑하는 현처 남덕 씨를 행복한 천사로 해 드높고 아름답고 끝없이 넓게 이 세상에 돋을새김해 보이겠어요. 자신만만 자신만만. 나는 우리 가족과 선량한 모든 사람들을 위해서 진실로 새로운 표현을, 위대한 표현을 계속할 것이라오. 나의 사랑하는 아내 남덕 천사 만세 만세.'

　　　　　　　　　　　- 이중섭 /《이중섭 편지와 그림들》, p.116

이중섭은 매 편지마다 자신은 위대하고 창의적이며 작품도 가장 훌륭하다는 점을 확신시켜 주려고 애를 썼다. 그러면서 아내를 부를 때면 연애편지를 잘 쓰는 청년이 되어 갖가지 애칭을 편지 첫머리에 붙였다. "귀엽고 소중한 남덕 씨"와 "소중하고 사랑스러운 남덕에게"는 기본이었고, "예쁘고 소중한 내 사람이여!!!!", "가장 아름답고 소중하고 소중한 내 사랑 내 기쁨의 샘 남덕 씨", "나의 진정한 희망의 꽃봉오리 남덕 씨", "나의 소중한 기쁨이여, 귀중하고 유일한 사람이여", "나만의 귀여운 남덕 씨", "마음 저 깊은 곳에서 기쁨을 일으키는 그대", "나만의 진실 된 사람이여", "나의 귀중하고 유일한 천사", "나의 가장 높고 가장 크고 가장 아름다운 기쁨", "한없이 상냥하고 가장 사랑스러운 사람"이라고 불렀다.

오늘의 시점에서 보아도 노골적인 문구를 넣었다. "당신의 멋진 모든 것을 꽉꽉 포옹해 보고 싶소. 길고 긴 입맞춤을 하고 싶소"라든지 "사랑스러운 발가락을 소중히… 사진 카메라로 빨리 찍어서 보내 주세요.", "그대의 모든 것을 꼭 끌어안고 길고 긴 키스를 보내오", "상냥하게 쓰다듬고 또 쓰다듬어 주세요…. 더 더 세차게 안아 주세요"라든지 "자, 세차게 세차게 그대를 안아 보오", "부드럽게 받아 주세요"처럼 페티시즘과 에로티시즘이 풀풀 넘치는 문구를 서슴없이 애용하였다.

편지만 보아도 그지없이 살가운 부부답게 가족을 만나러 일본으로 갔을 때 지니고 다녔던 불상과 70매 가량의 은박지 그림을 아내에게 맡겼다. 어쩌면 그는 이것이 마지막 상봉임을 눈치챘을지도 모른다. 그 후 일본에 있는 가족에게 수십 통의 엽서화를 보내면서 재방문하려고 온갖 노력을 하였지만 다시 만나지 못했다.

4) 망우리로 가는 날

1955년 7월부터 정신 이상 증세가 나타나 이중섭은 대구 성가병원에 입원했다. 친구들의 배려로 여러 병원에서 치료받아 호전되었으나 무단 퇴원과 불규칙한 생활로 악화되어 9월 6일 호시절에 그는 향년 39세로 적십자병원 311호 병실에서 세상을 떴다. 친구들이 십시일반으로 모은 장례비로 9월 11일 활활 몸을 태우고 하얀 뼛가루가 되어 망우리 공동묘지에 안장되었다. 재 일부는 마지막에 머물렀던 정릉 계곡에 뿌려지고 나머지 뼛가루는 구상이 이듬해 야마모토 마사코이며 이남덕 여사인 그의 아내에게 전달하였다. 그날은 9월 6일 금요일, 사후 1주기가 되는 날이었다. 일제 강점기에 태어나 일본 여자와 결혼하고 해방을 맞이했지만 삶은 항상 동토(凍土)였던 고달프고 외로운 화가였다. 그가 5년 6개월 동안 그린 작품은 약 500점이고 은지화 3점과 그림 2점은 뉴욕 근대 미술관에 소장되어 있다.

이중섭이 누구인가를 알려면 미술사학자 최열의 《이중섭 평전》을 읽을 필요가 있다. 그는 "책을 펴내며"의 말미에서 이중섭의 예술이 무엇을 일러 주는가를 다음과 같이 말했다.

이 책을 읽는 당신이 화가라면 왜 예술을 하는지 질문하는 기회가 되기를, 당신이 그림 애호가라면 어떻게 살아야 하는지 스스로 묻기를, 만약 당신이 화상이라면 무엇을 위해 그림을 파는지 성찰하기 바란다. 당신이 해맑은 독자라면 책을 읽는 내내 그가 햇살 타고 당신의 집 앞마당에 나비처럼 환생하는 꿈을 꾸길 바란다.

- 최열 / "책을 펴내며", 《이중섭 평전》, p.7

=== 참고자료 ===

이중섭. 《이중섭 편지》, 양억관 옮김, 현실문화, 2015.
이중섭. 《이중섭의 편지와 그림들》, 박재삼 옮김, 다빈치, 2011.

이중섭.《이중섭, 그대에게 가는 길》, 박재삼 번역, 다빈치, 2000.
이중섭.《그릴 수 없는 사랑의 빛깔까지도》, 한국문학사, 1980.
최열.《이중섭 평전》, 돌베개, 2014, 2018.

5. 뱀과 미인도의 천경자

1) 나의 인생 노트

뭔가 가득 머리에 인 여인네 등에 업혀 나는 고갯길을 가고 있었던 것 같다.

고개를 드니 막막하고 희뿌연 하늘색 세계가 흡사 비닐하우스에서 숨 쉬는 겨울 배추같이 연약한 내 안막 속으로 생소하게 스며든다. 등에 업힌 나는 뽀얗게 보이는 꽃나무 옆을 지나 어느 집 사립문을 열고 들어간 것 같다. 그것이 내가 세상에 태어나 처음으로 본 하늘이요 꽃이요 자연이었다.

어느 봄날 할아버지 제상(祭床)에 올렸던 음식을 골고루 담은 광주리를 인 건네뱅이 언니 등에 업혀 외가에 따라간 것이다.

그 꽃은 살구꽃이었다고 더 좀 커서 나는 알게 됐다. 누이동생이 생기고 제사도 여러 차례 돌아오고 지나갔다. 외할머니의 회갑 잔치, 숙모의 결혼식도 성숙해 가는 눈으로 보았다.

- 천경자 / 〈나의 인생노트 1〉, 《한》, p.123

어린 시절 천경자가 기억하는 꽃의 뽀얀 이미지는 후일 꽃보라 같은 동네, 운석처럼 튀어 오른 큰 불, 황갈색 탁류, 길례 언니의 모자, 황금빛 뱀, 나비, 열대의 검은 여인, 흰 코끼리 등 강렬한 색채 조합으로 발전한다.

천경자는 1924년 11월 11일 전라남도 고흥군에서 군서기였던 아버지 천성욱과 무남독녀였던 어머니 박운아의 1남 2녀 중 장녀로 태어났다. 당시 고흥에서 영향력 있고 재력이 있었던 외할아버지는 맏손녀를 금지옥엽으로 예뻐하며 옥자(玉子)라 이름 짓고 《심청전》, 《흥부전》, 《춘향전》 등을 수시로 들려주었다. 남장하여 서당에 보내어 천자문과 창(唱)을 배우도록 했다. 보통학교 1학년 때는 일본인 담임 선생이 그림 소질을 발견해주었고 대청마루 횟가루 벽에 여인상을 그리면서 화가 겸 수필가의 길을 걸어야 하는 운명을 일찍이 보여 주었다.

천경자는 화가가 될 결심을 했지만 부모의 반대가 심했다. 어느 날 공부에 미친 한 청년이 학생복을 입고 영어를 중얼거리며 지나가는 모습에 힌트를 얻어 미친 시늉을 한 덕분에 도쿄여자미술전문학교에 가게 되었다고 〈나의 인생노트〉에서 밝힌다. 입학하면서 옥자라는 이름을 버리고 스스로 경자(鏡子)라 하였다. 야수파나 입체파보다는 곱고 섬세한 일본화풍에 마음이 쏠려 고바야 가와요시 선생의 가르침을 받았다. 1942년 제22회 조선미술전람회에 외할아버지를 그린 〈조부(祖父)〉가 입선하고 1943년 제23회 조선미술전람회에 외할머니를 그린 졸업 작품 〈노부(老婦)〉가 특선 후보에 올랐으나 머리카락이 너무 희다는 것이 흠이 되어 입선에 그쳤다. 그 실망으로 기숙사에서 울었던 일은 그녀에게는 '슬픈 낭만 같은 회상'의 시작이 되었다.

그녀는 전쟁과 해방이라는 시류(時流)에 말려 행복한 결혼을 하지 못했다. 운명대로 결혼을 했지만 남편이 무능한 탓에 돈을 벌기 위해 모교인 지금의 전남여고의 미술 교사가 되었다. 교사로 근무하면서 일요일이면 스케치북을 들고 광주 구석구석을 돌아다니며 그림을 그렸고 교무실에서도 그림을 그렸다. 그때까지 그녀의 결혼 생활과 직장 생활은 다른 여인과 다를 바 없었다. 자식을 낳고 선생 봉급을 살림에 보태고 친정 일에 시간을 쪼겠다. 꿈은 먼 채 세월만 흘렀다.

　화가로서 꽃피운 곳은 서울이다. 어머니에게 딸을 맡기고 누이동생과 어린 아들만 데리고 사돈댁에 머물며 1949년 동화백화점 화랑(지금의 신세계)에서 첫 개인전을 열었다. 여류 화가가 드문 시대였던 만큼 개인전은 대성공이었다. 개인전이 끝날 무렵 별거 중이던 남편 주변 사람들이 그림을 부수겠다고 협박했지만 그림은 잘 팔렸고 홍익대학교에 입학하게 되었다. 1년 후, 남편이 유명을 달리하면서 여자의 '희비극은 막을 내리고' 미술가로서의 탄탄대로가 펼쳐졌다.

2) 뱀으로 똬리 튼 한(恨)

　화가로서 자리를 잡는 동안 애정의 꽃도 피웠다. 상대는 두 번째 남편인 김남중으로 전남일보 사회부 기자였고 유머가 넘치고 건장하여 여성들에게 인기가 많았다. 당시 천경자는 홀몸으로 두 아이를 기르고 있었지만. "청춘에 메말라 버린 나는 목 타는 사막에서 감로수를 마신 기분이었다."라고 할 정도로 그에게 푹 빠졌다. 떳떳하지 못한 관계에 대한 자괴감과 그의 변덕스러운 태도 때문에 한번 씩 결별을 결심했지만 실행하지 못하는 나날이 이어졌.

　천경자는 2남 2녀를 낳았다. 첫 남편 이철식 사이에 1남 1녀를 두었고, 김남중과도 1남 1녀를 두었다. 아이들에게 남미짱과 후닷닷, 미도파와 쫑쫑이라는 애칭을 붙이고 그들을 모델로 그림을 그리고 글을 썼다. 물론 중심에는 항상 본인이 있고 그림 그리는 손이 있었다.

예부터 사람은 답답하면 자기의 손금을 보는 습성이 있는 것 같다. 나는 지금 답답해서라기보다도 손금에 희망을 걸고 내 손바닥을 보고 있는 것이다.

행운의 별은 어디에 있는가, 약지(藥指)의 아랫바닥 아폴로의 언덕(宮)에 별 모양의 금이 생기면 행운이 찾아온다고 하던데…. 꼭 믿는 것은 아니지만 그저 재미를 붙여 본다.

손바닥에 별이 있다고 생각하고 들여다보면 있는 것 같기도 하고 없다고 생각하고 보면 별은 보이지 않는다. 그게 얼마만큼 일을 많이 했느냐는 기분에 달려 있는 것 같다. 손금에 대한 결론은 그 이상 추구할 필요는 없다.

- 천경자 / 〈손금을 보며〉, 《한》, pp.65~66

화가의 손이 주춤거리며 방황하던 1949년, 서울 전시회를 마치고 광주로 돌아오는 3등 열차에서 하나의 환상이 엄습했다. 그것은 햇빛에 꽃 비늘을 반짝거리며 찔레꽃 사이로 순식간에 사라지는 실뱀 두 마리였다. 그녀는 다음 날 백지를 잘라 스케치북을 만들고, 뱀 집을 찾았다. 뱀을 그리겠다는 그녀의 굳은 결심을 본 주인은 상자를 열어 뱀의 목을 잡고 포즈를 취해 주는 친절을 베풀었다. 뱀 스케치를 시작한 지 얼마 되지 않아 한국 전쟁이 터졌지만 하루도 거르지 않고 뱀 가게를 찾았다. 한 달이 지나면서 독사가 꽃처럼 아름답게 보였고, 화가 나면 몸이 부풀어 오르면서 몸을 꼿꼿이 세우는 뱀에게서 자신의 운명을 보았다. 내면에서 저항과 뜨거운 열정이 치솟으며 살아야겠다는 의지를 다졌다.

태초부터 뱀과 여인은 악연의 관계다. 성경에서 뱀은 이브를 유혹해 금단의 열매를 따 먹게 하여 신의 분노를 샀다. 그 벌로 뱀은 기어 다니며 흙을 먹고, 여자는 아이를 낳으며 해산의 고통을 겪게 되었다. 하지만 천경자에게 뱀은 공포의 대상이라기보다는 위기를 닥치면 일어서는 묘한 충동을 일으켰다. 독으로 자신을 보호하는 뱀이 그녀를 지켜주는 수호자처럼 보였다. 찔레꽃 향기 밑을 스치는 두 마리 실뱀을 본 어린 시절의 추억을 떠올리며 험한 세상에서 살아남기 위해 뱀으로 자신의 운명과 사랑을 그리기 시작하였다.

그 시절에 센티멘털 자니가 아닌 센티멘털 곡마단장 같은 환상을 나는 보았다. 사람인지 환상인지 어슴푸레한 뱀띠의 사나이였다. 화폭의 뱀이 거의 끝날 무렵 도대체 몇 마리가 들어 있는가 하고 헤기 시작했지만 하도 많아 엇갈리고 손가락으로 헬 수 없어 성냥개비를 그림 속 머리에 하나하나 놓았다가 화투짝처럼 쓸어 모아 헤어보니 서른세 마리였다.
나는 다시 두 마리를 더 그려 넣어 뱀띠 사나이의 나이에다 맞췄다. 그 후부터 나는 곡마단장 같은 환상을 짝사랑했다. 뭐든지 그가 바란다면 말도 타고 춤도 추고 공중그네라도 타고, 그가 하라는 대로 말을 잘 들어 주고 싶었다. 그리고 그 환상이 나비가 되면, 먼 무지개 너머 세계로 사라지게 된다면 나도 나비가 되고 싶었다.

- 천경자 / 〈인생노트〉,《한》, pp.130~131

혀를 날름거리며 창자처럼 뒤엉킨 서른세 마리의 뱀을 그린 〈생태〉가 완성되면서 천경자는 인생의 고비와 전환기마다 뱀을 그리기 시작했다.

1952년 부산 피난 시절에 다방에서 열린 개인 전시회에 출품한 〈생태〉는 일대 선풍을 일으켰다. "뱀을 그리는 그…"라는 별칭을 붙고 평소 친하게 지내던 음식점 마담이 축하연을 베풀어 주었다. 술이 거나하게 취해 분위기가 무르익자 그녀는 〈수궁가〉를 애달프게 불러 댔다. 어린 시절 창을 배운 솜씨도 있지만 토끼가 거북에게 꼬임을 받아 간을 뺐다고 거짓말을 해야 하는 신세가 사랑을 잃은 자신이라 생각한 건가. 애절한 곡조에 분위기가 숙연해졌다고 전해진다(《천경자 평전》 p.54).
  당시 시대적으로 괴기한 뱀 그림은 관심을 불러일으켰지만 팔릴 리가 없었다. 견디다 못해 금융조합의 높은 사람을 찾아가 그림을 그릴 수 있게 해 달라고 사정하니 2만 환을 꺼내 주면서 그림 한 점을 보내 달라고 했다. 그런 개인적인 에피소드 보다는 저주의 뱀을 자신의 화폭에 초대한 경이로운 예술성에 경탄해야 할 것이다.

3) 서울의 장밋빛과 회색빛

  천경자의 작품 활동은 3기로 나누어진다. 1기는 19살 이후부터 전남여고 미술 교사 시절까지, 2기는 환상적이며 몽환적인 분위기의 그림을 그린 시기, 3기는 1969년 이후로서 여행 시리즈와 미인도가 보여 주는 화려한 색감과 과감한 묘사의 시기이다.
  제2기의 전성시대를 맞이한 천경자에게 천경자의 아버지가 돌아가신 후 어느 날 홍익대학교 교수 김환기가 함께 일하자는 제안을 해 왔다. 광주를 떠날 때가 되었다고 직감한 그녀는 가겠다는 답장을 보냈다. 1954년은 화가 천경자의 인생에서 커다란 전환점이 되었다.

그해 봄 한복 차람의 천경자가 대학 강단에 섰다. 미술학부장인 윤효중은 그녀를 '미스 천'이라고 불렀지만 뱃속에는 김남중의 아이가 자라고 있었고 덩달아 고민도 커졌다. 미국 유학으로 한국 추상 조각의 선구자로 인정받고 홍익대에서 근무하고 있던 홍정숙이 그 사연을 듣고 "광주에서 재혼식을 올렸다고 하고, 서울에서 피로연을 열라"라는 제안을 했다. 천경자는 식당 '이학'을 예약하고 광주에 있던 김남중을 오라 하여 피로연을 열었다. 당시 김남중은 호남을 대표하는 언론인이지만 그녀의 신분은 숨겨진 둘째 부인이었다. 목석처럼 피로연에 앉아 있던 그는 사라져 버렸고 청파동 셋방으로 돌아와 보니 큰 대자로 방에 누워 있었다 한다. 신랑 없는 피로연은 또 하나의 잿빛 구름이었다.

서울에서의 생활은 어려움도 많았지만, 광주 때와는 분위기가 달랐다. 서울에서 남편과 만나면서 신혼 느낌을 주어 그림에도 연애한다는 이미지가 나타났다. 생활에는 설렘과 희망이, 작품에 붉은 색조를 보태지면서 후일 천경자 화풍이 이루어졌다.

행불행과 희비극이 사람을 강하게 만든다. 1955년 청파동을 떠나 종로구 사직동에 월세를 얻어 이사했을 무렵 김남중은 본부인이 득남했다는 소식과 함께 발길을 끊었다. 그녀는 오뉴월 비가 억수로 쏟아지는 밤이면 빗소리를 반주 삼아 그를 죽으라고 저주하다 쓰러져 잠이 들었다. 그러면 꿈에서 죽은 그녀를 사람들이 떠메 갔고, 《죄와 벌》에서 라스콜리니코프를 사랑하던 창녀 소냐처럼 엉엉 울며 뒤를 따랐다고 한다.

월세로 든 집마저 팔려 찾을 돈도 없이 쫓겨나게 되었다. 이제 남편 아닌 남편을 정리하겠다고 굳게 마음먹고 광주 집을 팔려고 했으나 이미 남편 이름으로 명의 변경이 되어 있었다. 방을 비우라는 집주인의 성화 속에서 '대한미협전'에 출품할 작품 〈정〉을 완성했다. 큰딸 혜선을 모델로 그린 이 작품에서 해바라기들은 해를 잃고, 큰 꽃송이가 버거워 맥없이 고개를 숙이고 있다. 검은 고양이를 안고 있는 소녀의 표정은 불안했다. 화면은 온통 덮은 붉은색은 장밋빛 희망이 아니었다. 며칠 후 '대한미협전'에 구경 갔다가 〈정〉이 대통령상을 받은 것을 알고 눈물이 마구 쏟아져 그 자리에서 펑펑 울었다. 그것이 천경자의 여리디 여린 화가와 인간으로서 본 모습이다.

감수성의 표현은 눈물이다. 보통 사람은 웃을 때 호호부터 파안대소까지 다채롭게 표현하지만 예술가는 웃음에 서툴다. 웃는다 하더라도 표정이 일그러진다. 감정이 섬세하여 기쁨도 눈물로, 한숨으로, 통곡으로 표현한다. 눈물이 심리적 정화기제이기도 하지만 예술적 열정이란 현실의 난제를 입술을 깨물고 인내하는 것이다. 참고 기다려 피워 낸 표현이 펑펑 흘리는 눈물이다. 작가든 음악가든 조각가든 창조하는 사람은 웃음이 서툴 수밖에 없다.

일찍이 문학에도 관심이 많았던 천경자는 강의가 없는 날이면 명동의 동방싸롱에 가서 문인들과 교유했다. 당시 문인, 화가, 연극인 구분없이 가난한 그들은 누군가 원고료를 받거나 그림이 팔리면 함께 차를 마시고 막걸리 집을 전전했다. 김광균, 박인환, 조지훈, 김수영, 조병화 등의 문인들과 이중섭, 천경자, 변종하 등의 화가들이 명동을 찾았다. 탤런트 최불암 모친이 경영한 은성주점은 동동주로 유명했고, 동방싸롱은 모나리자 다방을 드나들던 문인들을 위해 사업가 김동근이 지어 준 3층짜리 건물이었다. 1층이 싸롱, 2층은 집필실, 3층에는 회의실이 있어 문학관 역할을 했다. 그곳에서 천경자는 많은 예술가와 문인들과 친분을 맺었다. 당시 대담한 원색 체크무늬 오버코트를 즐겨 입고 담배를 즐겨 피우고 긴 손톱은 가져 자연스럽게 그녀의 아이콘이 되었다.

어느 날, 일 년이 지나도록 연락이 없던 남편에게서 연락이 왔다. "오랜만에 서울에 왔는데 피로연을 했던 '이학'으로" 와 달라고 했다. 어머니가 절대 가지 말라 하여 굳게 마음먹었지만, 시간이 다가오자 허둥지둥 뛰쳐나가 그를 만났다. 처음 자신의 집을 가져 안정을 찾았지만 남편과의 신경전은 계속되었다. 싸우고 헤어졌지만 '사랑하는 아내'라는 편지 한 구절에 용서하는 일이 반복되었다. 소설가 손소희는 매일이다시피 남편에게 편지를 쓰는 천경자가 이해할 수 없었다고 한다(《천경자 평전》 p.86). 수필가로서 천경자의 글 솜씨가 그때 단련되었을지 모르나 여자로서는 한스러운 기간이었다. 그들의 불편한 관계는 어느 날 남편과 외출한 후 돌아와 눈썹만 빼고 얼굴을 닦아 준 풍경에도 나타난다.

남편은 먼지가 덜 닦인 부분의 먼지를 두어 번 씻은 후 눈썹이 있는 자국에 가서는 엄지손가락 위에다 수건을 걸치고 마치 화공(畫工)이 그림을 그릴 때처럼 크레이언만 제치고 교묘하게 그 부근을 닦아 주는 것이었다. 그 순간 나는 비로소 사랑의 척도니 뭐니 하는 것이란 이만저만 어리석은 자학심(自虐心)이 아닌 것을 느꼈고 그 다음 순간 그 자학심(自虐心)이 스륵스륵 무너져 가는 것도 느꼈으며 가슴 깊이 눈물조차 고이는 것도 느낄 수가 있었.

… 그때 나는 눈물을 억제하고 타월을 다시 받아 내 손으로 남편 앞에서 눈썹에 그린 크레이언을 용감히도 싹싹 문질러 버렸다.

- 천경자 / 〈눈썹〉, 《사랑이 깊으면 외로움도 깊어라》, p.157

천경자에게 옥인동은 "내 나이 39세에서 46세 사이, 길다면 길고 짧

앉다면 짧다고 생각할 수 있는 9년이라는 세월, 내가 여자로서 가장 밝고 행복한 시절"의 장소라고 회상할 정도였다. 서울로 올라온 남편이 세 자식과 트위스트를 추면서 언덕 위 집으로 오는 순간을 수필로 몇 차례나 묘사했다. 무엇보다 석유난로가 타오르고 눈이 내리면 "눈은 어떤 체념의 미(美)같다"라면서 고무신을 끌고 골목을 나섰고 그때마다 소지품을 하나씩 잃어버린다(《쫑쫑》 p.247)고 실었다. 적어도 자신은 서울행을, 다른 한 사람은 호남선을 탔다고 밝힌 《한》 이전까지의 삶이 그랬다.

1960년대 후반 들어 서울생활은 그녀를 불안으로 몰아넣었다. 사주에 천고(千孤) 피가 들어 있는 것인지, 작가로서 성공을 거두고 생활이 안정될수록 마음 한구석에는 고독감과 우울감이 커졌다. 고독을 인간의 조건으로 여겼던 그녀는 초상화를 자주 그렸다. 창작은 "벽에 부딪히고 싶은 외로움이 인간을 아름답게 만든다"라는 믿음처럼 고독으로부터의 해방을 위해 스스로 외로운 길을 자청했다.

서울에서의 생활은 겉으로는 안정되었지만 속으로는 우울증에 빠지고 자살 충동까지 느꼈다. 그때 그린 작품이 〈자살의 미〉다. 회색빛 구름이 너울거리는 가운데 믹서기 안에의 시든 수선화는 극한 상황을 드러낸다. 밖으로 삐져나온 여윈 손은 절박한 구조를 요청하는 절규의 표현에 가깝다. 미켈란젤로의 〈천지창조〉에서는 아담의 손을 잡으려는 하나님의 손이 지척에 있었는데 〈자살의 미〉엔 아예 붙잡아 주는 손이 없다.

1969년 또다시 찾아온 정신적 방황을 겪고 있을 때 천경자는 20대 시절이 오늘의 자신을 만들었다는 생각으로 뱀을 다시 그렸다. 똬리를 틀고 긴 혀를 날름거리는 커다란 뱀 한 마리를 화폭 한복판에 그린 〈군도〉는 탈출을 바라는 화가의 무의식을 표현한 것이다.

천경자는 광주를 떠나 서울에 오면서 생의 활력을 얻었던 것처럼, 이번에는 서울을 떠나 세계로 가야 한다는 충동이 일어났다. 아이들도 컸고, 쫑쫑의 아버지인 김남중과의 낭만적인 사랑도 '잃어버린 결혼식'으로 여기면서 작가와 화가로 열정을 불태우는 것이 사는 방식이라 여겼다. 아프리카 같은 먼 이국적인 장소가 필요했다. 그녀는 언제나 바람을 탔다는 것을 깨달았다. 일본 유학도, 두 번째 사랑도, 서울행도 바람이었다. 어디서 일어나 어디로 가는지 모르는 바람 위에 떠 있는 인생이라고 여긴 그녀는 1969년 5월 타이티로 떠나면서 그림 그리는 여행자가 되었다.

4) 6월의 신부에서 사막의 여왕으로

천경자는 자신의 생일날을 제대로 기억하지 못한다. 그런데 서울에서의 개인전 첫날인 1949년 6월 2일만은 묘하게 기억했다고 말한다. 화가가 될 꿈에 부풀어 있었고 개인전 마지막 날 전신화 그림을 짊어진 지게꾼을 놓쳐 버린 사건이 있던 날이었다. 장미, 패랭이꽃, 안개꽃이 무성히 피어나는 6월은 계절의 여왕이고 그녀는 화가로서의 인생을 시작하여 "6월의 신부보다 더 영원한 신부가 되었다"〈6월의 신부〉(《한》 p.203)라고 하였다.

6월의 신부로서 그림에 대한 사랑은 세계 그림 여행으로 실현된다. 화가에게 고갱은 본받고 싶은 모델이다. 실제 천경자는 고갱과 닮은 점이 많다 태생적으로 뜨거운 열정과 자유로운 영혼을 지녔다. 그들은 문명의 때가 묻지 않은 태고의 자연을 동경했고, 야생의 생명에서 창작의 모티프를 구했다. 남태평양의 섬 타히티는 고갱이 만년을 보낸 곳이고 "한이 발산하는 애련하고도 감상적인 맛"을 추구한 그녀는 이글대는 태양과 오색의 열대 꽃들이 무성한 정신적 낙원이었다. 아이를 낳을 수 없는 나이 먹은 신부에게 화려하면서 슬픈 자궁이 필요했다.

화풍이든 문체든 글씨체든 모두 작가의 현실과 환상이 합쳐 이루어진다. 살아온 칙칙한 삶을 깨기 위해서 순수한 노란 사막과 짙푸른 밀림의 색을 만나야 했다. 살구꽃과 수선화에 대한 깊은 인상을 갖고 녹은 눈이 빗물이 되어 흘러내리는 모습을 은사(銀絲) 줄기처럼 보면서 색과 빛이 지닌 정취로 마음속까지 적셨던 천경자가 아닌가.

천경자의 그림을 이해하려면 고갱의 그림과 아프리카의 색채를 알아야 한다. 아프리카의 색은 그로테스크하여 누구에게나 신비감을 불러일으킨다. 화가라면 몽환적인 환상에 빠진다. 고갱이 푸른 바다를 배경으로 비스듬히 누워 있는 타히티 여인에 대한 환상을 〈왕의 아내(망고의 여인)〉으로 표현하였다면, 천경자는 알라만다 벌판에 혼자 서고 누운 여인을 형형색색의 꽃과 짐승이 지켜주는 〈알라만다의 그늘 1, 2〉로서 고독의 신비를 표현했다. 평소 집에서 표범 무늬 옷을 즐겨 입었던 모습을 떠올리면 그녀는 자신의 이야기를 신화로 그리고 있음을 알게 된다.

아프리카는 문명의 손아귀가 덮치지 않은 대륙으로 영감과 영성을 뿜어낼 최적의 장소다. 1974년 3월 초, 에티오피아를 거쳐 케냐, 우간다, 콩고, 세네갈, 모로코를 거쳐 이집트로 여행하는 동안 사하라 사막, 낙타의 행렬, 오아시스, 신기루, 열대 폭풍우, 흑인들의 카니발을 지켜보았다. 나이로비 대초원에서 사자, 하마, 기린, 얼룩말, 코뿔소, 원숭이 등이 평화롭게 어슬렁대는 오후의 평화를, 킬리만자로가 아프리카인에게 신성하고 웅대한 성산임을 깨쳤다. 다시 그림을 그릴 수 있는 힘과 열정이 끓어올랐다. 여행 작가가 되어 그 벅찬 환희를 수필집《내 슬픈 전설의 49페이지》를 적어 나갔다.

아프리카에 가는 사람이면 누구든 킬리만자로를 올라야 한다. 오르지 못하면 하얀 정상을 보기라도 해야 한다. 아프리카의 오두막과 삶이 모두 그곳을 향하므로 킬리만자로를 보고 들어야 한다. 붉은 노을과 만년설이 덮인 산을 배경으로 바오바브나무 아래에는 남자는 가축을 지키는 지팡이를 쥐고 서 있고, 여자는 아기를 안고 물동이를 머리에 이고 걷고, 야생 동물들은 곁에서 어우러져 뛰어논다. 이 풍경은 아프리카인들이 꿈꾸는 이상향이다. 그 천연의 풍경에 속하지 못했으므로 홀로 하얀 피부의 나부가 되어 고향 뒷산같이 듬직한 코끼리 등 위에 앉아 슬픈 49년을 더듬는다. 아름답기만 한 초원이 왜 그녀를 슬프게 하는가. 아니면 천성적인 성격일까. 순탄하지 못한 사랑에 대한 심기일까. 여자의 시절이 다하는 49세에 대한 본능적인 미련일까. 1년 동안 심혈을 기울여 숱한 이야기를 담은 〈내 슬픈 전설의 49페이지〉는 제25회 '국전'에 출품되었다.

천경자는 '왕들의 계곡'이 있는 이집트 남쪽 룩소르의 뜨거운 사막에 매료되었다. 그녀는 4,500년 전 이집트 왕의 이마에 올려진 코브라 장식을 보고 뱀이 자신을 지켜 준다는 믿음을 거듭 확신했다. 이집트의 상징인 피라미드와 스핑크스와 사막 낙타를 그리기 위해 가자 지구를 수차례 방문했을 때 만난 흰옷에 수염 달린 사람들도 친밀했다.

그런 가운데 그녀는 무력한 전 남편과 잊을 만하면 나타나는 '나비' 같은 두 번째 남편과 4자녀를 키워야 했던 '내 슬픈 전설의 49페이지'에서 벗어났다. 토인의 왕처럼 흰 천을 두르고 화려한 관을 쓰고 낙타 위에 앉은 사막의 여왕이 되었다.

그렇다. 사막의 여왕이 되자. 오직 모래와 태양과 바람, 죽음의 세계 뿐인 곳에서 아무도 탐내지 않을 고독한 사막의 여왕이 되자.

- 천경자 / 〈이집트 피라미드〉,
《천경자 아프리카 기행화문집》, p.118

영혼의 여행자 천경자는 아프리카에서 한국으로 돌아왔다. 아프니까 아프리카로 떠났지만 스케치 150여 점을 안고 돌아와 1974년 9월 현대화랑에서 '아프리카 풍물화전'을 열고 12월에는 꽃과 태양과 초원과 사막과 까만 사람들에 대한 황홀한 추억을 담은 《천경자 아프리카 기행화문집》을 출간했다. 마침내 그녀는 '꽃과 뱀을 즐겨 그리는 그…'라는 호칭을 받는 시절을 맞이하였다. 아프리카 자연의 기운을 포식한 천경자는 1978년 9월, 현대 화랑에서 열린 개인전에 〈초원 1〉을 비롯하여 〈내 슬픈 전설의 22페이지〉, 〈고〉, 〈탱고가 흐르는 황혼〉, 〈4월〉 등을 대거 출품하였다. 채색의 에너지로 이루어진 전시회가 폭발적인 성공을 거두면서 새로운 여행지를 다시 물색할 수 있었다.

5) 슬픈 전설의 필(筆)로

시서화 3절(絶)이라는 말이 있듯이 그림과 글을 함께 잘하기는 어렵다. 그런데 천경자 화백은 "그림을 그리지 않았다면 목숨도 없었을 것이다. 화가가 되었기에 구원을 받았다"라고 토로한 것처럼 인생의 괴로움은 현란한 그림에, 영혼의 정한(情恨)은 수필에 담았다. 1955년 11월에 《여인소묘》(정음사)라는 첫 수필집을 냈다. 길쭉한 문고판으로 수

묵색 바탕에 회청색 커다란 잎 한 장이 앞뒷면에 자리하고, 위에는 노란 꽃 한 송이를 얹고 밑에는 꽃잎이 깔았다. 이 표지 그림은 훗날 그녀의 걸작 〈환(幻)〉과 〈한(恨)〉의 슬픈 꽃다발이 되고 〈길례 언니〉의 단정한 모자에 올려졌다. 진솔하고 섬세한 문장으로 서사가 있는 수필도 연이어 썼다. 그녀에게 그림은 한 편의 에세이였고, 글은 한 폭의 그림이었다.

글 욕심이 많아 《천경자 아프리카 기행화문집》,《꿈과 바람의 세계》,《쫑쫑》,《그림이 있는 나의 자서전》,《한》,《캔맥주 한 잔의 유희》,《꽃과 색채와 바람》,《사랑이 깊으면 외로움도 깊어라》,《이 행복하고 한적한 매혹의 시간에》,《탱고가 흐르는 황혼》,《내 슬픈 전설의 49페이지》 등 많은 수필집, 기행문집, 자서전을 냈다. 그녀가 발간한 수필집과 화집도 그림 이상으로 독자들의 인기를 얻었다. 2006년에 새로 편집돼 나온 자서전 《내 슬픈 전설의 49페이지》와 '코끼리 등에 나신으로 올라탄 한의 여인'을 그린 〈내 슬픈 전설의 49페이지〉라는 자화상은 그녀의 파란만장한 삶을 고스란히 보여 준다. 그건 한의 승화다.

나는 보통 사람이 한 번밖에 경험 못하는 결혼을 두 번 치렀으니 그만큼 인생을 풍부하게 살았다고도 하겠지만 어떤 면으로는 아주 평범한 가정주부로서 행복을 의식치 못하면서 평온하게 사는 그러한 인생을 경험 못한 한이 늘 내 가슴에 어려 있다. 내가 그림을 그리다 잘 안되어서 답답해지면 창을 듣고 때로는 울기도 하고 마음속에 낀 가스를 배출했던 대로 내 그림 속에다 아름답다 못해 슬퍼진 사상, 색채를 집어넣으려고 애쓰고 있는 것이 바로 恨 그것이다……. 예나 지금이나 어쩔 수 없이 불쌍하고 아름답고 슬픈 혈육

관계의 恨 같은 것- 그런 걸 내 그림으로써 아름다운 자연에 곁들여 승화시키고 싶어서이다……. 모든 예술이 모두 한을 승화시켰을 때 향기가 있는 것이라 믿는다.

- 천경자 / 〈恨〉,《사랑이 깊으면 외로움도 깊어라》, p.116

천경자의 말년은 '미인도'의 위작 논쟁으로 얼룩졌다. 그녀는 예술가의 진실을 밝히는 말을 "그림이란 자기 나름의 심혈을 기울여 그린 것이기 때문에 자신의 분신이고 자기 자식 같은 것 아니겠어요"라고 말했다 한다. 사람은 자식이 집에 있으면 '집 잘 보았나' 하듯이 화가에게 그림은 어미에게 자식과 같다는 의미다. 그만큼 화가는 그림과 밀착되어 살고 있는데 "저 그림은 통하는 게 하나도 없다"라고 한탄하였다.[1]

천경자는 1991년 미인도 사건이 일어나면서 "내가 낳은 자식도 모른다는 말인가? 그럼 내가 치매 환자인가?"라며 창작 중단을 선언하고 뉴욕으로 떠났다. 4개월 후 카리브해, 자메이카, 멕시코로 스케치 여행을 떠났다가 1995년 호암갤러리에서 마지막 전시회를 가졌다. 72세였다. 1998년 11월 채색화와 스케치 등 93점을 서울시립미술관에 기증하고 다시 뉴욕으로 떠났고 5년 후 2003년 7월 2일에 뇌출혈로 쓰러졌다. 유족 측은 천경자가 한국 표준시로 2015년 8월 6일 새벽 5시에 타계했다고 밝혔다.

사람은 죽어도 나이를 먹는다. 사후(死後) 10년, 20년, 30년…. 그렇다면 화관(花冠)의 화가 천경자가 진정 바랐던 자화상은 무엇일까.

---

1) '미인도'의 진실에 관한 자료는 최광진 《천경자 평전 찬란한 고독, 한의 미학》 부록 "희대의 진위논란, 〈미인도〉의 진실"(pp.186~250)을 참조하기 바란다.

참고자료

천경자. 《꽃과 영혼의 화가 천경자》, 랜덤하우스코리아, 2006.

천경자. 《사랑이 깊으면 외로움도 깊어라》, 자유문학사, 1987.

천경자. 《쫑쫑》, 홍진출판사, 1979.

천경자. 《천경자 아프리카 기행화문집》, 일지사, 1974.

천경자. 《恨》, 샘터, 1997.

최광진. 《천경자 평전: 찬란한 고독, 한의 미학》, 미술문화, 2016.

5부
존재의 합일을 위해

1. 헤스터와 주홍 글자 | 2. 로댕의 바다와 카미유 클로델 | 3. 루 살로메와 유럽 지성인들 | 4. 사랑의 여행가, 조르주 상드

사랑은 운명의 배달부다. 그 속에는 하나의 순정과 열 가지 열정이 담겨 있다. 어찌할 수 없는 처사로 받는 세상의 비난도 숙명이다. 그들이 있던 자리에서 질경이 같은 회한의 무덤이 생겨날지라도, 신이 차가운 눈초리를 던질지라도, 그들은 그들만의 진실로 운명을 사랑하였다. 그들이 숭배하는 태양과 달과 별이 남달랐으므로 눈물과 한숨으로 팜 파탈과 카사노바의 혈통을 받아들였다. 그 합일은 세속의 재판장으로 내몰 수 없다.

그들은 지금도 말한다. 사랑하라. 오직 사랑만이 그대들을 구원한다.

1. 헤스터와 주홍 글자

《주홍 글자》는 미국 소설가 너새니얼 호손이 1850년에 발표한 대표작입니다. 17세기 미국 청교도 사회를 배경으로 당대로서는 낯설고 놀라운 간통을 붉은 글자 A로 상징한 이 작품은 "그날 이후"로 시작하는 가운데 그리스 비극에 버금할 줄거리를 펼칩니다. 목사 딤즈데일과 유부녀 헤스터는 '죄와 벌'이라는 뉴잉글랜드 율법에 의하여 거부당하였지만 오늘날까지도 담대하다고 할 참사랑이 무엇인지를 죽음과 헌신으로 보여 줍니다. 특히 헤스터는 여성 해방과 성적 권리의 주체로서 사랑은 사회적 판단이 아니라 개인의 양심을 따른다고 말하지요. 그녀가 평생 달고 다닌 장밋빛 '주홍 글자'의 진정한 의미는 무엇일까 살펴보시기 바랍니다.

1) 헤스터 등장하다

주인공 헤스터는 네 번에 걸친 운명적인 상황을 3개의 처형대와 숲 속 장면에서 보여 준다. 그녀는 숨겨진 연인과 간통이라는 밀회를 했지만 사생아가 태어나면서 들통 나 버렸다. 열정적인 베드신이 없으며, 기껏 퓨리턴 주민들 몰래 손을 잡거나 포옹하는 몸짓만 있다.《차타레이 부인의 사랑》과 달리 진한 러브신은 아예 없다. 사생아 펄이 본능적으로 아버지를 찾아가는 과정이 긴장을 고조시킬 뿐, 남겨진 일은 상대 남자가 누구인가를 밝혀내는 것이다. 그런데 독자는 헤스터에게서 시종 탄식과 한숨의 시선을 떼지 못한다.

감옥 입구에 찔레장미가 흐드러지게 핀 어느 날 정오, 한 여자가 화려하게 수놓은 주홍 글자를 가슴에 달고 3개월 된 젖먹이를 안고 감옥에서 나온다. 그녀가 보스턴 주민들 앞에 서 있는 마을 광장에는 처형대가 설치되어 있다. 숱한 죄인들이 섰던 첫 번째 처형대가 헤스터가 처한 상황을 알려 준다. 주민들은 온갖 쌍욕을 퍼부으며 그녀를 손가락질하지만 그녀는 반은 수치스럽게, 반은 당당하게 오직 딤즈데일 목사만을 응시한다. 가까운 거리이지만 닿기에는 너무나 먼, 곳에 그가 있다. 그녀는 그들이 보기에는 죗값을 받는 바람난 여자이지만 달리 보면 어린 예수를 안고 있는 성모 마리아가 아닌가 할 정도로 품위가 남다르다.

헤스터의 담당 목사인 딤즈데일은 목사의 직책으로 함께 잔 남자의 이름을 밝히도록 호소하듯 윽박지르듯 설득한다. 애의 아비가 누구인지 밝히라고 닦달하지만 독자와 그녀와 목사 자신은 밀회를 나눈 남자가 그임을 알고 있다. 목사는 학식이 풍부하고 미혼의 젊은 나이로 주민들의 촉망을 한 몸에 받고 있다. 게다가 모든 사람을 감동시킬 설교와 웅변이 뛰어나지만 "말하라"로 거듭 외칠수록 거짓으로 가득 찬 빈말이 되어버린다. 죄인 헤스터는 단호하게 세 번이나 그를 응시하며 "말하지 않겠다"라며 거절한다. 군중의 요란스러운 고함과 목사의 설교는 그녀의 침묵 앞에서 무력해졌다.

침묵의 힘은 감탄할 만큼 아름답습니다. 머리 좋은 목사는 그녀가 연인의 비밀을 굳게 지켜줄 것을 믿습니다. 침묵은 강하다는 사실 때문이 아니라 '우리 독자'는 사랑과 진실에 공감하는 사람이기 때문입니다. 헤스터는 오직 한 남자에게 충실하고 자신의 진실에 성실합니다. 사랑하므로 그의 신분, 명예, 미래는 물론 사랑 자체도 지키려 합니다. 그녀가 유혹하였든, 유혹당하였든 사랑을 신앙처럼 지키려는 여자이기 때문입니다. 서너 시간 동안의 공개 심판이 지나면서 주민들의 시도는 허사가 되고, 딤즈데일은 마음속으로 안도하고, 헤스터는 그의 무관심과 대낮의 열기와 주민들의 분노에 온몸이 지쳤습니다. 덕을 본 또 한 사람이 있습니다. 작가 호손도 그녀의 완강한 침묵 덕분에 《주홍 글자》를 밤새워 계속 써 나갈 수 있었습니다.

딸 펄이 세 살이 되었을 때 그녀는 주지사관으로 소환된다. 지금부터 세 살짜리 펄을 간통을 저지른 어미가 아니라 신심이 깊은 주민이 양육하여야 한다고 의논하는 자리다. 퓨리턴 신앙의 성역인 주지사관은 오늘날 여자들의 관점에서 보면 늙고 생식력도 없는 남자들만 모인 영역이다. 적대자들이 우글거리는 소굴에서 혼자의 힘으로 사랑의 징표인 펄을 지켜야 한다. 그 아이는 자신의 정절과 자존심과 미래를 포기하는 대신에 얻은 단 하나의 보상이며 무엇보다 딤즈데일을 끌어당길 유일한 증인이며 심적 자석이다. 그지없이 소중한 진주(Pearl)가 아이의 이름인 된 이유다. 혼자 대처하기에는 그들이 워낙 완고하므로 세상에서 누구보다 잘 알고 ― 안다는 말에는 잠자리를 같이했다는 의미도 있다 ― 단 한 사람뿐인 목사에게 자신을 입장을 대변해 줄 것을 강력하게 요구한다. 목사는 그 제안을 거절할 수 없으므로 이렇게 말한다. "죄의 낙인인 펄이 있다면 그녀는 더 이상 타락하지 않을 것입니다." 그의 언변은 어느 때든, 거짓조차 진실로 바꿀 수 있는 이론과 매력을 갖고 있다. 화려한 말솜씨와 해박한 성경 교리와 감성적인 어조로 진위와 상관없이 사람들을 설득시킨다. 어쩌면 헤스터가 그를 좋아한 이유 중에는 감미로운 목소리도 포함되어 있을 것이다.

보스턴의 신앙심을 단숨에 깨뜨린 헤스터는 주민들로부터 소외당한 채 살아간다. 목사도 목사관에서 그를 보살펴 주는 의사이며 헤스터의 남편인 칠링워즈의 감시를 받으면서 간통 남자라는 정체를 숨기려 애쓴다. 남편이라는 신분을 숨긴 칠링워즈 의사와 정부라는 신분을 숨긴 딤즈데일 목사 사이에 숨바꼭질이 이어진다. 죄인을 밝혀낸다는 점에서는 펄의 아버지 찾기와 같지만 타인의 심성을 침해한다는 점에서 의사는 인간의 영역을 넘어선다. 목사는 죄의식을 이기지 못하여 스스로 단식과 채찍질과 기도와 철야를 하면서 점점 쇠약해지고 때때로 몽유병에 시달리기도 한다.

그동안 헤스터가 처한 전후 사정을 알게 된 남편을 만나 한 가지 약속을 맺는다. 의사가 직접 정부(情夫)의 정체를 찾아내겠다고 말하며 서로가 부부였다는 신분을 보스턴 사회에 밝히지 않는다는 거래다. 정신의 병을 치유하는 목사와 육체의 병을 치료하는 의사는 인간의 영육을 관리한다. 당연히 지식과 지성은 서로를 알아보기 마련이다. 열정과 감성을 억제하면 어떻게 되는가를 보여 주기 위해 신이 완벽한 남자를 그렇게 분리시켜 버렸다고도 한다.

2) 심야에 세워진 가족상

수년이 지난 5월 초순, 심야의 달빛으로 모든 사물이 뒤틀리게 보인다. 딤즈데일은 숨겨진 죄의식을 견디다 못하여 몽유병 환자처럼 심야의 처형대 위에 올라선다. 두 번째 설정되는 드러냄의 처형대는 7년 전 그가 섰어야 했던 곳으로 지금 올랐다 하여 참회와 고백이 이루어지는 것은 아니다. 참회가 되려면 여러 사람이 지켜보는 낮에 고백하고 잘못에 대한 대가로 보속의 행동이 있어야 한다. 아무도 볼 수 없는 어둠 속에서 하는 실토는 참회도 고해도 아니다. 목사가 처형대 위에 서 있을 때 마침 헤스터가 펄을 데리고 지나게 된다. 그는 그들에게 올라와 같이 서자고 말한다. 헤스터가 오래도록 이 순간을 원했지만 여성은 숨은 여자로 남기보다는 여러 사람들에게 떳떳한 관계로 보이기를 원한다. 외양에서 보면 세 사람이 만든 가족상이지만 진정한 결합이 못된다. 펄도 목사에게 내일 모든 사람이 지켜볼 때 다시 이곳으로 오르자고 세 번이나 부탁하지만 목사는 그때마다 "다음 언젠가"라고 풀이 죽은 채 대답한다. 이 말만큼 비겁한 핑계가 없다. '다음에'라는 말은 그렇게 하지 못한다는 뜻이다. '다음에 구경시켜 줄게', '다음에 사 줄게', '다음에, 다음에…' 아이들은 눈치로 그 말이 핑계이며 거짓임을 단박에 알아차린다.

　어둠을 틈타 세 사람이 처형대에 오른 행동을 딤즈데일은 속죄의 행동으로 여기는가? 그것보다는 남자로서 달콤하고 은밀한 한때를 떠올리며 지금을 즐기고 있다. 그는 목사로서 지금까지 여자를 몰랐다. 교회에는 대부분 나이 많고 개척 노동으로 몸이 우람해지고 얼굴 피부는 햇볕에 타고 글도 모르는 여자들뿐이었다.

　7년 전 어느 날, 교양 있고 비록 몰락했지만 귀족 가문의 후예이며 아름답고 지적이고 이야기가 통하는 한 여자가 영국에서 보스턴 마을로 왔다. 헤스터(Hester)는 그리스어로 '가정과 부엌 화로'를 뜻하며 별 이름이기도 하다. 남편으로부터 오래전에 소식이 끊긴 채 혼자 산다. 둘은 외롭고 누군가가 그립다. 그녀가 책을 빌리러 목사관을 오가는 사이에 큐피드의 화살이 서로에게 날아가 그들을 맞추었다. 중년의 정열과 노총각의 충동이 부딪치면 불륜인들 가릴 것인가.

한 번의 만남은 그들에겐 부족합니다. 시간이 갈수록 터진 봇물처럼 범람하는 게 사랑이듯이 때마침 어두운 하늘을 가로질러 지나가는 붉은 유성도 그 심리를 알려 줍니다. 목사는 헤스터와 펄의 손을 잡았을 때 차가운 밤기운을 물리치는 따뜻한 기운이 몸 안에 흘러 들어옴을 느낍니다. 숨겨진 성적 욕망을 상징하는 긴 꼬리를 단 붉은 유성은 캄캄한 자궁 속을 헤엄쳐 가는 남성의 정자와 같습니다. 호손은 프로이트가 무의식과 이드를 이야기하기 100여 년 전에 이미 남자의 성적 욕망을 무엇으로 나타낼까를 결정하였습니다. 뾰족하고 긴 칼, 창, 지팡이, 만년필 등은 다름 아닌 남성의 상징입니다. 딤즈데일은 어두운 밤이 오면 늑대가 되듯 남자로서 불륜이라는 금지된 욕망을 분출합니다. 기독교적인 관점에서 보면 처형대에 오른 것이 반쯤 이루어진 참회일 수 있으나 심층심리학에서는 숨겨진 성적 욕망으로 풀이하므로 제2 처형대는 이중적 해석이 모두 가능합니다.

3) 숲속에서의 언약

헤스터가 살고 딤즈데일과 사랑했고 그를 간절히 기다리는 숲으로

가 보자. 태양 빛과 작은 개울과 나지막한 계곡으로 이루어진 숲은 생명과 성애가 충만한 헤스터의 성역이다. 작품 전반에 걸쳐 흐르는 칙칙한 절망을 불꽃 환희로 바꾸는 숲은 늙은 여자와 노쇠한 노인들이 사는 보스턴과 다르다. 악마와 마녀가 사는 곳이지만 헬레니즘 관점에서 보면 사랑의 열매를 맺는 비옥한 땅이다.

말할 필요도 없이 목사와 헤스터는 이곳 숲에서 사랑을 나누었다. 지금도 숲은 목사가 저녁 산책을 나서는 한적한 곳이며 연인을 남몰래 만날 수 있는 장소다. 데미 무어가 헤스터 역을 연기한 영화 〈주홍 글씨〉에서 사랑을 나눈 것도 숲속 개울 옆이다. 원초적 욕망이든, 순애의 사랑이든 두 존재가 꽃을 피우려면, 햇살이 비치고 개울물이 흐르는 숲속이 적합하다. 에덴의 동산이 그러하듯이. 그래서 헤스터처럼 자의식이 충만한 여자만이 출입이 허용되는 패스포트를 지닐 수 있다.

숲은 딤즈데일의 본성에도 어울린다. 이름의 딤즈(Dimm)는 '어두운'이며 데일(dale)은 '작은 계곡'이라는 뜻으로 숨겨진 죄의식을 상징한다, 실제 그가 사는 곳도 보스턴 시내가 아니라 외진 목사관이며 저녁이면 가슴에 손을 얹고 혼이 빠진 듯 숲길을 산책한다. 호손도 콩코드에 살 때 석양 무렵이 되어야 산책을 나섰다고 한다.

산책을 좋아하십니까? 새벽 산보다는 어둠살이 깔리는 산길을 걸어 보십시오. 새마저 잠들어 고적한 숲길은 죽은 영혼과 대화를 나누고 사색에 빠지고 지난 한때를 돌이켜 보는 장소가 됩니다. 어둡기만 하다고요? 천만에요. 그곳에서는 씁쓰레한 고뇌조차 행복하고 감미로운 통증이 됩니다. 누군가 기다리고 있을 것만 같아 어느 누구하고도 함께 갈 수 없습니다. 사랑의 요정을 만나고 문학의 여신과 밀회하는 곳은 대부분 이런 장소와 시간으로 마련됩니다. 그런 곳을 좋아하는 분이라면 그들이 만나는 모습을 상상으로 보실 수 있을 겁니다.

헤스터는 펄을 데리고 숲으로 들어가 딤즈데일을 기다린다. 그들은 살아서도, 죽어서도 서로 아는 체를 할 수 없다. 서로에 대하여 보이지 않는 사람이며 속마음을 드러내지 못하므로 죽은 거나 마찬가지다. 무엇보다 죽임을 당한 자들이다. 생활 안정을 누리더라도 사랑의 글을 쓰지 못하고 읽지도 못한다면 역시 죽은 자들이다. 딤즈데일은 헤스터처럼 감성적인 섬세함과 7년간 죄를 숨길 만큼 이지적인 인내심도 지니고 있다. 무엇보다 그들의 시선은 당시에는 멀기만 했던 성의 자유를 내다보고 있다. 그 점에서 스티븐 크레인이 쓴 《피의 무공훈장》처럼 열정만으로 시대와 싸우는 전사들이기도 하다.

미모와 열정과 기품을 지닌 헤스터는 가난한 가문 탓에 의사 칠링워즈와 정략결혼을 하였다. 늙고 한쪽 어깨가 기형인 데다 성불구자인 그와의 결혼이 실패하면서 처녀 시절의 꿈이 허사가 되었다. 그렇다 하여 현실을 감내할 만한 정결한 여인도, 줏대 없이 유혹에 이끌리는 경박한 여자도 아닌, 자신이 원하는 사랑의 회오리를 만들어 내는 여자로 자랐다. 보스턴에 거주하는 여인들은 사랑의 아름다움이 무엇인지 알지 못했고 현실에서 벗어나려는 용기도 없었다. 청교 사회에서 형성된 운명은 어쩔 수 없다. 그들은 서로를 바라보는 순간 길 끝에서 주홍 글자가 붉게 타오르고 있더라도 유턴할 수 없었다. 호손은 그런 만남을 '어찌할 수 없는 운명(dark necessity)'이라 지칭하였다.

헤스터는 불륜(Adultery)의 첫 철자인 'A'를 달고 다니는 처벌을 받고 있다. 청교인들에게는 불륜의 의미이지만 그녀는 아더(Arthur) 딤 즈데일의 머리글자로 간주해 간통을 저질렀다 하더라도 자랑스럽게 여겼다. 목사가 아이의 아버지이므로 고개를 꼿꼿하게 세우고 거리를 다닌다. 감히 목사를 꿈에도 넘보지 못하는 주민들에게 보란 듯이 "그 남자는 내 것이야"라고 시위한다. 그러나 수모를 견디느라 치렁치렁했던 머리는 모자 속으로 숨겼으며 피부는 거칠어졌다. 그리스 여신 같았던 기품과 품위도 삭고 무너졌다.

헤스터는 여자는 사랑을 먹고 산다는 것을 보여 주는 아프로디테다. 사랑을 하면 예뻐진다는 말처럼 딤즈데일을 만나 비로소 여자가 되고 여자로서 아름다운 꽃을 피웠다. 그러나 한철이었다. 매력과 생명력이 넘쳤던 헤스터가 먹구름 같은 시련을 이겨 내고 다시 찬란한 햇빛을 한껏 받는 여자가 될 수 있을까. 작가 호손 작가도, 인간의 운명을 좌우하는 신도 그녀에게 그 변신을 허락할까.

우리는 살아가면서 인간이 얼마나 자주 서로를 배신하는가를 목격합니다. 위엄과 위선이 반비례하고 품위와 비열함이 짝을 이루는 예를 봅니다. 그 약점을 인정하는 사람은 자신만큼 다른 사람을 사랑할 수 있습니다. 자신이 그런 곳에서 벗어날 수 없으므로 누구나 뭔가 부족하다는 걸 잘 압니다. 기독교에서 원죄라 하고 불교에서 업이라 하는 것이 인간을 겸손하고 진실 되게 합니다.

그럼에도 그들은 나름의 명분을 세우려 합니다. 인간이니까요. 헤스터와 딤즈데일은 간통을 저질렀지만 나름의 명분이 있다고 서로에게 말합니다. 정말 나쁜 죄는 마치 자신은 결백한 양 다른 사람들의 잘못을 들추고 해코지하고 심판하는 것입니다. 사는 게 고(苦)이고 죄(罪)라면 거짓말이든, 싸움질이든, 사기질이든, 강도짓이든 뭔가 한 가지 잘못은 저지르기 마련입니다. 그게 원죄로서 다른 인간을 저버릴 수 없는 이유입니다. 심판은 오직 신의 몫인데 칠링워즈가 그 일을 저지르고 있습니다. 기독교에서는 이것을 '용서할 수 없는 죄(Unpardonable Sin)'라고 부릅니다.

7년간 죄의식을 감추느라 마음과 몸이 완전히 탈진해 버린 딤즈데일은 심연의 블랙홀에 빠져 버렸다. 헤스터가 가져온 열정에 휘둘려 치부가 드러나고 사랑의 신전을 주관하는 여사제의 구원을 바라는 초라한 남자가 되어 버렸다. 그녀를 천사라 부르기도 한다. 숲에서 만나 목사는 칠링워즈에게 신분이 들통나 버린 수치에 허탈하여 여기에서 쓰러져 죽어 버릴 거라고 말한다. 그를 지켜보던 헤스터는 맥베스 부인이 그랬듯이 격정이 넘치는 열변을 토로한다.

"모든 걸 새롭게 시작하세요! 한번 실패했다고 해서 당신은 가능성을 모두 잃으셨나요? 천만에요! 아직도 당신의 앞길에는 시련과 성공이 넘쳐나요. 행복을 누리실 수도 있어요! 남에게 선행도 베풀 수 있고요! 지금껏 살아온 거짓 삶을 참된 삶과 바꾸세요. 만약 당신의 정신이 어떤 사명을 분부한다면 원주민 인디언의 스승이나 전도사가 되세요. 아니면, 당신의 성격에 더 어울리는 것이므로, 문명 세계의 저명인사들과 똑똑한 사람들 가운데에서도 가장 뛰어난 학자나 철학가가 되세요. 설교를 하세요! 글을 쓰세요! 행동하세요! 이곳에 쓰러져 그냥 죽지 말고 무엇이든지 하세요! 딤즈데일이라는 이름 따위는 던져 버리고 두려움과 수치심 없이 떳떳하게 쓸 수 있는 다른 고귀한 이름을 가지십시오. 도대체 무슨 이유로 하루하루 당신의 생명을 좀먹어 온, 당신의 의지력과 실천력을 무력하게 만들고 심지어 뉘우치는 힘마저 빼앗아 버린 그런 고통 속에 남아 있어야 하는가요? 어서 당장 일어나 떠나세요!"

- 너새니얼 호손 / 《주홍 글자》, 17장

영문학에는 이 순간처럼 당당했던 남자가 무기력한 남자로, 기독교 목사가 이교도 신자가 된 변신의 아이러니를 보여 주는 다른 장면이 없다. 자신을 위하여 강한 여자가 되어 주기를 부탁하는 딤즈데일은 이젠 숲과 보스턴을 떠날 힘이 없으니 혼자 갈 수 없다는 눈길을 보낸다. 헤스터는 마침내 "혼자 보내지 않겠다"라고 말함으로써 그들은 서로에게 할 말을 다 했다. 사랑의 도피를 계획하고 돈을 마련하는 것은 모두 헤스터의 책임이 된다. 이 시점에서 7년 전으로 되돌아가 누가 누구를 먼저 유혹했는가를 물어보기로 한다. 딤즈데일일까, 헤스터일까. 지금까지 두 사람의 성격과 태도를 고려하면 헤스터가 사랑과 도피의 주도권을 가지고 있음은 의문의 여지가 없다.

탈출 계획에 앞서 탈출 후의 상황을 예측할 필요가 있습니다. 과연 헤스터는 딤즈데일의 미래를 위해 유럽에 돌아가기를 원할까요. 유럽으로 가면 목사가 이름 난 학자나 작가가 될 텐데, 그럼 그녀는 여전히 숨겨진 아내로 만족하며 살아갈 것인가요. 지난 세월 동안 그녀는 가정의 행복에 대한 집착을 하루도 잊지 않았습니다. 남편으로부터는 별거와 불신의 대상이 되고 연인으로부터는 반쯤 버려진 연인이었습니다. 만일 기회가 주어진다면 모든 수단을 다하여 남부럽지 않은 가정을 꾸미고 충실한 남편과 자상한 아버지로 만들기 위해 최선을 다할 겁니다. 이름의 어원도 그렇지 않습니까 헤스터는 늘 펄에게 "곧 우리들은 가정을 가질 것이고 저분은 항상 너를 아껴 줄 것이다"라고 다독였습니다. 드디어 기회가 눈앞에 왔는데 오직 남편의 재능을 위하여 아내의 행복을 버리기는 참 어렵습니다. 대부분의 여자들도 모성 본능 때문에 그게 어렵다고 말합니다.

좌절과 혼란에 묻힌 남자에게 충고할 때 여성은 자신의 이익을 함께 생각한다. 달콤한 말로 남성의 재능을 흩트려 야망을 잃게 만든다. 그것은 이브, 판도라, 데릴라 그리고 소설 속 여주인공들이 대대로 물려받은 여성의 재능이다. 이브가 아담을 유혹하여 하나님을 속이고 선악과를 따 먹게 하였을 때 이브는 아담에게 더 현명해질 것이라 속삭였지만 결과는 남자는 죽을 때까지 여성을 먹여 살려야 한다는 벌뿐이었다. 이것이 여성이 고안한 첫 거짓이다. 그러니 여자의 말을 반만 믿어야 안전하다. 사랑하는 여자의 말이라면 반의반만 믿는다. 그렇다 하여 그들을 나무랄 수는 없다. 이브도 진실의 반만 이야기했듯이 그들도 어찌할 수 없다.

4) 사랑이 있던 곳이므로

파국에 이른 세 번째 처형대는 첫 무대와 비슷하다. 대낮의 햇볕이 머리 위에서 쪼여 숨을 곳이라고는 없는 광장에 목사들과 지방 유지와 주민들이 시장을 선출한 축제를 벌이고 있다. 축제와 결혼이라는 해피엔딩은 로맨스 소설의 상투적인 결미이지만 《주홍 글자》에서는 그런 행사가 불가능하다. 마을 축제가 헤스터의 비통한 운명을 강조하는 기법임을 아는 독자라면 운명의 결과도 어떻다는 것을 짐작할 수 있다.

축복의 설교를 마친 딤즈데일은 행렬의 선두에 서서 주민들의 환호를 받으며 행진한다. 교회에 들어갈 수 없는 헤스터는 건물 모퉁이에 펄과 함께 몸을 숨기고 숲속에서 했던 약속의 확인을 기다린다. 외톨이인 그녀는 여전히 무시당하지만 딤즈데일은 첫 처형대에서 목사의 비밀을 지켜 준 행동에 보답하기 위해서라도 함께 도망치자는 약속을 지켜 그녀의 남자이고 남편임을 확인시켜 주어야 한다. 헤스터도 '이 일이 끝나면 함께 떠나자'는 마지막 눈길이 필요하다. 그러면 7년간 그녀에게 고통만을 주었던 보스턴 주민마저 용서할 수 있다.

그런데 목사는 헤스터 곁을 모른 척 지나간다. 가슴이 일순간에 무너지고 배신감으로 치가 떨려 그를 결코 용서할 수 없다는 반발심이 생긴다. 7년 동안 목사의 명예를 지켜 주었는데, 견딜 수 없을 수치심을 감수했는데, 신으로부터 내리는 심판과 저주의 형벌조차 무시했는데, 연인의 안전과 비밀을 단 한 번이라도 고발할 생각을 하지 않았는데, 모른 척하다니. 사랑이 책임인 줄 모르냐 하는 중얼거림과 더불어 증오가 깊어진다. 동양에 여자가 한을 품으면 오월비상(五月飛霜)이라는 말이 있다. 헤스터는 기다려 온 마지막 기회가 물거품이 되어 가려는 상황을 받아들일 수 없었다. 간신히 찾아낸 딤즈데일 목사도 알고 보니 비겁한 남자에 불과하다. 자신이 바로 버려지고 잊혀진 여자가 되었다는 심정에 혼란스러웠다.

처형대에 오른 목사는 영문을 모르는 퓨리턴 주민들의 면전에서 헤스터와 펄에게 자기 곁으로 올라오라 하여 그들의 부축을 받은 채 모든 힘을 짜내어 최후의 고백을 토로한다. 자신이 바로 7년 전에 여기로 올라왔어야 할 당사자임을, 간통을 저지른 남자이고 펄의 진짜 아버지임을, 신성한 보스턴을 더럽힌 목사임을, 주민들로부터 용서받을 수 없는 위선자임을, 하나님을 속인 죄인임을 통렬하게 고백하지만 주민들은 원죄를 설교하는 연기라고 여긴다. 마침내, 그는 "여기를 보십시오!"라고 외치며 목사복을 제치고 가슴에 새겨진 'A'를 보여 준다. 그리고 헤스터의 품에 안겨 쓰러진다. 헤스터는 이것은 결코 원하던 일이 아니라고 외쳤고, 펄이 눈물을 흘리며 아버지를 용서한다는 말을 들으며 딤즈데일은 숨을 거둔다.

작가 호손은 헤스터에게 사랑과 용서를 모두 줄 수 없다. 아무리 작가로서 자비의 날개를 펴고 헤스터의 열애와 파탄을 가려 준다 할지라도 당대 독자들의 반응을 고려하여야 했다. 그래서 중간 지대를 마련했다. 목사와의 정신적 합일은 허용하지만 육체적 관계는 용납할 수 없다는 것이다. 그것이 작가 호손의 현실이고 두 남녀가 가질 수 있는 보상이다. '하나의 묘비명에 떨어져 있는 두 개의 무덤'이 그 점을 나타낸다.

이제 후일담을 이야기할 차례입니다. 딤즈데일이 죽은 후 헤스터는 펄을 데리고 자신이 태어난 영국으로 갑니다. 그러나 보스턴이야말로 그녀가 여생을 보내는 곳임을 알고 되돌아옵니다. 사랑을 배우고 사랑을 얻고 사랑을 잃은 곳이므로 돌아온 헤스터는 다시 주홍 글자를 달고 자신의 삶과 비슷한 여인들을 위해 봉사를 합니다. 간통이란 주홍 글자가 속죄(Atonement)와 천사(Angel)가 되어 경애와 존경을 받습니다. 그녀는 누구보다 사랑이 무엇인지를 알고 사랑을 잃은 상실감을 가슴으로 느꼈기 때문에 힘들고, 버림 받고, 억눌리고, 고통 받지만 아무 말도 하지 못하는 여인들을 위해 여생을 보냅니다. 소설 속 시간에서 500년 가까이 흐른 지금도, 많은 남성들이 이러한 여인이 있다는 사실에 무지합니다. 남자의 통사랑을 받을 만한 여성이 도처에 있는데 말입니다.

《주홍 글자》는 사랑을 잃고 절망한 여인들을 위한 글이다. 아픔이 짓누르더라도 휘청거리지 않도록 위로하는 글이다. 무엇보다 사랑으로 살려는 여성을 위한 글이다. 사랑도, 배신도, 환희도, 슬픔도, 결국 한 줌 흙이고 재가 된다. 그렇지만 헤스 터는 한 남자를 지극히 사랑하고, 그가 죽은 후에는 자신을 미워했던 사람들을 위해 봉사하여 주홍 글자를 사랑의 무공훈장으로 바꾸었다. 한 번 바람을 피운 여자이니 경박하다 여기지 말고 그녀의 사랑과 희생의 자세를 받아들여야 한다. 사회의 비난을 무릅쓰고 진심을 모두 쏟아 낸 여인이 17세기 보스턴에 있었듯이 지금도 인정받지 못한 사랑의 서사를 쓰며 숨어 우는 여인들이 있다.

마담 헤스터, 이제는 A라는 주홍 글자를 떼어 낼 것을 부탁드립니다. 대신에, 이 소설을 끝까지 읽은 분들에게 한 송이 장미꽃을 드리려 합니다. 단숨에 써 내려간 해설문을 읽은 분이라면 우리의 헤스터를 위하여 하루쯤 붉은 장미꽃을 가슴에 달기를 바랍니다.

5) 짧은 후기

나는 헤스터를 세 번 만났다. 한번은 대학 2학년 때 원서로 읽고 대학원에서 박사 논문을 쓸 때다. 두 번째는 서른 중반에 보스턴 시내와 콩코드강과 숲을 혼자 여행할 때다. 세 번째는 30여 년간 매년 《주홍 글자》를 영문학과 학생들에게 강의했을 때다. 그때마다 사랑으로 살고, 헌신의 이름으로 죽은 헤스터의 삶과 운명을 실체처럼 대면하였다. 그런 가운데 그녀를 위한 존경과 위로의 글을 써야 한다는 마음을 갖게 되었다.

참고자료

너새니얼 호손. 《주홍 글자》, 김욱동 옮김, 민음사, 2021.

박양근. 《나다니엘 호손 연구》, 세종출판사, 2011.

박양근. 《19세기 미국소설의 이해》, 세종출판사, 2004.

Nathaniel Hawthorne. *The Scarlet Letter. The Centenary Edition I*, Ohio State Uni, Press. 1962.

2. 로댕의 바다와 카미유 클로델

1) 클로델에서 로댕의 카미유로

조각 〈중년〉은 중년 남자를 가운데 두고 두 여인이 서로 자기에게 돌아와 달라고 몸을 붙잡는 형상이다. 오만했던 여자가 무릎을 꿇고 남자의 왼팔을 움켜쥔 모양은 실제보다 더 애절한 아픔을 전해준다. 김이선은 서간 번역집 《카미유 클로델》의 '책을 엮으며'에서 〈중년〉은 카미유 클로델 본인이 작가이자 연출가인 동시에 주인공이라 하였다(p.11). 이 말은 클로델의 동생 폴이 누이가 자신을 "애원하는, 모욕당한, 무릎 꿇고 있는, 벌거벗은 모습으로!"(동 p.11)라고 말했다고 하듯이 그녀는 로댕과의 기나긴 세월 동안의 사랑과 증오와 질투와 의심을 모두 하나의 조각에 표현했다.

카미유가 로댕을 처음 만났을 때 그들의 운명은 정해졌다. 로댕 곁에는 부인처럼 오랫동안 함께했던 로즈가 있어 그녀를 떠날 형편이 아니었다. 로댕도 중년 남자가 젊은 연인이 아닌, 나이든 여인에게 끌리는 〈도망가는 연인〉과 〈작별〉이라는 작품으로 어찌하지 못하는 감정을 드러낸다.

카미유 클로델은 1864년 프랑스 빌뇌브 쉬르 페르의 작은 시골 마을에서 1남 2녀 중 장녀로 태어났다. 그녀의 부친인 루이 프로스페 클로델은 재산소유권 검사관이며 어머니는 의사의 딸 루이즈 세르보로서 두 사람은 마을 성당 근처에 아담한 주택을 구입해 행복한 가정을 꾸렸다.

카미유는 어려서부터 일에 대한 열정과 자부심과 고집이 무척 강했다. 그 성격을 알려 주는 유명한 일화가 있다. 한번은 카미유가 혼자서 20킬로그램이나 되는 진흙을 집으로 운반하려는데 어머니는 화를 내며 더러운 진흙 부대를 버리려 했다. 하지만 그녀는 불편한 다리를 동동거리며 진흙 부대를 붙잡고 울부짖으며 절대로 버리지 않겠다는 뜻을 굽히지 않았다. 모친은 딸의 뺨을 여러 차례 때렸으나 꼼짝 않고 버텨 아버지가 간신히 문제를 해결했다고 한다. 사소한 일이지만 카미유의 이런 성격은 성장 이후의 일생, 특히 로댕과의 관계에 큰 영향을 미쳤다.

카미유는 13세부터 점토 조각에 취미를 가졌다. 책을 읽고 동상들을 감상하면서 조각가의 꿈을 키워 갔다. 딸의 재능을 알아본 부친은 쉬르센느에서 활약하던 노장 조각가 알프레드 부셰에게 딸의 지도를 부탁했다.

부셰의 지도로 카미유는 나폴레옹 동상과 오만한 비스마르크의 동상 등을 모사한 첫 작품을 만들었다. 머리 없는 골리앗에 매달린 다윗 등 영웅적인 인물상과 그녀의 가족, 지방의 농부들을 모델로 작품들을 제작했다. 부셰는 그 작품에서 조각이 필요로 하는 음영과 생명력이 있음을 알아차렸다. 미술학교 교장 폴 뒤부아는 그녀의 작품이 로댕의 작품과 비슷한 것을 알아차리고 로댕에게 배우라고 했다. 그러나 그 당시 어린 카미유는 로댕이 누구인지조차 알지 못했다.

부셰가 로마로 떠나면서 1883년 로댕에게 제자들을 위탁한 것을 계기로 43세의 오귀스트 로댕과 19세 카미유 클로델은 숙명 같은 사랑에 엮이게 된다. 그에 앞서 부셰는 카미유의 격한 성격이 초래할 불행을 염려되어 함부로 행동하지 말고 인내를 갖고 조각을 배우도록 조언했었다.

2) 사랑과 증오의 경계에서

　로댕과의 만남이 카미유에게 어떤 인생을 가져다줄지 아무도 짐작하지 못한다. 불혹의 나이에 근엄한 수염을 가진 로댕은 작업실에서 갓 피어난 여자를 보았다. 그녀는 미모와 영특한 눈매와 천재적인 기질을 뿜어내는 카미유였다. 20년째 동거하는 로즈 베뢰와의 사이에 아들도 있었지만 로댕은 한눈에 마음을 빼앗겼다. 서로에게 '무슈 로댕', '마드모아젤 클로델'이라는 존칭을 사용하여 우스꽝스러운 장면을 연출하였지만 서로의 감정을 숨기지 못했다.
　1883년에 시작된 로댕의 카미유에 대한 열정은 그녀에게 보낸 연서에 고스란히 나타나는데 24년이란 나이 차이에도 불구하고 열정과 애원이 어울린 고백이었다.

　렌느 마리 파리의 증언 내용은 이렇다. "내가 그대의 손에 입을 맞추노라면 그대는 어느덧 나에게 활활 타오르는 기쁨을 주고 있다오. 비로소 나의 영혼은 힘 있게 존재하기 시작하며 당신을 향한 내 존경의 마음은 사랑의 광란 속에 항상 가까이 머물러 있소", "당신의 손길이 나를 위해 조그마한 부드러움으로 전해 온다 할지라도 그대여, 그 손길을 거두지 말아 주오. 아! 신의 아름다움이여, 말하는 꽃이여, 지성의 꽃을 사랑하는 나의 연인이여, 내가 안고 있는 당신의 아름다운 육체 앞에 나는 두 무릎을 꿇고…."
　- 정금희 /《프리다 칼로와 나혜석, 그리고 까미유 끌로델》, p.150

　이 편지는 로댕은 연인이며 뮤즈이며 재능 있는 제자에게 보낸 일부에 불과하다. 또 다른 편지에서는 그녀의 자비만이 로댕을 구할 수 있으므로 사랑이라는 지독하고 꾸물거리는 병이 그의 지성을 파괴하고 뜨겁고 순수한 사랑마저 빼앗아갈 것이므로 사랑을 받아주면 보답을 받을 것이라고 약속하기도 했다. 1884년에 카미유에게 보낸 편지에서는 "내 사랑 카미유! 미의 여신이여"라고 칭송하였고 그녀도 로댕에게 "밤마다 빨간 우산을 펼쳐 들고 탑에 난 창문 밖으로 빠져나와 그 작은 우산으로 숲에 불을 지른다나요!!!"(김이선, P.107)라는 동화와 시 같은 사랑의 답장을 로댕에게 보냈다.

그들은 서로의 편지에 응답하듯 카미유는 11월부터 로댕의 작업실에서 제자 겸 모델 일을 시작했다. 처음에는 로댕의 작업실 사람들에게 긴장하였지만 그들은 함께 있으면서 애정을 키워 갔다. 그녀는 로댕의 작품을 도와주고 로댕을 위해 기꺼이 모델이 되어 포즈를 취했지만 돌아온 것은 별로 없었다. 모델은 매우 힘든 일로 보수를 주는 게 관례였지만 한 푼의 모델료도 받지 않았다. 몰인정한 그녀의 어머니에게서 쫓겨났을 때 로댕은 임대비와 생활비를 책임졌지만 자립할 만한 정기적인 급여가 아니라 사랑하는 여인에게 주는 용돈에 가까웠다. 카미유가 로댕과 함께 10년 동안 창작에 몰두하였지만 자신의 이름을 서명할 수 있었던 작품은 소수에 불과하였다.

로댕은 파리 사교계에 카미유를 동반하여 주위 사람들에게 그녀의 재능을 알리기 시작했고 모두의 시선을 받았다. 파리 사교계 사람들은 미모와 예술가적 재능을 가진 여류 조각가가 그들 사이에 있다는 사실만으로도 좋았다. 그녀는 그만큼 사람을 끄는 강한 매력을 지녔다. 하지만 주변의 찬탄에도 불구하고 그녀는 고독했다. 혼자서 책을 읽거나 박물관과 전시장을 다니는 일이 빈번해져 갔다. 로댕과의 불안한 관계는 1886년경 이런 약속의 계약을 하면서 잠시 일단락되었다. 렌느 마리 파리의 증언에 의하면 로댕의 약속은 이런 것이었다.

> 오귀스트 로댕이 카미유 클로델에게
> 1886년 10월 12일 오늘부터 나는 오로지 마드무아젤 카미유 클로델만을 나의 제자로 받아들일 것이고, 내게 가능한 모든 수단과 앞으로는 그녀의 친구들이 될 나의 친구들, 특히 영향력 있는 친구들의 힘으로 오로지 그녀만을 보호할 것이다. … 모 부인의 집에는 어떠한 명분으로도 더 이상 출입하지 않을 것이며, 그녀에게 하고 있는 조각 교습도 중단할 것이다. 5월에 있을 전람회가 끝나면 우리는 이탈리아로 떠나 그곳에서 적어도 여섯 달 동안 머무를 것이며, 흔들림 없는 관계를 시작하여 이후 마드무아젤 카미유는 나의 아내가 될 것이다.
> - 카미유 클로델 / 《카미유 클로델》, p.47

한번은 로댕이 그녀의 초상을 청동으로 떠서 선물로 보냈다. 이 조각은 물에서 방금 나온 듯 머리가 물에 젖은 채 달라붙은 모습이었는데, 평소 그녀가 자주 취한 포즈였다. 그는 이외에도 대리석 조각상을 선물했다. 나아가 어떤 여자와도 관계하지 않으며 장부 관리를 철저히 하며 어떤 여성도 모델로 삼지 않는다. 카미유가 5월까지 파리에 머물 때 매달 네 차례씩 방문할 것도 약정했다. 카미유도 "만일 당신이 멋지게 약속을 지킨다면 우리들은 천국에 있을 것입니다"라고 화답했지만 계약과 달리 그들의 분위기는 냉랭해지고 험악해져 갔다.

이 무렵 그들이 의논하거나 합작한 작품들은 두 사람 사이의 미묘한 심리를 반영한다. 〈지옥의 문〉 제작에 임한 로댕은 단테가 《신곡》에서 9개의 지옥도에 영감을 공유한 카미유에게 의견을 물었으며 그 흔적이 고스란히 남아 있다. 로댕이 만든 조각은 그녀에게 미묘한 감정을 전해 주었다. 로댕 조각상 중 늘어진 유방과 흐트러진 머리칼을 늘어뜨리고 누더기를 걸친 노파에게서 죽음을 떠올리고 그녀는 눈물을 흘렸지만 진작 카미유를 모델로 한 로댕의 작품에서는 끝없는 환희를 요구하고 육체만을 드러내는 이미지가 강조된다. 반면에 로댕의 〈입맞춤〉은 카미유를 모델로 한 다른 작품처럼 에로틱하지만 "천국이 가까우나 연옥 같은 분위기가 살아 있다"(《릴케의 로댕》 p.48)라고 설명하여 쉼 없이 분출하고 싶은 두 연인의 환희와 불안을 동시에 드러낸다.

그들에겐 조각에서처럼 밀월의 시기가 있었다. 로댕은 1898년 투렌느 이즐레뜨성을 빌려 둘만의 사랑을 키워 나갔다. 덤불과 관목과 잡초로 둘러싸인 이즐레뜨성은 누구에게도 알려 주지 않았고 카미유는 아버지에게도 로댕과의 사적 관계를 비밀에 붙이며 그곳으로 오지 않도록 했다.

이즐레뜨성에서 두 사람은 행복한 시절을 보냈다. 그녀는 구레나룻을 한 로댕을 '파란 수염의 사나이'라고 불렀다. 샤를 페로의 《푸른 수염》은 귀족 성주가 여러 차례 결혼을 하는 가운데 일곱 번째 어느 가정의 막내딸에게 청혼하여 이전 아내들의 시체가 있는 지하실 구석의 작은 방을 열지 말라고 했으나 그녀도 약속을 어겼다. 하지만 마지막으로 주어진 기도 시간에 오빠들이 달려와 푸른 수염을 무찌르고 막대한 재산을 상속받는다는 내용으로 오늘의 시점에서 보면 다소 우스꽝스러운 내용이지만 그들에게 절실한 이야기였다. 그들은 《푸른 수염》의 줄거리에 못지않게 비밀스러운 동거를 거리낌 없이 누렸다. 카미유도

1891년 로댕에게 보낸 날짜 미상의 편지에서 이즐레뜨의 맑은 날씨와 큰 정원과 꼴, 보리, 귀리가 베인 들판의 매력에 감탄하고 작업실과 목욕할 강으로 이즐레뜨에 흠뻑 매혹되었다고 적었다. 그런 가운데 그녀는 로댕이 마음을 곱게 먹어 약속을 지켜 주면 이곳이 천국이라 알려 주면서 "무엇보다 더 이상 나를 배신하지 않아야 합니다"라는 구절을 빠뜨리지 않았다. 이즐레뜨성 시기를 카미유가 어떻게 받아들였는가를 보여 주는 작품은 상젤리제 살롱전에서 최고상을 받은 〈사쿤탈라〉다. 남자가 무릎을 꿇고 여자의 허리를 살며시 감싸안고 여자가 그를 향해 고개를 굽히고 있는 형상은 두 사람의 관계를 고스란히 표현한 것으로 카미유가 숱하게 고쳤다는 일화를 지니고 있다. 1895년에 제작된 〈왈츠〉는 로댕과의 행복한 시절을 회상하며 제작한 작품으로 부드럽게 포옹한 모습과 리드미컬한 춤의 율동을 어느 각도에서도 감상할 수 있는 수작이다. 이런 작품 제작은 로댕에 대한 카미유의 애정이 얼마나 지극했는가를 보여 준다.

하지만 안타깝게도 두 사람은 로즈 뵈레라는 여인이 끼어 있어 점점 소원해졌다. 카미유는 계약대로 자신과 정식 결혼하기를 원했으나, 로댕은 50년 가까이 함께한 로즈를 저버릴 수 없었다. 카미유는 한번은 임신한 몸을 숨기기 위해 숨은 듯 지내면서 홀로 고독과 고통을 감내하여야 했다. 그동안 로댕은 일이 많다는 이유로 들어오지 않아 육체적 고통과 정신적인 갈등이 증폭되어 카미유는 로댕과의 관계를 청산하고 1898년 튀렌 63번지에 그녀만의 작업실을 마련하였다. 그곳에서 〈중년〉을 작업하고 작품도 팔리고 후원자도 생기는 동안 로댕이 찾아와서 용서해 달라고 했지만 그것은 일시적이었다.

어느 날 폭우가 퍼붓고 있던 밤에 카미유의 작업실에 로즈 뵈레가 찾아왔다. 비에 흠뻑 젖은 그녀는 발광하듯 심한 욕설과 저주를 퍼부으며 달려들었다. 로즈는 결혼식은 올리지 않았으나 로댕에게 식사를 챙겨 주고 아이도 낳고 그의 부모에게도 헌신을 한 여인이었다. 그녀는 차가운 눈으로 모욕하며 카미유를 작업대로 밀쳤고 그녀는 쓰러졌다. 그때 들어온 로댕은 어느 편도 들지 못하고 안절부절 했다. 로댕은 심장이 좋지 않은 로즈를 데리고 가 버렸고 혼자 남은 카미유는 심한 모멸감으로 절망했다. 불륜이 대부분 그렇듯이 절정 다음에는 증오와 저주의 발걸음이 걸어오기 마련이다.

3) 건너지 못한 바다

천재 조각가 로댕이 파리 예술계에서 차지하는 힘은 엄청났다. 만일 그가 신진 작가를 인정하면 그에겐 앞길을 활짝 열렸다. 작품에 대한 평가도 다른 비평가들이 무시할 수 없을 정도여서 추천 편지를 써 주거나 작품을 추천하면 고스란히 권위적인 기준이 되었다. 그들의 관계가 예전만 못하였지만 카미유가 정신병을 앓고 있을 때 500프랑을 보내 주었고 그녀가 작품 주문을 받도록 해 주었으며 작업실을 마련해 주기도 했다. 로댕은 "그녀는 자신의 금을 찾았다"라고 했지만 카미유가 로댕의 모델이 되고 조수가 되고 작품에 조언을 해 주었던 과거의 헌신에 비하면 부족했다. 종합하면 로댕이 카미유에게 도움을 주면서 방해했던 행동은 모순이었다.

로댕과 카미유는 사랑의 전반기를 보냈지만 예술적 교감에서는 질투든 숭배든 떼어질 수가 없었다. 로댕은 카미유의 조각 제작에 큰 영향을 주었으며, 그녀의 감각과 영감도 로댕의 예술관에 적잖은 영향을 끼쳤다. 인간으로서의 사랑과 결별의 경계를 걸었지만 조각가로서의 공조는 이형동체처럼 뗄 수 없었다. 두 사람이 함께한 시절 동안 로댕의 창작열은 눈부셨고 카미유와 결별한 후에도 그녀의 착상과 아이디어를 작품에 반영했다. 카미유는 여자로서는 비극적인 삶을 맞이했지만 조각가로서의 활약으로 주변의 인정을 받았다. 정교하게 조각하고 크로키라는 독창적인 기법으로 〈파도〉, 〈수다쟁이들〉, 〈비상하는 신〉 등 작품을 계속 발표하였다. 로댕의 작품 일부도 그녀의 손길을 거쳐 갔음을 마감 터치에서 알 수 있으며 서명이 없는 카미유의 작품은 후일 로댕의 작품으로 분류되기도 하였다. 특히 로댕의 대표작으로 알려진 〈지옥의 문〉에 새겨진 인간들의 손발은 카미유가 다듬었다는 설이 있을 정도다. 이 점은 로댕이 죽고 카미유가 정신 병원에 갇혔어도 두 사람은 사랑이든 증오든 뗄 수 없는 동행자였음을 의미한다.

나이 29세가 되던 해인 1893년은 카미유에게 불운한 해였다. 사랑이 파탄으로 변하면서 스승 로댕은 그녀를 보호해 주는 거대한 나무 그늘이 아니라 건너야 할 바다가 되었다. 이탈리아 거리에 있는 작업실에서 오로지 작품만을 생각하려 하였지만 생활은 곤궁하고 신세는 전락했으며 조각가로서의 재능을 인정해 주는 사람은 적었다. 그때나 지금이나 조각 제작은 많은 경비와 사람과 후원자를 필요로 한다. 돈을 벌기 위해 그녀는 램프를 만드는 일을 했지만 수입은 제작비에도 미치지 못하였다. 모델이 없어 상상에 의존했다. 어둡고 살림 도구마저 변변찮은 작업실에서 작업을 해야 했다. 얻는 비평이라고는 "회반죽으로 빚어 놓은 거대한 석고 덩어리"라는 혹평이었다. 폐쇄적 생활로 지쳐 갔지만 무엇보다 점점 식어 가는 로댕에게서 벗어나지 못하는 자신을 미워했다.

그들의 편지에도 열정이 식었다. 로댕은 1895년 편지에서 "나에 대해 최고의 권한을 행사하는 친구에게"라 부르고 "존경을 가득 담은 찬사를 보내오"라는 마무리 인사를 하면서 "모든 일에는 반드시 대가가 있는 법. 나는 내가 한 일에 대한 대가를 치렀소. 내 과오를 치렀소. 지속되는 나의 고통이 정의가 존재함을 말해 주는 확연한 증거라오"라고 실토하였지만 카미유는 자신의 아틀리에에 접근하지 말라는 주의를 보냈다. 그녀는 마티아스 모르하르트에게 더 이상 로댕이 자기를 찾아오지 않도록 설득해 주기를 부탁하는 편지도 보냈다. 카미유는 사람들이 로댕이 그녀의 조각을 손 봐주고 있다는 비난이 그에게도 도움이 되지 않을 거라 생각했고, 로댕도 동의하리라 믿었다.

카미유는 적어도 〈중년〉에서 보여 주었던 배신의 상처에서 벗어난 듯 보인다. 그 조각은 카미유가 받은 엄청난 모멸감을 치유하려는 듯 조그마한 크기다. 석고 〈성숙〉은 〈중년〉과 비슷한 포즈이지만 애원의 자세는 줄어들었다. 1899년에 발표된 〈벽난로 앞에서의 꿈〉은 세간의 수다쟁이들의 소문에 시달리고 마침내 혼자가 되어 무거운 인생을 짐져야 하는 카미유의 심리가 투영되어 있다. 오래 지켜볼수록 누구나 그런 상황에 처하면 체념과 고민을 떨치고 일어나야만 한다는 절박감을 공유하게 된다.

19세에 로댕을 만나 사랑과 예술을 불태운 카미유의 행복은 너무나 짧았다. 어느덧 여자의 중년인 35살에 다다른 그녀의 현실은 비통했다. 싸구려 와인으로 알코올 중독자가 되어 나이에 비해 훨씬 늙고 살찌고 정신분열증 증세까지 나타났다. 1898년 살롱전에 출품된 작품들이 도난당하자 로댕의 음모라 생각했다. 1905년 13점이나 전시한 블로와의 화랑에서는 관람객들은 술에 절은 로댕의 내연녀라는 선입견으로 '독특한 매력을 가진 조각가'로 인정하지 않았다. 그러한 심리 상태는 메두사의 머리를 잘라 버린 그리스 영웅 〈페르세우스와 고르곤〉에서 로댕을 내친 의미가 고스란히 드러난다. 조각은 그림이나 책보다 작가의 갈등을 반영하는 더 효과적인 매체라고 인정할 정도였다.

갈수록 카미유의 형편은 비참해졌다. 심해진 우울증과 로댕에 대한 피해의식과 정신 착란으로 잘못된 모든 것을 로댕에게 돌렸다. 로댕이 담당 부처 장관보다 세다고 허풍을 치고 모든 수단을 빌어 아이디어를 훔치고 그녀의 작품들을 자기네 것이라고 우긴다는 피해의식을 보였다. 심지어 석고상을 훔쳐 주조 작업을 한다며 "이 위대한 천재는 야비한 착취에 몰두해 있다"라고 모자르 담당 부처 장관에게 편지도 보냈다. 동생 폴에게는 작품을 전시하지 못하도록 금지당하는 동안 그녀의 작품을 본뜬 것들이 전시되어 엄청난 수입을 올린다고 불평했다. 그녀가 로댕을 칭하는 '저 교활하고 위선적인 인물' 탓에 수고를 아까지 않은 독창적인 작품들이 인정받고 보상받지 받지 못한다는 강박증이 그녀의 삶은 더 파괴시켜 갔다.

그만큼 사랑에서든 예술에서든 건너야 할 로댕의 바다는 너무나 넓었다. 1906년 동생 폴이 중국으로 돌아갈 무렵엔 공교롭게도 정신병 징후가 나타나기 시작했다. 그녀는 동생에게 보낸 편지에서 "사랑하는 폴, 일찍이 너를 따라 중국으로 가고 싶었지만 내겐 건너지지 않는 바다 하나가 너무 깊었다. 이제 혼자서 노를 저을 수 있겠다. 로댕이란 바다를 건널 수 있겠다"라고 적었지만 살상은 아니었다. 1917년 1월 말 로댕이 로즈 뵈레와 결혼한 후 채 한 달도 안 되어 로즈가 죽고, 11월에는 로댕마저 죽었지만, "나를 할퀴며 자라는 겁 없는 손톱"만큼 예리한 증오심이 "스스로 떠나지는 것"이기 위해서는 다시 20여 년을 기다려야 했다.

4) 정신 병동의 잊힌 노파

카미유를 보살펴 준 동생 폴이 결혼하고 외교관으로서 중국으로 떠나며 모두가 자신을 가두려 한다는 생각은 더욱 심해졌다. 1913년 3월 3일 그녀는 자기 집에서 납치되다시피 하여 정신병자 취급을 받았다. 자신의 뜻과 달리 죽을 때까지 연금 당했다.

정신병원의 환경과 처우는 예민한 그녀에겐 열악했다. 보클뤼즈 몽파베 인근에 있는 베르그로정신병원으로 이송된 카미유는 다른 병원으로 옮겨 주기를 원했지만 거부당했다. 어머니께 보낸 편지에서 겨울엔 난방이 들어오지 않아 추위 때문에 죽을 것만 같고 하루 20프랑을 바치지만 오래된 비스킷 세 조각과 묵은 염소 치즈만 나온다고 하였다. 솜털 이불도, 쓰레기통도 없는 방에 방치해 두었다며 호소했지만 가족들은 무심했다. 어머니가 보낸 돈과 물건과 편지에 감사하면서도 심각한 병에 걸릴지도 모른다고 걱정하였다. 그녀는 "결코 정신 병원의 환자 번호에 내 인생을 마감할 만한 일을 저지르지 않았다"(1927년 2월 2일 편지)라고 호소했지만 편안한 구석이 없는 정신 병원은 아무리 마음을 단단하게 먹어도 참아 주기 어려웠다. 14년을 견딘 그녀는 빌뇌브로 돌아가기를 간절히 원했지만 거부당하면서 이것만큼 예술가에게 슬프고 놀라운 일이 있을까라고 한탄하였다. 자녀 결혼차 귀국하는 폴에게 호소하였지만 어머니가 반대하면서 더 이상 희망을 품을 수가 없었다. 1930년 3월 3일 폴에게 보낸 편지에서는 17년째 정신 병원에 갇힌 것을 로댕의 계략으로 돌리면서 로댕이 비밀스럽게 주입한 독 때문에 늘 아프다고 했다. 그만큼 로댕에 대한 증오는 피해망상증에 가까웠다.

이 모든 것이 사실은 악마 같은 로댕의 머릿속에서 비롯한 것이다. 그에게는 오로지 한 가지 생각뿐이었다. 자기가 죽은 뒤 내가 예술가로서 비상하여 자기보다 더 명성을 떨치게 되지 않을까 하는 것. 그러니 죽은 다음에도, 그가 살았을 때 그랬던 것처럼, 나를 자기 손아귀에 움켜쥘 수 있어야 했다. 그가 죽은 다음에도, 그가 살아 있을 때처럼, 내가 불행해야 했다. 그는 전적으로 성공했다. 나는 지금 불행하니까!

- 카미유 클로델 /《카미유 클로델》, pp.360~361

혼자서 끔찍한 형벌과 처절한 싸움을 치르는 가운데 카미유는 70살의 쇠락한 노파가 되었다. 친구에게 보낸 편지에서 "나는 지옥에 떨어졌다. 나의 삶이었던 꿈으로부터. 그러나 그것은 악몽이었다"라고 회상하면서 1943년 10월 19일에 사망했다. 남동생 폴이 왔지만 장례식에는 참석하지 않았고 그녀의 주검은 몽파베르 묘지에 묻혔다. 10년 후 유골은 공동묘지로 옮겨졌으며 12년이 지나 유족이 유골을 찾으려 했으나 이루지 못했다.

카미유 클로델의 조각과 사랑의 비극은 20세기 후반에 재평가가 이루어졌다. 카미유의 조각품은 로댕과 별도의 전시실에 전시되었다. 1984년 파리 로댕미술관에서 열린 '카미유 클로델, 1864-1943' 전시회는 그녀의 예술을 인정하는 진전이었다. 지금도 문학, 연극, 영화로 카미유를 다루면서 대중의 관심이 확대되고 있다. 죽어서 피우는 예술혼은 그런가.

참고자료

라이너 마리아 릴케. 《릴케의 로댕》, 안상원 옮김, 미술문화, 2012.
정금희. 《프리다 칼로와 나혜석, 그리고 까미유 끌로델》, 재원, 2003.
카미유 클로델. 《카미유 클로델》, 김이선 역, 마음산책, 2010.

3. 루 살로메와 유럽 지성인들

1) 축복과 저주의 마력

루 살로메의 본명은 루이자 살로메(Luíza Gustavona Salomé)로 1861년 2월 러시아의 상트페테르부르크에서 태어났다. 아버지는 러시아 황제의 측근이었던 러시아 야전군 참모 본부의 고급 장교 구스타프 살로메이며 어머니는 상인의 딸인 루이스 윌리엄으로 막내 외동딸로 태어났다. 다섯 오빠가 있는 살로메는 고집이 센 기질을 지녀 후일 19세기 유럽의 대표적인 지성인들과 역사적인 스캔들을 겪는 동기가 된다.

당시 제정 러시아의 수도 상트페테르부르크는 예술 활동의 중심지로서 그녀의 성장 배경으로 더없이 적절했다. 18세 때, 가정 교사였던 43세의 목사 길로트는 그녀에게 철학과 예술, 종교와 논리학 외에 서구 문학을 가르쳐 주었다. 길로트가 설교단에 오르는 것을 보았을 때 그녀는 "이제야 내 모든 외로움이 사라지게 되었구나"라고 말할 정도였지만 길로트 목사가 아내와의 이혼을 불사하면서 청혼했다. 루이자는 길로트가 지은 루(Lou)를 사용하는 대신에 "나는 영원히 당신의 아이로 남아 있을 것입니다"라며 단호하게 결별을 선언했다.

이후 예술적이고 철학적인 남성과의 교제를 이야기하지 않고서는 팜 파탈로서 루의 정체성을 설명하기가 거의 불가능하다. 미모는 아니었지만 당대 여성들에게 찾기 어려운 지성미와 자유분방함으로 지성적인 남자들과 사랑의 모험을 즐겼다. 남자를 고르고 차 버리는 선택은 언제나 루의 몫이었고 남자를 죽음으로까지 내모는 과정에서 중요한 것도 남자들의 맹목적인 사랑이 아니라 그녀 자신을 수호하려는 실존이었다. 여성이 남성을 조정한다는 당시의 유행도 20세기의 지성인들을 함락시킨 외적 요인이었다.

1864년 취리히대학이 여성에게 입학의 문을 열었고 예상과 달리 러시아 학생들이 다수 입학하였다. 1880년 루가 취리히대학에 들어갔을 때 그녀를 가르친 교수들은 영리한 두뇌와 순박하고 순수한 감각뿐만 아니라 독립심과 의지를 갖춘 그녀가 '금강석'이라고 칭찬하였다. 당대의 지성인들이 어떻게 살로메에게 매료되었는가를 설명해 주는 명료한 단서이기도 하다.

운명의 신은 항상 여러 손아귀를 갖고 인간을 희롱한다. 길로트 목사와의 결별, 교회와의 절연, 로마행과 취리히대학 입학, 아버지의 죽음과 재학 중 앓은 원인불명의 질병 등이 루에게 연이어 닥쳐왔다. 아이러니하게도 이런 것들은 본격적인 남성 편력의 계기로 나타났다. 그녀는 철학자 파울 레(Paul Rée)를 만나 종교와 신의 문제를 이야기하면서 사귀기 시작했다. 부유한 기업가의 아들이었던 파울 레는 도박 돈을 빌리기 위해 당대의 여성 인권 운동가인 마이젠부크 남작 부인을 찾아갔다가 살로메를 만났다. 32세였던 파울 레는 스물한 살의 그녀에게 사랑을 고백하지만 거절당했다. 루는 남녀 관계가 아니라 '학문 공동체'로 지내자고 제안하였으며 관계를 지속하고 싶었던 레는 당시 러시아 지식인들 사이에서 유행하던 '가상 결혼'을 떠올려 친구 니체에게 함께할 것을 부탁하였다.

2) 니체를 초인으로 만든 1년

　1882년 4월 니체와 살로메의 만남이 이루어졌을 때, 니체는 38세, 루는 21세였다. 니체는 쇼펜하우어의 염세주의에서 벗어나 고유한 철학 체계를 구축하던 시기로 루에겐 참으로 적절한 대상이었다. 니체는 《즐거운 지식》을 증정하면서 "우리 머리 위에는 별들이 서로 반짝이고 우리 주위에서 영원히 속삭이고 있다오"(《나의 길 사랑의 길》 p.35)라고 써 넣었다. 니체는 별을 첫사랑의 상징으로 보았지만 루는 잠시 후 "어쨌든 나는 취리히로부터 왔노라"라고 건조한 어투로 대답했다 한다. 레는 루를 계속 만날 수 있다는 기대감으로, 니체는 "루와 같은 집에 살 수만 있다면 괜찮아" 하면서 3인 동거를 받아들였지만 루는 자신의 철학을 구현할 '지적 삼위일체'라고 여겼다.

　명색이 유럽의 철학자인 니체는 루 살로메를 향한 욕망을 숨길 수 없었다. 그는 루체른 공원 근처에 있는 '빈사의 사자상' 앞에서 첫 번째 청혼을 했고, 1882년 여름에 타우텐부르크에서 절망적인 사랑으로 두 번째 청혼했지만 그녀는 사상이 아니라 평범한 낭만으로 여겨 모두 거절하였다. 심지어 루는 니체에게 연락도 주지 않고 레와 몰래 도망쳐 동거에 들어갔다. 인생미로가 무엇인가를 숙고한 그때의 그녀는 놀랍게도 이미 프로이트와 유사한 생각을 갖고 있었다.

　오직 하나뿐인 그 고뇌, 참된 위대함이 주어진다면 그 때면 우리들은 정면으로 그것과 투쟁할 따름. 그렇다. 생사를 걸고 그것과 투쟁할 뿐이다. 그것은 마음속 깊숙한 곳까지 스며들어와 삶의 가장 깊숙한 곳을 파헤쳐 낸 뒤에 행복에 겨운 환상 어린 꿈을 깨뜨려 버리고 무한한 노력을 기울일 가치가 없는 것을 제거해 주는 것이다. 그럼에도 너는 인간의 최종적 정복자가 될 수는 없다. 비록 그대가 아무리 힘차게 달려들어서 숨겨서 쓰러져 버린다고 할지라도 결국 너는 정신의 위대함을 위한 하나의 발판에 불과한 것이다.
- 루 살로메 /《우리는 어디에서 어디로 가는가》, p.118

루에게 고뇌는 그녀를 살게 하는 심연의 동력이었다. 스물네 살에 바젤대학의 철학과 주임 교수로 임용된 니체는 그녀에게 반발심을 갖기 시작하였다. 그녀는 니체를 레와 다른 정신적 동지로만 여겼지만 니체는 루에게 1882년 6월 11일에 이런 편지를 보내게 된다.

가장 사랑하는 여인이여, 당신은 나를 위해서 항상 하나의 호의 있는 언어를 준비하고 있습니다. 당신의 마음에 든다는 사실이 나를 무척 기쁘게 합니다.
(중략)
정신적으로 인륜적인 지평선의 몇 개 커다란 전망이야말로 나의 가장 강력한 생명의 샘인 것입니다. 정말이지 이런 대지 위에 우리들의 우정의 기초와 희망을 싹트게 한다는 사실이 나는 정말 기쁜 것입니다. 당신에 의해서 되어지고 계획된 모든 일을 이렇듯 기뻐하는 사람은 달리 없다고 생각합니다.
충실한 당신의 친구인 F. N.
- 루 살로메 /《나의 길 사랑의 길》, p.22

광적인 정열은 누구에게나 혼란스럽고 부자연스럽다. 루와 니체와 레와의 이러한 관계를 알려 주는 한 장의 사진이 있다. 말채찍을 쥔 루와 마차에 몸을 실은 두 남자의 모습은 고스란히 니체가 《차라투스트라는 이렇게 말했다》 1부를 완성하고 "여자를 보려 하는가? 회초리를 잊지 말아라"라고 한 분노를 연상시켜 주고 친구에게 "루와 나는 유럽의 조그만 소문거리가 되었네"라고 실토한 편지의 한 구절을 떠올려 준다. 질투와 배신감에 사로잡힌 니체는 루에게 수십 통의 구애 편지를 썼지만 나중에는 "가짜 가슴을 달고 다니는 구역질나는 여자"라는 악담을 퍼부었다. 후일 유방 절제 수술을 받은 루는 "나도 이제 가짜 가슴을 달게 되었다"라며 니체의 말이 옳았다고 담담하게 말했다 한다.

사태는 갈수록 악화되었다. 루가 "이제 더 주실 행복이 없다면 당신의 고뇌를 주십시오"(《나의 누이여 나의 신부여》 p.114)라며 니체와의 이별 선물로 《생에 바치는 찬가》를 남기고 미련 없이 떠났다. 설상가상, 두 사람 사이에 니체의 여동생 엘리자베스가 끼어 들어 루를 병적으로 증오했으며, 니체가 루에게 보낸 대부분의 화해의 편지를 파울 레가 중간에서 가로챘다.

그런 가운데 니체는 자신에게 날아온 루라는 새를 한 마리 독수리로 여긴 환상 속에서도 자신이 속지 않은 자보다 더 행복하다고 위로하였다. 니체는 루의 기질이 《차라투스트라는 이렇게 말했다》를 쓰게 한 지적 정서가 되어 감사했다고 친구 가스트에게 고백하고 1884년에는 "마지막 일 년에 큰 업적을 쌓았는데 루와의 만남이 헛된 일"이 아니라며 그녀의 재능과 사색력을 어머니에게 보낸 편지에서 자랑하였다.

니체는 현실을 수긍할 줄 알았다. 결별 후 "지나 보니 천사가 아니었네. 어쨌든 나는 그녀와 끝났네. 사랑과 감정의 정말 헛된 낭비였네. 이제는 자신이 있네"라고 읊으며 남녀로서의 사랑을 초월했다. 1883년

1월, "내 영혼에서 무거운 돌을 굴려 털어냈다"로 시작하는 《차라투스트라는 이렇게 말했다》 제1부를 열흘 만에 완성하고 얼마 후에는 제2부도 비슷한 속도로 완성했다. 그는 루의 사랑을 잃는 대신에 초인적인 필력으로 현대 철학사에 영원히 빛나는 화려한 금자탑을 세웠다.

루는 니체의 집착을 받아들이지 못했지만 철학자로서 니체에게 내린 평가는 매우 긍정적이었다. 니체와 결별할 무렵 그녀는 일기장에 "우리는 니체가 새로운 종교의 예언자로 등장하는 것을 보게 될 것이고, 그는 많은 영웅들을 제자로 두게 될 것이다"라고 썼다. 아무튼 니체는 연애 에피소드를 결말 짓고 《선악의 피안》, 《도덕의 계보》 같은 명저들을 잇달아 출간했다. 하지만 그 자신은 '초인(Übermensch)'에 이르지 못했다.

루가 동양학 학자 안드레아스와 '독신 결혼'을 하면서 파울 레와의 동거는 막을 내렸다. 그녀는 결혼하되 자신의 사랑과 성을 구속하지 않고 육체관계를 하지 않는 것을 조건으로 내걸었다. 루가 결혼했을 때, 화가 난 니체는 "거짓말에 화가 난 것이 아니라, 루를 믿을 수 없다"라는 말을 남긴다. 편두통에 시달렸던 니체는 바젤대학 교수직을 사임하고 1889년 뇌졸중 발작으로 젊은 나이에 유성 같은 생애를 끝맺었다. 파울 레도 니체가 죽은 다음 해, 스위스 남동부에 위치한 첼레리나 인근의 산 위에서 깊은 골짜기로 몸을 던졌다. 루와 헤어진 15년 후이며, 루와 함께 행복한 시절을 보냈던 장소였다.

루는 점점 유명해졌다. '헨리 루'라는 필명으로 소설을 발표해서 성공을 거두었다. 그녀는 니체가 정신 병원에 입원한 이후 평론집 《니체의 작품으로 본 니체》를 발표하고 주고받은 편지까지 출간하면서 주목받는 작가로 떠올랐다. 노련하고 성숙하게 파리 사교계의 여왕의 자리를 차지한 것이다.

3) 루와 릴케의 아가(雅歌)

작고 볼품없는 몸매의 루에게는 남자들이 열광하는 매력이 있었다. 그것은 모정을 겸한 애정이었다. 니체를 혼돈의 열정에 빠뜨린 루는 이번에는 섬세한 감정을 지닌 릴케를 최대의 시인으로 만든 헌신적인 사랑을 시작했다. 라이너 마리아 릴케가 그녀의 첫 남자가 되었을 때 그녀는 36세였고 릴케는 열네 살 아래인 22세였다.

릴케는 오스트리아 출신으로 소극적이고 수줍고 유연한 성격에 호리하고 턱수염과 콧수염이 특징이었다. 무명 시인이었지만 루는 그의 내면적인 예리함과 강인함에 경탄했다. 다음 날 릴케는 커다란 꿈이 현실이 되었다며 만남을 요청하는 편지를 보냈다. 아주 짧은 기간 만에 릴케는 그녀를 아내로 만들면서 "나는 그대 안에 있노라"라고 노래하였고 루도 "당신이 최초의 실제"라고 고백했다.

그들의 사랑은 서로에게 헌신적이었다. 릴케는 루의 조언에 따라 '라이너'로 이름을 바꾸었고 필체도 단정해지고 루는 그에게 러시아어를 가르치고 러시아 여행을 주선하여 그의 문학에 지대한 영향을 끼쳤다. 마침내 릴케는 시인으로서 명성을 얻는 길로 들어서면서 감격한 릴케는 수십 편의 시를 루에게 보냈다. 릴케는 루에게 보낸 시의 복사본을 남겨 두어 후일 릴케의 시집에 고스란히 실렸다. 릴케를 남성이자 시인으로 성숙시킨 루에게 헌정한 시 세계는 그에게는 낭만주의 문학에 이르는 통로였다.

저것이 나의 창문이었다. 지금 막
나는 이렇게 부드럽게 눈을 떴다.

하늘을 떠돌아 날으는 것 같았다.
내 생명은 어디에까지 닿고
어디서 밤은 시작되는 것일까?
(중략)
나는 마음속에 별마저
잡아둘 것만 같다. 그토록이나
내 마음은 크게 여겨진다.

- 라이너 마리아 릴케 / 〈사랑에 사는 여인〉 부분,
《릴케 시선》, pp.40~41

루는 회고록에서 '우리는 의식을 갖춘 결혼'으로 이루어진 연인이라 말했다. 그녀는 젊은 애인을 돌보아 주면 긴장된 시인의 심리가 사랑으로 치유되어 강렬한 시인으로 탄생하고 자신도 생의 보람을 얻는다는 것을 알았다. 릴케에게 루 살로메는 연인이고 아내며 누이이고 어머니며 선생이다. 무엇보다 그녀는 시적인 여인이었다.

릴케는 후대의 연인들을 위한 많은 사랑의 시구를 남겼다. "우리는 아직 시작에도 이르지 못했습니다", "우리에게 무슨 일이든 일어나게 해 주십시오", "당신은 나의 전부입니다", "나에게는 단 한 번의 부활절이 있었습니다" 나아가 두 사람이 지닌 신에 대한 관심에 착안하여 아가의 노래를 빌려 왔다. 릴케에게 볼프라츠하우젠의 숲속 오두막은 잊을 수 없는 밀회의 장소다. '황후'와 '달콤한 노예'로서 '성숙'에 이르렀던 1897년 무렵의 루 살로메는 '나의 누이 나의 신부'로 여겨졌다.

나의 누이, 나의 신부야 네가 내 마음을 빼앗았구나 네 눈으로 한

번 보는 것과 네 목의 구슬 한 꿰미로 내 마음을 빼앗았구나 나의 누이, 나의 신부야

- 〈아가서〉 4장 9-10절

두 사람에게 숲속 오두막은 무화과나무와 포도나무가 자라는 에덴동산이었다. 솔로몬이 말한 "나의 누이, 나의 신부야 … 나의 누이, 나의 신부는 잠근 동산이요 덮은 우물이요 봉한 샘이로구나"(아 4:9, 12)만큼 릴케의 심정을 고스란히 대변하는 시가 없다.

물론 그들에게는 행복한 러시아 여행도 있었다. 루에게 어린 시절의 고향을 돌아본다는 것은 더없이 행복한 체험이었다. 톨스토이의 문학과 푸시킨의 시와 러시아 예술을 접한 것은 릴케에게 더 없는 축복이었다. 러시아적인 모든 것에 빠져든 그는 러시아풍의 옷을 입고 방을 러시아식으로 치장하고 러시아어로 시를 썼다.

이런 의도적인 과장에 부담을 느낀 루에게 사랑의 균열이 일어났다. 루와 릴케의 파국은 두 번째 러시아 여행에서부터 틀어지기 시작했다. 릴케는 공포에 마비된 듯 했지만 루는 자신에게 필요한 것은 남자가 아니라 평온임을 인지하고 "라이너를 떠나야만 한다. 4년 전과 같이 혼자 있는 것뿐이다"라고 일기에 적었다. 불안해진 릴케와 달리 루는 프로이트의 세계에 발을 디디면서 새로운 눈을 뜨게 되었다. 릴케도 젊은 여류 조각가 클라라 베스트호프《(Clara Westhoff)와 결혼하여 감정이 진정되었지만 잠시였다.

릴케는 루와 헤어진 다음 '죽음의 노래'를 뜻하는 《두이노의 비가》와 아내 에우리디케를 찾아 저승으로 간 내용인 《오르페우스에게 바치는 소네트》 등 생애 최고의 걸작을 쏟아 냈다. 릴케의 시에 끼친 루의 영

향은 당시의 비평가들이 루 살로메를 '정신적으로 심리적으로 가장 심오한 작가'로 인정한 데서도 알 수 있다.

릴케는 1926년 스위스에서 만성 백혈병과 합병증으로 생을 마감했다. 임종 무렵 손님으로 오기를 그녀에게 요청했지만 루는 거절했고 임종을 지키는 의사에게 "루는 모든 걸 알아요, 루에게 물어봐 주십시오"라고 했다 한다. 루는 임종을 지켜 주지 못해 후회하였으며 2년 후에 회고집 《라이너 마리아 릴케》를 발간하였다. 영문판 제목은 《오직 당신만이 나에게는 현실이었습니다. 라이너 마리아 릴케를 그리며(You alone are real to me. Remembering Rainer Maria Rilke)》다.

4) 프로이트의 학구적 반려자

릴케와 헤어진 후, 루는 여러 연인들을 사귀었다. 살로메의 전기 작가 프랑수아즈 지루는 "루 살로메는 이 사람과 시골로 떠나고, 저 사람과 결혼을 약속한다"라며 비판했다. '순결하지만 부도덕하다'라고 세인들이 혹평했지만 그녀에게 남성 유랑은 단순히 삶의 출구가 아니었다. 니체와 릴케처럼 영혼이 불안정한 천재와 사귀는 동안에도 학문에 대한 그녀의 관심은 뜨거웠다. 50번째 생일을 맞아 〈문학의 메아리〉라는 짧은 자서전을 쓴 루는 오스트리아 정신분석학자인 프로이트와 무의식이라는 지적 세계를 동시에 만났다. 이미 스웨덴의 정신과 의사이며 프로이트의 제자인 비에레와 연인 관계였지만 별의 수레바퀴는 프로이트를 향해 움직였다.

1911년 9월 21일 바이마르에서 '국제정신분석학협회회의'가 열렸다. 당시 오십 대 중반의 프로이트는 강인한 정복자형 남자였다. 보통 체격에 콧수염과 짧은 턱수염을 길렀고 환영도 투시할 정도로 민첩한 눈을 가진 심리학자였다. 프로이트는 작가로서 니체와 그녀와의 특별한 관계를 알고 있었지만 루가 심리적 관찰력으로 자신을 잘 알고 있다는 사실에 놀랐다.

사람의 생과 심리만큼 흥미로운 게 없다는 점은 심리학자나 소설가에게는 더없는 사실이다. 살아 움직이는 주인공으로 소설이나 자서전을 구상할 때는 관찰 이상으로 추리력과 상상력을 필요로 한다. "작가들이 상상 못하는 일들을 듣고 보고 있다. 생활이 예술을 훨씬 압도한다"라고 말한 루는 인간의 숨겨진 행동의 동기를 알려면 정신분석이 필요하다는 이론에 공감했다. 루는 프로이트의 지도를 받고 싶다고 편지를 썼고 프로이트도 기꺼이 그녀의 요청을 받아들여 쉰 살을 바라보는 나이에 그의 문하생이 되었다. 당시 그의 제자 중에는 후일 《레드북》으로 명성을 얻은 칼 융도 있었다.

시간이 지나면서 루는 프로이트의 기대를 능가했고 서로 존경하는 지적 대화자가 되었다. 때때로 그들만의 방식으로 우기기도 했지만 그녀는 재치와 매력으로 프로이트파에 들어가게 되어 25년 가깝게 학문적 동반자가 되어 강의 때 그녀가 없으면 서운하게 느낄 정도였다.

루가 일종의 직관적 종합을 통해 얻은 뛰어난 견해는 프로이트의 분석적 인식을 훨씬 능가하여 프로이트를 놀라움을 금치 못하게 했다. 경탄한 프로이트는 자신과 루의 차이점은 자신이 '정신분석의 산문가'인 반면에 루는 '정신분석의 시인'이라는 점에 있다고 말했다. 이런 상호 존중을 토대로 그들은 죽을 때까지 거의 25년 동안 교제를 계속했다. 루는 정신분석에서 생의 목표를 발견했으며, 프로이트는 루에게서 자신의 충실한 주해자(註解者)를 발견했다.
- H. F. 페터즈 /《나의 누이여 나의 신부여》, p.298

프로이트에게 루는 두려움을 느낄 정도의 지성을 지닌 비범한 여인이었다. 민첩한 이해력과 솔직한 언변과 엄청난 집중력과 유별난 의지력은 심리학을 연구하고 자신과 동행하기에 가장 적절한 자질이라 여겼다. 루가 악한 사람이라고 한 니체의 말이 이해되었다.

어쨌든 의미 있는 악은 선을 낳는다. 내밀한 인간 영혼을 파헤친 프로이트는 사람들의 불편한 감정을 치료하기 위한 첫 제물로 자신을 선택했다. 자기 분석을 시행한 1897년 9월부터 석 달 후, 오이디푸스 콤플렉스이론을 내세웠다. 당시 빈의 상류 사회는 바그너와 말러의 음악을 듣고, 클림트의 그림을 감상하고, 프로이트의 상담실을 찾는 것을 고급 코스로 여겼다. 말러, 클림트도 프로이트의 고객이었다 하니 루 살로메의 출현은 당연한 시류였다.

제자들에게 까다로운 프로이트는 루에게는 너그러웠다. 그는 루가 니체와 릴케와 파울 레 등 여러 남자들을 비극적 운명에 빠뜨린 사실을 이미 알았지만 "당신에게 적의를 품은 사람들이 당신을 비난하는 걸 들을 때마다 화가 났다"라고 위로하는 등 루에 대한 프로이트의 관심을 알려 주는 일화가 많다. "위대한 여인으로서 품위 있는 방식으로 자신을 지켰다"라고 변호했으며 "존경하는 루에게"에서 "이해하는 여자 루에게", "사랑하는 루에게", "루를 그리워하며"라고 진화해 가는 호칭으로 편지를 썼다. 털 코트를 사 주고 총애하는 다섯 제자를 위해 만든 금반지 중의 하나를 그녀에게 주었다. 청중 가운데 단 한 사람에게 내 강의를 들려주려는 습관이 있다고 학자다운 편지를 보냈으며 집으로 수차례 초대하여 함께 즐거운 시간을 보냈고 경제적인 어려움을 겪는 루에게 적지 않은 돈을 보내어 낡은 집을 고치게 해 주었다. 1911년 처음 만나 서로의 내면을 통찰한 두 고수는 때로는 서로의 회고담 집필에 열중하면서 루가 세상을 떠날 때까지 교우가 이어졌다.

프로이트 주변의 정신분석학 학자들도 루를 흠모하였다. 프로이트가 가장 아낀 제자 빅토르 타우스크는 루 살로메와 연애하여 프로이트를 불안하게 만들었다. 프로이트는 루에게 타우스크가 "먹이를 앞에 둔 짐승처럼 위험하다"라고 경고했다. 후일 루가 타우스크를 떠났을 때 결혼을 하루 앞둔 그는 밤에 자살했다. 프로이트는 쉰 살이 넘은 루를 어떻게 다루어야 하는지 잘 알았다. 루에 대한 감정을 친구에게 쓴 편지에서 "나는 그녀를 몹시 사랑했소. 그러나 이상하게도 성적인 매력은 전혀 느끼지 못했소"라고 했듯이 프로이트의 서재에 놓인 루의 액자 사진처럼 가까우면서 먼 사이를 유지했다.

루는 프로이트에게 충실했다. 그녀는 그와 25년 이상의 교제를 통해 생의 목표를 발견했다. 프로이트의 수제자 칼 융이 스승과 결별한 위기에서도 프로이트의 막내딸 안나와 긴밀한 관계를 맺었다. 이 모든 것을 프로이트의 75세 탄생일을 맞아 《프로이트에 대한 나의 감사》(1931년)로 헌정했다.

5) 자신을 창작한 루 살로메

루 살로메는 만년에 괴팅겐 시가지가 내려다보이는 하인베르크 언덕

집에 거처를 정했다. 24세 때 '헨리 루'라는 가명으로 책을 출간한 후 22권을 출간하고 4권의 책을 번역했지만 인생 말기에는 1차 대전의 두려움과 노쇠가 깔려있다. 한때 '하인베르크의 마녀'와 '뮤즈(muse)' 였지만 세월 앞에서는 어쩔 수 없었다. 그녀는 남편 안드레아스가 죽고 여러 병을 앓으면서 혼자가 되었다.

그녀는 루터가 말했던 "여기 내가 있습니다"라는 말처럼 자신의 생애를 제 힘으로 제시하려 하였다. 이것이 그녀가 행한 생애의 회고이며 회상의 지형도로서 존재의 합일을 찾으려한 노력을 요약해 준다. 그녀는 아무것도 갖지 말라는 좌우명에 충실하면서 만년에는 숲을 산책하면서 채소만으로 식사를 했다. 그녀는 원하던 자신과의 합일을 이루었다. 그리하여 《프로이트론》에서 "인간의 생명 — 그리고 모든 생 — 은 시다. 우리는 날마다 무의식 속에서 조금씩 생을 살고 있지만, 불가침의 전체 속에서 생명은 우리를 살게 한다"(《나의 누이여 나의 신부여》 p.325)라고 적었다.

1937년 1월 5일 해질 무렵 루 살로메는 조용히 숨을 거두었다. 프랑수아즈 지루가 "그녀의 걸작은 그녀 자신이다"라고 했듯이 화장장까지 동행한 사람도 단 두 사람뿐이었다. 재를 정원에 뿌려 달라는 유언은 당시 법률로 금지되어 시립 공동묘지에 안장된 안드레아스 무덤에 합장되었다.

내 눈은 잠시 동안 그것에 쏠린 채로였다. 나는 기도와 감사에 비슷한 기분으로 야네의 정신의 화신이라고 말할 수 있는 그 장미꽃을 바라보고 있었다.
어쨌든지 내 수호신이 되어 온갖 고난과 투쟁을 넘어 나를 자기 본연의 모습으로 이끌어 준 것은 바로 야네의 정신이었던 것이다. 그릇됨과 죽음과 절망조차 그녀의 위대한 생애의 사념(思念)에 오히려 봉사하게 된 것이다. … 나는 오랜 시간 동안 그 자리에 서 있었다. 저녁 바람은 내 헝클어진 머리카락을 휘날리고 있었고, 내 눈에는 눈물이 가득 괴어 있었다. 비는 점점 더 거세게 내 주위에 쏟아지고, 황혼도 더욱더 깊어져 마침내 집도 아무것도 내 눈에 보이지 않게 되었다.

- 루 살로메 /《신을 둘러싼 투쟁》, pp.184~185

폐허가 된 고향집을 그린 〈나의 고향〉을 읽으면 그녀의 생애가 한 폭 그림으로 그려진다. 보리수나무의 살랑거림 외에는 모든 것이 황혼의 비속에 잠긴 고향집이 바로 그녀였다. 주변 사람들이 그녀를 작가, 평론가, 심리학자로 여겼지만 미모와 지성조차 한 줌 재에 불과함을 저승에서 더욱 절감했을 것이다.

=== 참고자료 ===

라이너 마리아 릴케.《릴케시선》, 이목삼 옮김, 문음사. 1968.
루 살로메.《우리는 어디에서 어디로 가는가》, 송영택 옮김, 문예출판사, 2005.
루 살로메.《나의 길 사랑의 길》, 송영택 옮김, 문예출판사, 1993.
루 살로메.《신을 둘러싼 투쟁》, 문암사, 1978.

H. F. 페터즈, 《나의 누이여 나의 신부여》, 홍순범 옮김, 문학출판사, 1984.

더칼럼니스트, "결혼생활이 불행한 건 '우정 결핍' 때문?!", 2024. 05. 02., https://v.daum.net/v/6wsadZIi43

장석주, "니체의 비극적 삶과 사랑", 《월간중앙》, 2016. 03. 23., https://jmagazine.joins.com/monthly/view/310706

4. 사랑의 여행가, 조르주 상드

1) 노앙 저택과 상드

"내 안에 예술혼이 잠재되어 있고 존재 욕구가 나를 불사른다."라고 말한 조르주 상드는 '노앙의 인자한 부인'으로 불린다. 작은 시골 마을이 음악과 미술과 문학의 성지가 되면서 프랑스의 많은 작가, 음악가, 화가들이 그 저택으로 초대되었다. 그녀가 쓴 작품 수만큼(소설 80여 편, 희곡 35편) 염문이 넘치지만 당대 예술가들의 지명도는 상드의 친구인가, 아니면 애인인가로 정해질 만큼 그녀는 쟁쟁한 문인과 예술가들만을 상대했다. 상드는 밤새워 글을 쓰고 남자를 사랑하고 무엇보다 자신을 위해 살았다. 1830년에 여자 친구에게 보낸 편지에 쓴 "나는 맹세코 예술가의 생애를 살고 싶습니다. 나의 좌우명은 자유입니다"라는 구절은 그녀가 무엇을 위해 어떻게 살려 했는지를 대변해 준다.

조르주 상드의 명확한 인생론과 달리 집안 족보는 매우 혼란스럽다. 할머니가 독일 작센의 아우구스트 2세의 혈통을 이어받으면서 귀족 후손이 된 상드의 아버지 모리스 뒤팽은 기병대 장교로 복무하던 시절에 새 장수의 딸인 떠돌이 단역 배우 소피 들라보르드와 결혼하여 1804년 아망틴 오로르 루실 뒤팽, 즉 조르주 상드를 낳았다. 아버지가 죽고 어머니가 양육권을 포기하면서 할머니 밑에서 성장하여 1821년 노앙의 저택과 영지를 상속받았다. 1822년 프랑수아 뒤드방 남작의 사생아인 카즈미르 뒤드방과 결혼하여 모리스와 솔랑주를 낳았다. 상드는 사냥과 파티와 도박에 빠진 뒤드방 남작을 교양인으로 만들기 위해 노력했지만 소용이 없었다. 남편의 방탕에 상처를 받은 그녀는 여행 중 매력적인 청년 법관 오렐리앙 드 세즈와 사귀는 자유분방함을 보여 주기도 하였다.

노앙의 성에는 세 여자가 살았다. 교양 있는 할머니와 교육받지 못한 어머니와 총명한 상드였다. 할머니가 손녀를 귀족의 자제로 키우기를 원하면서 양육 방식을 둘러싸고 분쟁이 일었다. 어머니는 양육권을 포기하면 매년 500프랑을 주겠다는 제안을 받아들여 1년 후 노앙을 떠났다. 할머니의 보살핌과 교육을 받으면서 상드는 남자아이의 옷을 입고 농부의 아이들과 어울려 들판에서 자유롭게 놀았다. 할머니는 상드에게 음악과 미술, 라틴어, 그리스어 그리고 수학과 역사까지 가르쳤다. 농민을 포함한 약자와 사는 방법은 물론, 가난한 사람을 치료하는 간단한 의술을 배우면서 현실을 경험한 상드는 두 계층을 조화롭게 엮을 수 있는 자질을 자연스럽게 몸에 익혔다. 살롱에서 예술을 향유하면서도 자유와 평등을 향한 투쟁에도 앞장섰던 정신은 이렇게 형성되었다.

상드의 복잡한 가족 관계는 고스란히 그녀의 결혼관에 영향을 미쳤다. 그녀는 연인이라면 이성과 지성이 상호 결합하고 감수성과 욕망을 성취시켜 주어야 만족스러운 관계가 형성된다고 믿었다. 작품에서도 전통적 결혼이 아니라 유토피아적이고 시적 정취가 담긴 결혼을 옹호하였다. 자신의 가계를 돌이켜 보면서 부부가 정절을 지키고 가정이 휴식처가 될 때 성스러운 결혼이 된다고 믿었다. 이런 생각은 사랑과 결혼으로 남녀 공동체를 구현하려는 여러 작품의 주제가 되었다.

조르주 상드는 오로르의 필명이다. 조르주 상드는 당시 연인이었던 쥘 상도에서 차용한 필명으로 잠시 약간의 혼란을 겪었지만 1832년 상도와 결별했을 때 상드는 뒤드방 부인이 아니라 "오직 조르주 상드라는 남자 이름만으로 존재할 뿐입니다"라고 친구에게 편지를 보냈다. 양쪽 어깨를 덮을 정도로 많은 머리숱에 앞가르마를 타고 도도한 콧날과 짙은 눈썹의 외모에 망토와 바지와 조끼를 입고 담배를 피우는 상드는 여성보다는 남성 이미지에 가까웠다. "그 이름은 죽은 후에도 나만을 위해 만들어졌다"(《조르주 상드》 p.66)라고 말할 정도로 조르주 상드는 자유로운 삶과 문학 정신을 고스란히 반영한다.

상드 저택은 상드의 삶과 예술의 보금자리로서 "내 넋을 잃게 하고 위로해 주던 곳"으로 여길 정도로 18세기 풍의 저택과 공원으로 이루어져 있다. 《발랑틴》(1832)과 전원주의 소설에서 '검은 계곡'이라는 시적인 이름을 붙였으며 힘들고 괴로울 때면 이곳을 찾았고 1848년부터 정착하면서 당대 문화예술인들의 둥지로 만들었다. 쇼팽은 물론이고 프란츠 리스트, 오노레 드 발자크, 하인리히 하이네, 이반 투르게네프, 귀스타브 플로베르, 성악가 폴린 비아르 등이 초대받았다. 쇼팽을 위한 '푸른 방'과 화가 들라크루아를 위한 아틀리에와 투르게네프를 위한 서재도 꾸몄다. 작은 극장과 식당과 살롱이 있던 상드 저택은 후일 국가에 기증되어 상드 박물관이 되었다.

2) 뮈세의 열정과 질투

상드의 사랑 여행은 언제 시작했을까. 할머니는 상드가 10대 중반일 때 반항기를 길들이기 위해 앙글레즈 수녀원 기숙사에 보냈다. 그곳에서의 금욕 생활은 고통스러웠지만 "나는 그곳에서 지금껏 내 인생 중 가장 행복한 시간을 보냈다"라고 《내 생애 이야기》에 실토할 만큼 적응을 잘했다. 그러던 어느 날 성당에서 영성 같은 경이로운 체험을 한다.

"나는 내 마음이 그동안 원했던 것처럼 내 영혼이 믿음으로 가득 차는 것을 느낄 수 있었다. 그것이 너무나 감사하고 황홀해서 나는 폭포수 같은 눈물을 흘렸다. … 한 번도 직접적으로 소통해 본 적이 없었던 어떤 이상적 존재, 곧 정의와 사랑과 신성함으로 가득한 존재를 온 마음으로 받아들이고 있었다."

- 조르주 상드 / 《내 생애 이야기》 제5권, p.120

그녀는 영성 체험을 하면서 "성스러운 사랑을 믿는다"라는 신앙으로 살기로 작정한다. 그 키워드가 '어머니'로서 뜨거운 연인으로 만난 예술가들에게 헌신적인 모성을 기울였다. 어머니와 연인의 혼연일체는 '부재중'인 어머니와 기억조차 없는 '아버지'가 빚어낸 결과이기도 했다. 그녀의 애인 중에서 단연 알프레드 드 뮈세(1810~1857)와 프레데리크 쇼팽(1810~1849)이 유명하다.

상드가 팜 파탈로 알려지기 시작한 것은 시인 뮈세와 사랑에 빠졌을 때다. 1833년 6월 그들이 처음 만났을 때 뮈세는 예술적 영감이 활활 타오르는 시인으로 프랑스 예술계의 인정을 받았고 상드는 놀라운 지적 투시력이 담긴 《렐리아》를 발표하여 호평을 받고 있었다. 뮈세는 상드의 두 번째 소설 《앵디아나》에 찬사의 글을 바쳐 그녀의 마음을 사로잡았다. 여섯 살 연상의 상드를 연모한 그는 편지와 일기와 시를 통해 상드를 만나 사랑의 포로가 되었다고 적었다. 그리고 "신은 말한다. / 그에게 답해야 한다고, / 이 세상에서 내게 남은 유일한 / 재산은 / 가끔 울었다는 것뿐이다"라는 유명한 연으로 끝나는 연시(戀詩) 〈슬픔〉을 바쳤다.

몇 달 동안 그들의 사랑은 찬란했다. 상드를 모델로 그림을 그리고 그녀의 커다란 눈을 찬미했으며 상드가 병이 나면 뮈세도 병이나 누울 정도였다. 뮈세는 이기적이고, 과감하고, 다정했다. 몸이 약하면서도 방종한 생활에 쉽게 빠져들어 상드와 만난 지 얼마 되지 않아 알코올 중독으로 인한 발작을 일으켰다. 충격을 받은 상드는 모성애를 발휘하여 요양을 위해 그와 함께 베네치아로 떠났다. 1833년 베네치아로의 여행은 뮈세에게는 행운이면서 불운이었다. 그때의 환희를 뮈세는 "사랑 가득한 오솔길 속삭임이 / 넘쳤고 그녀의 팔은 / 힘껏 나를 끌어안고 있었다 / 바로 이곳이었다"(〈회상〉 부분)라고 회상했던 반면에 상드는 뮈세에게 시적 재능이 무시당하지 않도록 노력해야 한다고 당부의 편지를 보냈다.

> 당신은 보다 높은 세계에서 당신 자신의 현실을 창조하기 위해 태어난 사람이에요. 당신의 재능을 가장 숭고한 방법으로 실행하면서 기쁨을 느낄 사람이죠. 그러니 희망을 가지세요. 그리하여 당신의 삶이 당신의 지성이 꿈꾸던 그 시들만큼이나 아름다운 한 편의 시가 되도록 하세요. 언젠가 당신이 가슴 뿌듯한 신성한 기쁨을 느끼며 읽고 또 읽을 그런 시 말이에요.
>
> - 조르주 상드 / 《조르주 상드의 편지》, p.53

그들의 연사(戀事)는 짧았다. 상드는 뮈세를 치료하러 온 의사 파젤로와 연인 관계가 되면서 뮈세는 프랑스로 돌아갔고 상드는 7월까지 베네치아에 머물다가 파리로 돌아갔다. 파젤로가 떠나간 후 상드와 뮈세는 화해했으나 다시 헤어졌고 상드는 "죽음의 천사, 저주받은 사랑,

오 금발의 다정한 아이 얼굴에 가려진 내 운명이여"라고 비탄을 토로하는 가운데 1835년 3월에 완전한 결별로 끝난다.

　2년을 못 채운 그들의 연정과 배신과 화해와 결별은 당연히 파리 사교계의 화젯거리가 되었다. 구구한 억척과 뒷담은 소설의 소재가 되었으며 1834년 8월 뮈세는 "내가 겪은 일을 알게 될 것이다"라고 토로했다. 결별한 7년 후 친구의 초대를 받아 마차로 안제르빌에 가는 도중에 뮈세는 폰테느브로의 숲을 지나가면서 시상을 떠올렸다. "이 시각에 여기서 / 어느 날 사랑했고 사랑받았노라. / 그는 아름다웠다. / 나는 이 보물을 불멸의 영혼 깊이 지니고 가려 한다. / 신의 품으로!"라는 〈회상〉을 짓고, 〈5월의 밤〉, 〈8월의 밤〉, 〈10월의 밤〉, 〈12월의 밤〉이라는 연작시를 쓰며 상드와의 이별을 마음껏 아파했다.

　뮈세가 쓴 소설《세기아의 고백》은 입방아를 찧기 쉬운 뮈세와 상드와의 사랑을 다루지만 당시 젊은 세대들이 공통적으로 지닌 혼돈의 정체성을 사랑과 고통이라는 맥락에서 다루었다.

　당신 곁에 머무르는 동시에 당신에게서 멀리 떨어져 있을 수는 없어요. 연인을 자랑스러워할 수 있어야 한다고 당신이 말했죠. 그건 사실이에요. 사랑은 행복이거나 고통이에요. 사랑이 행복이라면 사랑을 믿어야 해요. 사랑이 고통이라면 거기서 치유되어야 하고요. 이 모든 것, 당신도 알다시피 이건 우리가 하는 도박이에요. 하지만 우리 심장과 우리 삶이 걸린 도박이고 이건 끔찍한 일이에요! 죽고 싶은가요? 조금 더 일찍 그렇게 될 거예요. 대체 내가 누구이기에 당신이 날 의심하는 거죠?

　　　　　- 알프레드 드 뮈세 /《세기아의 고백》, pp.339~340

여기에 답하듯 상드는 그들 3년간의 갈등을 《그녀와 그》로 발표하였다. 예술가 로랑에게 향하는 테레즈의 애정은 '누이'로서 '어머니'로서의 헌신이다.

> 그녀는 사랑해야만 했다. 그리고 그녀의 가장 큰 불행은 그녀가 부드럽게, 희생으로 사랑해야 했다는 것, 어떤 대가를 치르더라도 자신의 본성과 삶의 숙명과도 같은 이 모성적 충동을 만족시켜야만 했다는 것에 있었다. 그녀는 누군가를 위해 고통 받는 것에 익숙해졌고, 고통 받을 필요를 여전히 느끼고 있었다.
> - 조르주 상드 /《그녀와 그》, p.296

뮈세의 형인 폴 드 뮈세는 상드의 《그녀와 그》에 반박하듯 《그와 그녀》를 출간하여 도덕관념이 없는 여성에게 농락당한 동생을 순진한 희생자로 등장시켰다. 상드는 다시 그들이 사귄 3년 동안 주고받은 편지를 1904년 서한집으로 발간하였다. 상드와 뮈세는 위인들이 회고록이나 자서전을 발간하듯 소설화하여 후일 삶과 사랑을 공정하게 이해하도록 하였다.

3) 모정의 헌신과 쇼팽

19세기 낭만주의 시대에 폴란드에서 태어난 쇼팽은 섬세한 악성으로 유럽 음악 애호가들의 광적인 인기를 얻고 있었다. 유명세를 탄 쇼팽은 젊은 성악도인 콘스탄티아 글라드코프스카, 보드진스키 집안의 딸인 16세의 마리아와 사랑에 빠졌지만 건강이 좋지 못하여 오래 가지 못하였다. 그러던 차에 1836년 가을, 쇼팽은 자유분방한 소설가 상드와 만났다. 상드에 대한 쇼팽의 첫인상은 "얼굴에 인정머리가 없어"라고 가족에게 보낸 편지처럼 좋지 않았지만, 상드는 예민한 감수성과 섬세한 귀족적 취향을 지닌 쇼팽이 즉흥 연주를 하는 순간 자신의 남자로 만들기로 작정했다. "이제는 유혹을 느끼지 않을 수 있는 나이에 이런 감정에 휘둘리는 나를 보고 부끄러웠네요"라고 1838년 5월 편지에 썼을 정도였다.

> 또 모든 사람은 대단한 거장들보다 더 광대하고 더 완벽하고 더 똑똑한 이 천재가 제바스티안 바흐보다 더 개성 있고 베토벤보다 더 힘차고 베버보다 더 극적이란 것을 알게 될 것이다. 그는 그 세 사람을 다 합친 사람이며 또 그 자신이기도 하다. 그러니까 더 섬세하고 더 엄숙하며 더 고통스럽게 가슴을 찢는다.
>
> - 조르주 상드 /《내 생애 이야기》제7권, p.279

여섯 살 연하의 쇼팽도 그녀를 이해심 많은 연인으로 받아들였지만 주위 사람들에게는 괴상한 관계로 비쳤다. 쇼팽과 상드는 파리 사교계의 이목을 피해 스페인의 마요르카섬에 있는 발데모사로 떠났다. 1838년 여름부터 본격화된 열애를 "행복한 사랑이 주는 감미로운 피곤에 젖어 기절할 것 같아요. 나는 아직도 도취 상태에 있습니다"라고 적었지만 이목을 피하는 도피와 쇼팽의 건강 악화와 마을 주민들의 냉대로 12월에 사랑의 도피처로 유명해진 발데모사의 마을 카르투시오회 수도원에 거처를 마련해야 했다.

겨울 내내 상드는 살림을 꾸리고 어린 아이들과 동거남을 보살폈다. 그동안 "쇼팽은 오직 음악가이다"라는 상드의 말처럼 쇼팽의 창작력은 불타올랐다. 그중에 유명한 곡이 서곡 15번 D플랫 장조 〈빗방울〉이다. 1839년 2월 어느 날 상드가 멀리 떨어진 팔마 시내로 가서 장을 보고 돌아올 때 폭우를 만나 늦게 도착했다. 그때 쇼팽은 "방금 전에 꾼 끔찍한 꿈처럼 그들은 모두 죽은 것이 아닐까. 작은 관처럼 느껴지는 이곳에 나 혼자 놓인다면…."이라는 불안에 빠졌고 그 기분을 아기를 달래 잠들게 하는 어머니의 마음으로 표현했다. 상드도 피아노를 치는 쇼팽의 모습에서 창밖의 슬픈 빗소리가 음악에 실려 있음을 느꼈다고 회고록에 적었다.

한겨울의 도피를 마친 그들은 3개월 후 1839년 2월 프랑스로 돌아왔다. '가식 없는 시골집 그 자체'라고 부른 상드 저택으로 돌아온 상드는 봄날 같은 시간을 보냈지만 쇼팽의 기침은 그치지 않았다. 상드는 매년 여름(1840년 제외)이면 노앙으로 그를 오게 했고, 쇼팽은 신선한 휴식을 취하며 곡을 정리하면서 동거 관계를 유지했다. 크고 작은 연주회가 성공하면 상드는 "우리의 쉽쉽(쇼팽의 애칭)은 두 시간 동안 손가락만 움직이고도 파리의 온갖 미인들의 마음을 빼앗았다"(1841년, 이폴리트 샤티롱에게 쓴 편지 중에서)라며 그에 대한 애정을 키워 나갔다.

하지만 쇼팽은 아침형이고 상드는 올빼미 체질이었으며 정치적 성향도 달랐다. 자주 아프고 예민하고 까탈스러운 예술가인 쇼팽과의 동거는 장송 행진곡과 즉흥곡이 교차하는 것처럼 보였다. 1842년이 되면서는 병이 심하게 도져 쇼팽 음악의 정점으로 평가받는 피아노 소나타 2번으로 죽음과 슬픔을 분출하기도 했다.

상드는 전원주의 걸작인 《마의 늪》을 1846년에 발표하였다. 그녀는 이 작품을 쓸 때 발자크에게 "당신은 인간희극을 쓰지만 난 인간목가를 쓰고 싶다"라고 말할 정도로 아름다운 사랑이 담긴 이 작품을 쇼팽에게 헌정할 정도였지만 상드의 딸 솔랑주가 끼어들면서 파탄이 시작되었다. 모성애가 강한 상드는 엄마로서 솔랑주를 택할 수밖에 없었고 쇼팽은 따돌림을 당한 기분을 가졌다. 1847년 7월 마지막 편지를 썼던 상드는 쇼팽을 두고 "영혼을 갉아 먹히는 듯 피로감을 주던 힘든 사람 쇼팽"이라며 절대적인 모정을 나눈 9년이 긴장의 기간이었다고 술회하였다.

쇼팽은 1849년 10월에 평온하게 사망했다. 폴란드 사제의 종부 성사를 받고 미완성 악보를 파기하고 자신의 장례식에서 모차르트의 진혼곡을 연주하도록 유언했다. 장례식은 10월 30일 마들렌 성당에서 거행되었으며 페르 라셰즈 공동묘지에 매장되었다. 1년 후 깨진 리라를 들고 슬퍼하는 뮤즈를 조각한 기념비가 제막되면서 출생 국가 폴란드에서 가져온 흙이 무덤 위에 뿌려졌다.

쇼팽이 세상을 떠난 후 상드는 모리스를 보내 그녀가 보낸 편지와 메모지 대부분을 없애 버리도록 하였다. 쇼팽은 상드의 많은 연인들 중 한 명이었지만 그는 임종에서 곁에 있는 프랑솜에게 "그녀가 내 마지막을 지켜 줄 거"라 말했던 것처럼 상드를 자신을 이해해 주는 여인으로 존경하였다. 쇼팽의 일백 주년 기념 음악회가 상드의 저택 노앙에서 개최되었다.

4) 사랑 여행길의 동행자들

뮈세와 쇼팽 외에 상드의 이성 관계는 파리 사교계와 예술계를 거의 망라한다. 1834년 상드는 뮈세로부터 헝가리의 피아니스트이자 작곡가인 프란츠 리스트를 소개받았다. 당시 리스트는 남편과 별거한 아구와 연인 사이였으며 1836년 상드는 리스트를 노앙으로 초대하면서 《내 생애의 이야기》에 "우리는 찬란한 여름을 맞이했고 예술가의 위대한 피아노 연주는 더없는 즐거움이었다."라고 적었다. 리스트는 1836년 환상적인 〈콩트르 방디에〉를 작곡하여 상드에게 헌정하였고 상드는 〈어느 여행자의 편지〉 제7편을 리스트에게 바쳤다. 알렉산드르 망소(1817~1865)는 상드의 연인이자 비서다. 상드가 열세 살 차이인 동판화가 망소를 두고 그는 "젊은 여자보다 나이든 여자를 좋아한다"라고 적었지만 상드의 일생을 기록한 비망록을 남기고 그녀가 죽을 때까지 도와주었다. 상드는 망소가 죽자 '내 인생의 훌륭한 동료'를 위해 4편의 작품을 헌정하였다. 작가로서 명성을 이미 가졌던 빅토르 위고와 상도는 정치적 차이 때문에 일정한 거리를 두고 격식을 갖춘 관계를 유지했다. 위고의 시에 찬사와 비판을 겸하였지만 시집 《L'Année terrible》(1872)에는 천재성을 인정하였고 위고는 시골을 긍정적으로 다룬 그녀의 서술 방식과 다양한 주제에 존경을 표하였다. 상드는 1838년 발자크가 노앙을 방문하면서 작가로서 친교를 맺었고 발자크에게 "당신은 인간희극을 쓰지만 난 인간목가를 쓰고 싶다"라고 말했다. 발자크는 《두 젊은 부부에 대한 회상》을 상드에게 헌정하였고, 상드는 《인간 희극》의 서문을 썼다.

《악의 꽃》을 발표한 프랑스의 시인 보들레르와 상드와의 관계는 악연이다. 그는 처음에는 1855년 "당신은 이 시대의 정신과 마음"을 사로잡고 있다는 편지를 보냈고 연극 〈메트로 파빌라〉의 여주인공 역을 맡아 주기를 희망했다. 공연이 실패하자 보들레르는 '상드라는 여자' 혹은 '매춘부'라고 비아냥댔지만 상드는 "터무니없는 중상모략들에 태연할 필요가 있다"라고 응수했다. 당대의 유명한 평론가인 생트뵈브는 상담자로서 상드에게 화산과 절벽으로 둘러싸인 길이 아닌 다른 길을 가라고 철학자인 피에르 르 루를 소개해 주었지만 받아들이지 않았다. 그 후 서로에게 냉담해졌지만 생트뵈브는 상드의 작품에 대하여 계속 우호적인 서평을 썼다.

이들 외에도 노앙에는 출판업자, 사회 저명인사 등이 수시로 방문하였다. 갖가지 부탁을 청하는 편지와 작가 지망생과 욕설과 협박조의 글과 외국 방문객들도 찾아왔다. 그러나 상드는 책이라곤 접해 보지 못한 평민을 잊지 않았다. "내 책을 읽어 주는 부자들을 조금이라도 기쁘게 해 주려고 이들의 입장을 포기한다면 목숨을 끊는 게 낫다"라며 공동체 삶을 추구하여 그들을 위한 《앙지보의 방앗간 주인》과 《앙투안 씨의 죄》를 썼다.

5) 사랑론과 개혁론

1840년대 플로베르와 모파상이 사실주의를 강조했지만 상드는 진실과 선의 탐구자의 면모를 중시하였다. 악조건 속에서 자신을 찾으려는 현명하고 감성적인 여주인공을 등장시켰다. 이들은 감정에 끌린 행동을 자제하고 강요된 결혼과 출산을 거부함으로써 프랑스 낭만주의 기초를 마련하였다.

조르주 상드라는 필명으로 처음 발표한 《앵디아나》(1832)는 사회 구속에 저항하는 여성이 지닌 열정의 진실을 표현한다. 1832년은 빅토르 위고의 《레미제라블》의 배경이 된 파리 시민들의 봉기가 일어났던 해였다. 상드는 여러 지인에게 보낸 편지에서 민중 스스로 울타리 안으로 들어오는 시대가 되었고 정치의식을 기르는 것이 최선이며 민중을 위해 고통을 감내하면 공화국의 정신적 풍요가 늘어날 것이라는 시대상을 진단하였다. 결혼관에서는 차를 대접하는 데 길들인 여성이 아니라 '진실로 살아 있는 우리 여성들의 세상'을 실현하려는 여성 작가로 문단에 섰다. 당연히 결혼이라는 굴레에 저항하는 이 소설은 '여성의 마음을 진정으로 읽을 수 있는 이야기'로 평가받고 있다.

《렐리아》(1833)는 낭만주의 대표작으로 상드의 지적 정신적 투시력을 보여 준다. 집필 과정을 지켜본 생트뵈브는 "환멸, 고통, 불신, 절망 가운데서 젊음과 노경에 처한 영혼 사이의 대결을 보여 준다"라고 했다. 신중하고 교양 있는 여주인공 렐리아와 철학적이고 시적인 스테니오는 자유와 평등을 보장하는 프랑스 사회의 꿈을 제시한다. 《렐리아》가 캐비닛 속에 들어가야 한다(비평가 카포 드 푀야드)는 비판도 있었지만 상드는 "모든 모습들이 그 안에 있다"(《조르주 상드》 p.43)라고 자평하며 렐리아는 성숙한 시절의 자신이고 트랑모르는 노년의 자신이라고 하였다.

자전적 회상집인 《내 생애 이야기(History of My Life)》는 원래 전 5권으로 1847년 4월 15일부터 1854년 8월 17일까지 '그녀의 존재 자체가 훌륭한 소설'이라고 부를 정도로 중세풍 노앙을 배경으로 문학과 사랑에 대한 고백서다. 도스토옙스키가 "조르주 상드의 작품은 여성 해방과 자유를 향한 더 광범위한 사회주의 운동의 중핵이다"라고 밝혔듯이, 그녀는 "내 삶의 몇 가지 상황에 침묵할 뿐 감추거나 위장하고 싶지 않다"라고 했다. 제1부는 부모의 삶과 죽음, 제2부는 아버지에 대한 찬사, 3부는 어린 시절부터 젊은 시절까지 할머니와 어머니에 대한 연민과 증오, 제4부는 신비주의에서 독립하기까지 과정과 노앙 저택 상속, 제5부는 내적이고 문학적인 삶과 작가로서 성공을 적었다. "인류는 오직 사랑밖에 할 수 없는 것이 정말 위대한 것이며 바보같이 사랑만 하는 것이 보물이라는 것을 언제고 이해하게 될까?"(《내 생애 이야기 5》 p.74)라는 질문에 답을 찾을 수 있는 문학과 사랑을 묶어 매혹적인 자서전을 이룬다.

 조르주 상드는 또한 편지광 작가다. 30여 년에 걸쳐 20,000통 가깝게 쓴 편지를 정리하여 26권으로 완성한 그녀는 "열정이 사라지고 산을 탐색하는 것과 같은 무감각 상태에 이르면 일기를 쓰더라"라고 했다. 방대한 분량과 2,000여 명의 명단은 19세기 유럽 예술사를 엮을 정도로서 《내 생애 이야기》의 내용만큼이나 문헌으로서 가치를 지닌다. 상드의 편지 중에 눈길을 끄는 것은 남편 카지미르 뒤드방 남작에게 보낸 190장 분량의 내용으로 '나의 수호신'인 오렐리앙 드 세즈에게 고백한 사랑이다. "당신의 사랑을 받는 행복을 위해서라면 어떠한 희생도 가볍게 여기겠다"(《조르주 상드의 편지》 p.18)라며 그대와 함께 라는 간절함을 이야기한다. 현대판 '소확행'이면서 고독한 인간의 호소라는 점이 주목할 만하다.

 상드는 어린 시절부터 시적인 환상에 사로잡혔다. 노앙에서든, 남자의 품에서든, 소설에서든 환상을 잃지 않았지만 환갑이 지나서도 앵그르강에서 냉수욕을 하곤 했던 상드는 1876년 6월 8일, 72세로 세상을 떠났다. 빅토르 위고는 "상드는 하나의 사상이다. 그 사상은 육체 너머에 있고, 그렇기 때문에 자유롭다. 그래서 그녀는 또한 살아 있다"(《조르주 상드》 p.85)라고 애도하는 추모사를 썼다.

  천재들에게 문학적 영감을 주면서 뜨거운 사랑의 수렁에 빠뜨린 여인을 팜 파탈이라 부른다면 상드는 자유 철학인으로서 팜 파탈이라고 할 것이다. 그녀는 실제 숱한 사랑을 했다. 여성으로서의 참사랑을 위시하여 예술가로서, 자매로서, 어머니로서, 연상의 여인으로서, 시인으로서 사랑을 했고 모성애, 불륜, 치정, 순정, 열정 등을 거쳐 "다른 사랑이 있을까요?"라고 자문할 정도였다. 대부분의 소설 주인공들도 그녀의 말을 따라 생을 마무리하여 "그녀는 세계가 온통 소란을 피우고 있을 때도 노래와 사랑과 예술과 이상을 신봉하는 나이 먹은 은유 시인"이라고 한 플로베르의 평을 옳다고 입증할 정도다. 이상적 사랑을 추구하는 전형적인 프랑스 여성으로 엘레강스의 선봉에 섰다는 점에 주목하면 팜 파탈은 우아하면서 혁명적인 사상을 지닌 여성에게 붙이는 네임이 아닐까.

===== 참고자료 =====

마르틴 리드. 《조르주 상드》 권명희 옮김, 창해(ABC북), 2000.
알프레드 드 뮈세. 《세기아의 고백》, 김미성 옮김, 문학동네, 2016.
조르주 상드. 《내 생애 이야기》 1~7, 박혜숙 옮김, 나남, 2023.

조르주 상드. 《그녀와 그》, 조재룡 옮김, 휴머니스트, 2022.

조르주 상드. 《편지》 1~6, 이재희 옮김, 지만지, 2011.

조르주 상드. 《조르주 상드의 편지》, 이재희 옮김, 지식을 만드는지식, 2008.

조르주 상드. 《렐리아》, 이재희 옮김, 서원, 2002.

조르주 상드. 《내 생애의 이야기》, 이상영 옮김, 윤진문화사, 1980.

김미라. '조르주 상드', 《예술가의 지도》, 서해문집, https://100.daum.net/encyclopedia/view/83XX61800022

후투티. "[조르주 상드 1] 쇼팽을 짝사랑한 여성 ▷ 어울리지 않는 사랑의 시작", ahncsik님의블로그, https://blog.naver.com/ahncsik/223278283746

https://en.wikipedia.org/wiki/George_Sand wikipedia the Free Encyclopedia George Sand

에필로그

작가는 사람으로 태어나
작품을 남기느라
사랑한 듯 반만 사랑한 듯하고
밤낮조차 구별하지 못하지만
작가라는 이름 앞에서는 열렬하다.

사람으로 태어나지만
평생 고뇌의 바람에 부대끼고
고독과 방황을 펜으로 다스리다가
땅에 묻혀서야 비로소 휴식한다.
그들의 이름이 작가다.

참고문헌과 자료

고흐, 반.《반 고흐, 영혼의 편지》, 신성림 옮김, 예담, 1999.

괴테, 요한 W.《파우스트》, 박찬기 역자, 〈삼성판 세계문학전집51〉, 1976.

김기선.《에스키모와 인디언 문화》, 민속원, 2003.

김승옥.《무진기행》, 민음사, 2011.

김욱동.《인디언의 속삭임》, 세미콜론, 2016.

김지하.《우주생명학》, 작가, 2018.

김천택.《시여 청구영언》, 계명대학교출판부, 2009.

나혜석.《가자 죽으러, 빠리로 가자》, 오상사, 1982.

나혜석.《나혜석, 글 쓰는 여자의 탄생》, 장영은 엮음, 민음사, 2018.

나혜석.《백만송이 장미》, 오상출판가, 1988.

나혜석.〈신생활에 들면서〉,『삼천리』, 1935.

나혜석.〈이혼고백서〉,『삼천리』9월호, 1934. 08.

나혜석.〈아아, 자유의 파리가 그리워〉,『삼천리』, 1932. 01.

나혜석.〈회화와 조선여자〉,《동아일보》, 1921. 02. 26.

나혜석.〈경희〉,『여자계』, 1918.

네루다, 파블로.《스무 편의 사랑의 시와 한 편의 절망의 노래》, 정현종 옮김, 민음사, 2007.

데카르트, 르네.《데카르트의 삶과 진리추구》, 이종훈 편역, 이담북스, 2012.

디포, 대니얼.《로빈슨 크루소》2, 최인자 옮김, 문학세계사, 2004.

루소, 장 자크.《고독한 산책자의 몽상》, 문경자 옮김, 문학동네, 2016.

류시화 엮음.《민들레를 사랑하는 법》, 나무심는사람, 1994.

리드, 마르틴.《조르주 상드》권명희 옮김, 창해(ABC북), 2000.

릴케, 라이너 마리아.《릴케의 로댕》, 안상원 옮김, 미술문화, 2012.

릴케, 라이너 마리아.《말테의 수기》, 문현미 옮김, 민음사, 2018.

릴케, 라이너 마리아.《릴케시선》, 이목삼 옮김, 문음사. 1968.

마라이, 산도르.《하늘과 땅》, 김인순 옮김, 솔출판사, 2017.

만, 찰스.《인디언: 이야기로 읽는 인디언 역사》, 전지나 옮김, 오래된미래, 2005.

망구엘, 알베르토.《은유가 된 독자》, 양병찬 옮김, 행성B, 2017.

맥린, 프랭크 편저.《역사를 움직인 편지》, 김동인 옮김, 여강출판사, 2003.

멜빌, 허먼.《모비 딕》, 황유원 옮김, 문학동네, 2019.

멜빌, 허먼.《필경사 바틀비》, 김세미 옮김, 바다출판사, 2012.

몽테뉴, 미셸 드.《수상록》, 권응호 옮김, 홍신문화사, 2017.

문영 엮음.《향기가 묻어나는 세계 명시 150》, 뜻이있는사람들, 2015.

문정희.《지금 장미를 따라》, 민음사, 2016.

문정희 엮음.《시가 있는 명상노우트》, 일월서각, 1982.

뮈세, 알프레드 드.《세기아의 고백》, 김미성 옮김, 문학동네, 2016.

바슐라르, 가스통.《촛불의 미학》, 이가림 옮김, 문예출판사, 1975.

바이런, 조지 G.《바이런의 명시》, 이봉국 편역, 한림출판사, 1978.

박동규, 박목월.《아버지와 아들》, 대산출판사, 2007.

박목월.《달과 고무신》, 정민 엮음, 태학사, 2015.

박목월.《달빛에 木船 가듯》, 어문각, 1986.

박목월.《그대와 차 한잔을 나누며》, 자유문학사, 1985.

박목월.《밤에 쓴 人生論》, 삼중당, 1984.

박목월.《내 영혼의 숲에 내리는 별빛》, 문학세계사, 1979.

박목월.《어머니》, 삼중당, 1967.

박양근 역.《미국 명수필 컬렉션》, 신아출판사, 2022.

박양근.《나다니엘 호손 연구》, 세종출판사, 2011.

박양근.《길을 줍다》, 문학관, 2009.

박양근.〈호주 신화 이야기〉1~5,『수필시대』(통권 13~17), 문예운동사, 2006~2007.

박양근.《19세기 미국소설의 이해》, 세종출판사, 2004.

박양근.《21세기 영문학 개론》, 학문사, 2001.

배창환.《겨울 가야산》, 실천문학사, 2007.

백석.《백석 번역시 선집》, 정태선 엮음, 소명출판사, 2012.

백석.《나와 나타샤와 흰 당나귀》, 다산초당, 2005.

밴, 데이비드.《자살의 전설》, 조영학 옮김, 2014.

밴더워스, W. C.《인디언 추장 연설문》, 김문호 옮김, 그물코, 2004.

보들레르, 샤를.《악의 꽃》, 김인환 옮김, 문예출판사, 2018.

보르헤스, 호르헤 루이스.《만리장성과 책들》, 정원경 옮김, 열린책들, 2008.

복효근.《마늘촛불》, 애지, 2009.

브라운, 디 편저.《나를 운디드니에 묻어주오》, 최준석 옮김, 나무심는사람, 2002.

브라이슨, 빌.《나를 부르는 숲》, 홍은택 옮김, 동아일보사. 2013.

비트겐슈타인, 루트비히.《철학적 탐구》, 이승종 옮김, 아카넷, 2016.

사이즈, 햄튼. 《피와 천둥의 시대》, 홍한별 옮김, 갈라파고스, 2009.

살라스, 조. 《우리는 모두 이야기에서 태어났다》, 허혜경 옮김, 글항아리, 2019.

살로메, 루. 《우리는 어디에서 어디로 가는가》, 송영택 옮김, 문예출판사, 2005.

살로메, 루. 《나의 길 사랑의 길》, 송영택 옮김, 문예출판사, 1993.

살로메, 루. 《신을 둘러싼 투쟁》, 문암사, 1978.

상드, 조르주. 《내 생애 이야기》 1~7, 박혜숙 옮김, 나남, 2023.

상드, 조르주. 《그녀와 그》, 조재룡 옮김, 휴머니스트, 2022.

상드, 조르주. 《편지》 1~6, 이재희 옮김, 지만지, 2011.

상드, 조르주. 《조르주 상드의 편지》, 이재희 옮김, 지식을 만드는지식, 2008.

상드, 조르주. 《렐리아》, 이재희 옮김, 서원, 2002.

상드, 조르주. 《내 생애의 이야기》, 이상영 옮김, 윤진문화사, 1980.

생텍쥐페리, 앙투안 드. 《어린 왕자》, 김미성 옮김, 인디고, 2018.

세르반테스, 미겔 데. 《돈키호테》, 주봉노 옮김, 삼성당, 1998.

셰익스피어, 윌리엄. 《리어 왕 멕베스》, 이미영 옮김, 을유문화사, 2008.

소로우, 헨리 D. 《숲속의 생활》, 정성호 옮김, 샘터, 1987.

소쉬르, 페르디낭 드. 《일반언어학 강의》, 최승언 옮김, 민음사, 1997.

아리스토텔레스. 《시학》, 천병희 옮김, 문예출판사, 1988.

아우구스티누스, 아우렐레우스. 《고백록》, 김평옥 옮김, 범우사, 2002.

아폴리네르, 기욤. 《미라보 다리 아래 세느강이 흐르고》, 안민재 옮김, 태학당, 2000.

안도현 외. 《2012 '작가'가 선정한 오늘의 시》, 도서출판 작가, 2012.

알리기에리, 단테. 《신곡》, 김운찬 옮김, 열린책들, 2021.

양병호 외. 《사랑의 시 여행에서 만나다》, 작가와비평, 2012.

양주동. 《增訂 古歌硏究》, 일조각, 1968.

엘리엇 T. S. 《T. S. 엘리엇 전집》 9, 이창배 옮김, 동국대학교 출판부, 2001.

예이츠, 윌리엄 B. 《예이츠 시 전집》, 한국예이츠학회 엮음, 도서출판 동인, 2011.

오르티즈, 알폰소. 《황당하고 재미있는 인디언 신화》 1, 양순봉, 이승룡 옮김, 아프로디테, 1999.

오웰, 조지. 《동물 농장》, 최윤영 옮김, 혜원출판사, 2003.

와시다 고야타. 《중년에 쓰는 한 권의 책》, 김욱 옮김, 21세기북스, 2011.

와일드, 오스카. 《옥중기》, 배주란 옮김, 누림, 1998.

울프, 버지니아. 《자기만의 방》, 이애미 옮김, 민음사, 2006.

유치환. 《청마시초》, 청색지사, 1939.

융, 칼 구스타프. 《레드 북》 정명진 옮김, 부글북스, 2020.

이생진. 《아무도 섬에 오라고 하지 않았다》, 작가정신, 1997.

이승하. 《취하면 다 광대가 되는 법이지》, 시학, 2007.

이상현 편저. 《달 뜨고 별 지면 울고 싶어라》, 도서출판 국문, 1981.

이어령. 《어느 무신론자의 기도》, 열림원, 2016.

이영도. 《애정은 기도처럼》, 범우사, 1987.

이영도. 《그리운 이 있어 내 마음 밝아라》, 문학세계사, 1986.

이영도 편집. 《사랑했으므로 행복하였네라》, 중앙출판공사, 1974.

이영도. 《머나먼 사념의 길목》, 중앙출판공사, 1971.

이영도, 이호우. 《비가 오고 바람이 붑니다》, 중앙출판공사, 1968.

이영도. 《춘근집(春芹集)》, 청구출판사, 1958.

이영도. 《청저집(靑苧集)》, 문예사, 1954.

이중섭. 《이중섭 편지》, 양억관 옮김, 현실문화, 2015.

이중섭, 《이중섭의 편지와 그림들》, 박재삼 옮김, 다빈치, 2011.

이중섭. 《이중섭, 그대에게 가는 길》, 박재삼 번역, 다빈치, 2000.

이중섭. 《그릴 수 없는 사랑의 빛깔까지도》, 한국문학사, 1980.

이형기 편저. 《박목월 평전·시선집-자하산 청노루》, 문학세계사, 1986.

이호우. 《휴화산(休火山)》, 중앙출판사, 1968.

임종욱. 《산사에 가면 시가 보이네》, 이회문화사, 2001.

정금희. 《프리다 칼로와 나혜석, 그리고 까미유 끌로델》, 재원, 2003.

정정호. 《호주 현대문학의 이해》, 지구문화사, 2003.

정창범. 《달빛 되어 떠난 청노루 나그네》, 문지사, 2020.

정효구 편저. 《백석》, 문학세계사, 1996.

조이스, 제임스. 《젊은 예술가의 초상》, 이상옥 옮김, 민음사, 2001.

조정래. 《황홀한 글감옥》, 참언론 시사IN북, 2009.

조현경. 《이영도 평전》, 영학출판사, 1984.

채운. 《글쓰기와 반시대성, 이옥을 읽는다》, 북드리망, 2013.

천경자. 《꽃과 영혼의 화가 천경자》, 랜덤하우스코리아, 2006.

천경자. 《恨》, 샘터, 1997.

천경자. 《사랑이 깊으면 외로움도 깊어라》, 자유문학사, 1987.

천경자. 《쫑쫑》, 홍진출판사. 1979.

천경자. 《천경자 아프리카 기행화문집》, 일지사, 1974.

천경자. 《유성이 가는 곳》, 동아출판사공무국, 1961.

최광진. 《천경자 평전: 찬란한 고독, 한의 미학》, 미술문화, 2016.

최열. 《이중섭 평전》, 돌배개, 2014, 2018.

카프카, 프란츠. 《변신》, 한영란 옮김, 미르북컴퍼니, 2020.

카미유, 클로델. 《카미유 클로델》, 김이선 역, 마음산책, 2010.

타고르, 라빈드라나트. 《기탄잘리》, 장경렬 옮김, 열린책들, 2010.

페소아, 페르난두. 《불안의 책》, 오진영 옮김, 문학동네, 2015.

페터즈, H. F. 《나의 누이여 나의 신부여》, 홍순범 옮김, 문학출판사, 1984.

프런드, 필립. 《창조신화》, 김문호 옮김, 정신세계사, 2005.

프로이트, 지그문트. 《꿈의 해석》, 김인순 옮김, 열린책들, 2003.

하이데거, 마르틴. 《존재와 시간》, 전양범 옮김, 시간과공간사, 1992.

하정아. 《꿈꾸는 물 백하》, 소소리, 2018.

한하운. 《황토길》, 미래사, 1991.

호손, 너새니얼. 《주홍 글자》, 김욱동 옮김, 민음사, 2021.

홍성욱. 《포스트휴먼 오디세이》, ㈜휴머니스트출판그룹, 2019.

헤밍웨이, 어니스트. 《노인과 바다》, 황종호 옮김, 하서출판사, 2011.

헤세, 헤르만. 《헤르만 헤세 대표시선》, 전영애 옮김, 민음사, 2007.

Hawthorne, Nathaniel. *The Scarlet Letter. The Centenary Edition I*, Ohio State Uni, Press. 1962.

Noonuccal, Oodgeroo. *My People*, John Willy and Sons INC, 2020.

Reed A. W. *Aboriginal Stories*, New Holland Pub. Pry ltd, 2005.

Reed, A. W. *Aboriginal Myths, Legends*, Reed New Holland, 1999.

Tocqueville, Alexis de. *Democracy in America*, Uni. of Chicago Press, 2012.

Tocqueville, Richard Erdoes and Ortiz, Alfonso. *American Indian Myths and Legends*, Pantheon Books. 1985.

Wallis, Velma. *Two Old Women*, The Women's Press Ltd, (UK), 2000.

형광석 객원편집위원. "시 '꽃'과 5월 광주", 《한겨레: 온》, 2023. 04. 17. https://www.hanion.co.kr/news/articleView.html?idxno=28358

위키백과. '나혜석', https://ko.wikipedia.org/wiki/%EB%82%98%ED%98%9C%EC%84%9D

한국학중앙연구원. '나혜석', 한국민족문화대백과사전, https://100.daum.net/encyclopedia/view/14XXE0011547

더칼럼니스트. "결혼생활이 불행한 건 '우정 결핍' 때문?!", 2024. 05. 02., https://v.daum.net/v/6wsadZIi43

김미라. '조르주 상드', 《예술가의 지도》, 서해문집, https://100.daum.net/encyclopedia/view/83XX61800022

후투티. "[조르주 상드 1] 쇼팽을 짝사랑한 여성 ▷ 어울리지 않는 사랑의 시작", ahncsik님의블로그, https://blog.naver.com/ahncsik/223278283746

장석주. "니체의 비극적 삶과 사랑", 《월간중앙》, 2016. 03. 23., https://jmagazine.joins.com/monthly/view/310706

https://en.wikipedia.org/wiki/George_Sand wikipedia the Free Encyclopedia George Sand